国家级重点技工学校推荐教材

U0838989

船舶气割工（初级）

李风波　张　敏　朱春生　主编

HEUP 哈尔滨工程大学出版社

内容简介

本书紧扣《船舶气割工国家职业技能标准》，详细讲解了气割入门的基本知识和初级的操作技能，以达到初级气割工上岗的基本要求。全书内容注重实用性，语言通俗易懂，结构安排上从气割基础知识讲起，由浅入深，系统地介绍了气割工艺及技术、船体建造工艺知识、金属材料及热处理知识、质量管理、气割安全及气割实际操作等内容。

本书适合具有初、高中或相当学历的人员学习，还可作为技工学校和其他中等职业技术学院焊接、船体工程专业的操作技能培训教材，也适合于各行业气割、焊接、装配工人和现场施工的技术人员阅读。

图书在版编目(CIP)数据

船舶气割工:初级/李风波，张敏，朱春生主编.
—哈尔滨:哈尔滨工程大学出版社，2016.7
ISBN 978-7-5661-1316-0

Ⅰ.①船… Ⅱ.①李… ②张… ③朱… Ⅲ.①造船-气割-工艺学 Ⅳ.①U671.83

中国版本图书馆 CIP 数据核字(2016)第 166014 号

责任编辑 雷霞
封面设计 恒润设计

出版发行 哈尔滨工程大学出版社
社　　址 哈尔滨市南岗区东大直街 124 号
邮政编码 150001
发行电话 0451-82519328
传　　真 0451-82519699
经　　销 新华书店
印　　刷 哈尔滨工业大学印刷厂
开　　本 787mm×1 092mm 1/16
印　　张 10.25
字　　数 247 千字
版　　次 2016 年 7 月第 1 版
印　　次 2016 年 7 月第 1 次印刷
定　　价 23.00 元
http://www.hrbeupress.com
E-mail:heupress@hrbeu.edu.cn

前　言

气割与焊接一样，是现代工业生产中的重要加工工艺，在造船、化工、桥梁、水电、建筑、机械制造、国防工业等许多重要行业都有广泛的应用。气割工的操作技能水平对保证产品质量、降低物资消耗、提高经济效益、增强市场竞争力等方面具有重要的影响。

本系列丛书是依据国家人力资源和社会保障部2012年出版的《船舶气割工国家职业技能标准》对船舶气割工的相关要求而编写的，包括《船舶气割工（初级）》《船舶气割工（中级）》《船舶气割工（高级－技师级）》三册。在编写过程中，内容紧扣标准中的理论知识和技能要求，并将两者紧密融合在一起，力求内容精练、实用、通俗易懂、覆盖面广、通用性强。在编写过程中针对船舶及海洋装备制造业的行业特点，对气割基本知识、气割工艺及技术、气割实操、碳弧气刨、等离子切割、激光切割、船舶建造工艺基本知识、金属材料知识、气割质量控制、气割安全等内容进行了分层次阐述，并增加了大量的图表和数据，以便于读者参考及使用。并突出理论与实践相结合的特点。

在编写过程中参考了大量有关的经典著作和最新的研究成果，部分参考文献已列于书末，尚有一些资料未能一一列出，敬请谅解。笔者力求使本书能够全面反映船舶与海洋工程领域的基本气割技术，但由于知识水平所限，任务重，书中难免有疏漏或不妥之处，恳请广大读者及同行专家批评指正。

编　者

2016年3月

目　　录

第一章　气割基本知识

第一节　气割原理和过程

气割的原理是用燃气与氧混合燃烧产生的热量(即预热火焰的热量)预热金属表面,使预热处金属达到燃烧温度(燃点),并使其呈活化状态,然后送进高纯度、高速度的切割氧流,使金属(主要是铁)在氧中剧烈燃烧,生成氧化熔渣同时放出大量热量,借助这些燃烧热和熔渣,不断加热切口处金属使其燃烧并使热量迅速传递,直到工件底部,同时借助高速氧流的动量把燃烧生成的氧化熔渣吹除,被切工件与割炬相对移动形成割缝,达到切割金属的目的。其实质是在高纯度氧流中燃烧的化学过程和借切割氧流的动量排除熔渣的物理过程相结合的一种加工过程,如图 1－1 所示。

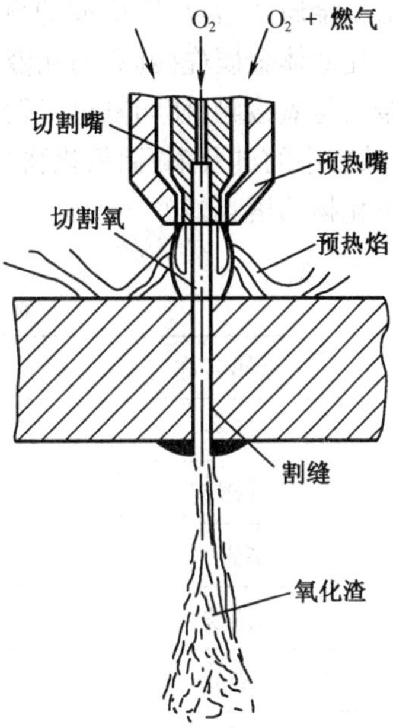

图 1－1　气割示意图

一、气割过程的四个阶段

1. 起割点处的金属表面用预热火焰加热到其燃点,使预热处金属在切割氧中开始燃烧。这个阶段预热火焰起重要作用,氧与燃气的火焰温度决定加热金属至燃点所需的时间,一般催化燃气的气割时间要短一些。

2. 燃烧反应向金属下层传播。预热处金属达到燃烧温度后给出切割氧,氧化燃烧迅速开始并迅速向金属下层传播,传播速度非常快。这个过程中预热火焰的温度已降到次要,而金属在氧中燃烧产生的化学反应热已起重要作用。

3. 高速氧流排除燃烧反应生成的熔渣。这个过程是个物理过程,是和第二个过程同时进行的过程。

4. 利用熔渣和预热火焰的热量将切口前缘的金属上层加热到燃点,使之继续与氧产生燃烧反应,以维持整个切割过程。

上述过程不断重复,金属切割就连续地进行。整个切割过程主要是金属在氧中剧烈燃烧产生大量热量并维持整个切割过程的连续。

气割的化学反应式:

$$Fe + 0.5O_2 = FeO + 269.2\ kJ/mol$$

$$2Fe + 1.5O_2 = Fe_2O_3 + 831.1\ kJ/mol$$

$$3Fe + 2O_2 = Fe_3O_4 + 1\ 117.5\ kJ/mol$$

这三种反应几乎同时进行,在切割反应区将形成三种铁的氧化物,并放出大量的热量,反应速度非常快。

二、气割的应用条件

气割的实质是被切割材料在纯氧中的燃烧过程,不是熔化过程,不是所有金属都可以进行气割,金属气割要满足以下条件:

1. 金属在氧气中的熔点应该高于它的燃点。气割时金属在固态下燃烧,才能保证切口平整。如果燃点高于熔点,则金属在燃烧前已经熔化,切口质量很差,严重时切割无法进行。

2. 金属氧化物的熔点应该低于金属本身的熔点,且氧化物的流动性要好。氧化物的熔点低于金属的熔点,则生成的氧化物才可能以液体状态从切口中被纯氧吹除。否则,氧化物会比液体金属先凝固,而在液体金属表面形成固态薄膜或黏度大,不易吹除,而且阻碍下层金属与氧接触,使切割过程发生困难。铸铁、铝、铜等氧化物的熔点均高于材料本身的熔点,铸铁中的硅及铜、铝氧化物黏度都很大,因此它们很难气割。表 1 - 1 列出了几种金属及其氧化物的熔点。

表 1 - 1　几种金属及其氧化物的熔点

金属名称	金属熔点/℃	金属氧化物熔点/℃
纯铁	1 538	1 370 ~ 1 565
低碳钢	1 400 ~ 1 500	1 370 ~ 1 565
高碳钢	1 300 ~ 1 400	1 370 ~ 1 565
铸铁	1 200 ~ 1 300	1 370 ~ 1 565
紫铜	1 083	1 236
黄铜	850 ~ 900	1 236
锡青铜	850 ~ 900	1 236
铝	658	2 050
锌	419	1 800
铬	1 550	1 990
镍	1 452	1 990

3. 金属在氧气中燃烧时,能放出较多的热量,且金属的导热性要低。这样才能保证切口处下层金属的燃烧。否则,生成的热量低,导热性好,热量由切割处剧烈地散失而严重不足,导致气割不能正常进行。

4. 金属中含阻碍切割过程进行和提高金属淬硬性的成分及杂质要少。一些合金元素对钢的气割性能的影响,如表 1 - 2 所示。

表 1－2　合金元素对钢气割性能的影响

元素	影响
C	w(C)＜0.25%，气割性能良好；0.25%≤w(C)＜0.4%，气割性能尚好；w(C)＞0.5%，气割性能显著变坏；w(C)＞1%，不能气割
Mn	w(Mn)＜4%，对气割性能没有明显影响，但随含量增加气割性能变坏；当 w(Mn)≥14% 时，不能气割；当钢中 w(C)＞0.3%，且 w(Mn)＞0.8% 时，淬硬倾向和热影响区的脆性增加，不宜气割
Si	硅的氧化物使熔点的黏度增加，钢中硅的一般含量对气割性能没有影响，w(Si)＜4% 时，可以气割，但含量增加，气割性能明显恶化
Cr	铬的氧化物熔点高，使熔渣的黏度增加，w(Cr)≤5% 时，气割性能尚可，但含量大时，应考虑特种气割方式
Ni	镍的氧化物熔点高，使熔渣的黏度增加，w(Ni)＜7% 时，气割性能尚可，但含量较高时，应考虑特种气割方式
Mo	Mo 提高钢的淬硬性，w(Mo)＜0.25% 时，对气割性能没有影响
W	W 增加钢的淬硬倾向，氧化物熔点高。一般含量对气割性能影响不大，但含量接近 10%（质量分数）时，气割困难，超过 20%（质量分数）时，不能气割
Cu	w(Cu)＜0.7% 时，对气割性能没有影响
Al	w(Al)＜0.5% 时，对气割性能影响不大，但 w(Al)＞10% 时，则不能气割
V	含有少量的钒，对气割性能没有影响
S，P	在允许的含量内，对气割性能没有影响

当被切割的材料无法满足上述条件时，则应对气割进行改进，如振动气割、氧熔剂切割等，或采用其他切割方法，如等离子弧切割来完成材料的切割任务。

第二节　气割用气体及器具

气割火焰是由可燃气体与氧气混合而形成的。可燃气体主要是指乙炔气、液化石油气，也可采用氢气。

一、对气割火焰的要求

气割的火焰是预热的热源，火焰的气流又是熔化金属的保护介质。焊接火焰直接影响到焊接质量和焊接生产率，气割时要求焊接火焰应有足够的温度，体积要小，焰芯要直，热量要集中；还应要求火焰具有保护性，以防止空气中的氧、氮对熔化金属的氧化及污染。

二、气割火焰的种类和性质

1. 气割的火焰分类

气割的气体火焰包括氧－乙炔焰、氢氧焰及液化石油气体燃烧的火焰。乙炔与氧混合燃烧形成的火焰，称为氧－乙炔焰。氧－乙炔焰具有很高的温度（约 3 200 ℃），加热集中，因此是气割中主要采用的火焰。

氢与氧混合燃烧形成的火焰,称为氢氧焰。氢氧焰是气焊最早使用的气体火焰,由于其燃烧温度低(温度可达 2 770 ℃),且容易发生爆炸事故,未被广泛应用于工业生产,目前主要用于水下火焰切割等。

液化石油气燃烧的温度比氧 - 乙炔火焰要低(丙烷在氧气中燃烧温度为 2 000 ~ 2 850 ℃)。液化石油气体燃烧的火焰主要用于金属切割,用于气割时,金属预热时间稍长,但可以减少切口边缘的过烧现象,切割质量较好,在切割多层叠板时,切割速度比使用乙炔快 20% ~30%。液化石油气燃烧的火焰除越来越广泛应用于钢材的切割外,还用于焊接有色金属。国外还有采用乙炔与液化石油气体混合,作为焊接气源。

2. 气割的火焰性质

乙炔(C_2H_2)在氧气(O_2)中的燃烧过程可以分为两个阶段。首先,乙炔在加热作用下被分解为碳(C)和氢(H_2),接着碳和混合气中的氧发生反应生成一氧化碳(CO),形成第一阶段的燃烧;随后,在第二阶段的燃烧是依靠空气中的氧进行的,这时一氧化碳和氢气分别与氧发生反应分别生成二氧化碳(CO_2)和水(H_2O)。上述的反应释放出热量,即乙炔在氧气中燃烧的过程是一个放热的过程。

氧 - 乙炔火焰根据氧和乙炔混合比的不同,可分为中性焰、碳化焰和氧化焰三种类型,其构造和形状如图 1 - 2 所示。

(1)中性焰

中性焰是氧与乙炔体积的比值($V(O_2)/V(C_2H_2)$)为 1.1 ~1.2 的混合气燃烧形成的气体火焰。中性焰在第一燃烧阶段既无过剩的氧又无游离的碳。当氧与丙烷容积的比值($V(O_2)/V(C_3H_8)$)为 3.5 时,也可得到中性焰。中性焰有三个显著区别的区域,分别为焰芯、内焰和外焰,如图 1 - 2(a)所示。

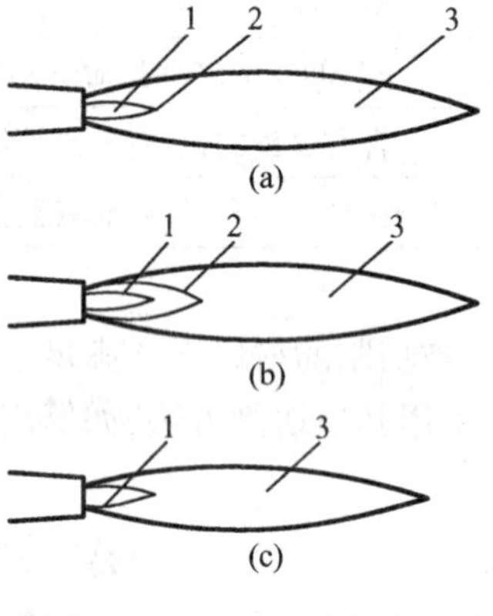

图 1 - 2 氧 - 乙炔焰的构造和形状

(a)中性焰;(b)碳化焰;(c)氧化焰

1—焰芯;2—内焰;3—外焰

①焰芯

中性焰的焰芯呈尖锥形,色白而明亮,轮廓清楚。焰芯由氧气和乙炔组成,焰芯外表分布有一层由乙炔分解所生成的碳素微粒,由于炽热的炭粒发出明亮的白光,因而有明亮而清楚的轮廓。在焰芯内部进行着第一阶段的燃烧。焰芯虽然很亮,但温度较低(800 ~ 1 200 ℃),这是由于乙炔分解而吸收了部分热量的缘故。

②内焰

内焰主要为乙炔的不完全燃烧产物,即来自焰芯的碳、氢气与氧气燃烧的生成物一氧化碳和氢气所组成。内焰位于碳素微粒层外面,紧靠焰芯末端,呈蓝白色,并带有深蓝色线条,微微闪动。内焰处在焰芯前 2 ~4 mm 部位,燃烧剧烈,温度最高,可达3 100 ~3 150 ℃。

③外焰

处在内焰的外部,外焰的颜色从里向外由淡紫色变为橙黄色。在外焰中来自内焰燃烧生成的一氧化碳和氢气与空气中的氧充分燃烧,即进行第二阶段的燃烧。外焰燃烧的生成物是二氧化碳和水。

外焰温度比焰芯高,为 1 200 ~2 500 ℃。由于二氧化碳(CO_2)和水(H_2O)在高温时容易分解，所以外焰具有氧化性。

中性焰的温度是沿着火焰轴线而变化的，如图1－3所示。中性焰温度最高处在距离焰芯末端2～4 mm的内焰的范围内，此处温度可达3 150 ℃，离此处越远，火焰温度越低。

此外，火焰在横断面上的温度是不同的，断面中心温度最高，越向边缘温度就越低。

由于中性焰的内焰较焰芯和外焰温度高，且具有还原性，同时还可以改善焊缝金属的性能，所以，采用中性焰切割大多数的金属及其合金时，都利用内焰。

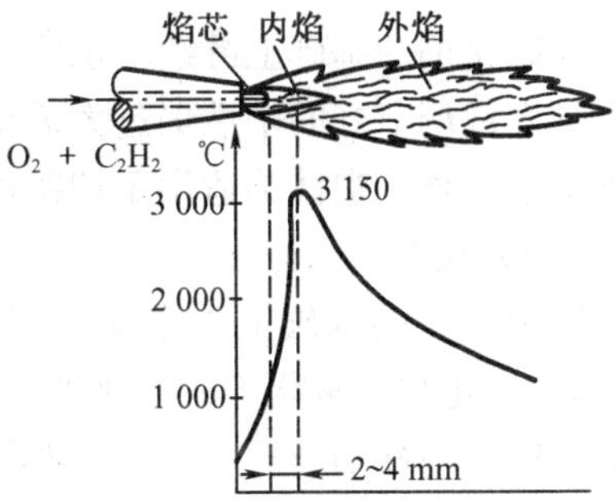

图1－3　中性焰的温度分布情况

(2)碳化焰(还原焰)

碳化焰是氧与乙炔体积的比值($V(O_2)/V(C_2H_2)$)小于1.1时的混合气燃烧形成的气体火焰。因为乙炔有过剩量，所以混合气体中的乙炔未完全燃烧，这种火焰就称为碳化焰。碳化焰中含有游离碳，具有较强的还原作用和一定的渗碳作用。

碳化焰可分为焰芯、内焰和外焰三部分，如图1－2(b)所示。碳化焰的整个火焰比中性焰长而柔软，而且随着乙炔的供给量增多，碳化焰也就变得越长、越柔软，其挺直度就越差。当乙炔的过剩量很大时，由于缺乏使乙炔完全燃烧所需要的氧气，火焰开始冒黑烟。

碳化焰的焰芯较长，呈蓝白色，由一氧化碳(CO)、氢气(H_2)和碳素微粒组成。碳化焰的外焰特别长，呈橘红色，由水蒸气、二氧化碳、氧气、氢气和碳素微粒组成。碳化焰的温度一般为2 700～3 000 ℃。

(3)氧化焰

氧化焰是氧与乙炔体积的比值($V(O_2)/V(C_2H_2)$)大于1.2时的混合气燃烧形成的气体火焰。氧化焰中有过剩的氧，在尖形焰芯外面形成了一个有氧化性的富氧区，其构造和形状如图1－2(c)所示。

氧化焰由于火焰中含氧较多，氧化反应剧烈，导致焰芯、内焰、外焰都缩短，内焰很短，几乎看不到。氧化焰的焰芯呈淡紫蓝色，轮廓不明显；外焰呈蓝色，火焰挺直，燃烧时发出急剧的“嘶嘶”声。氧化焰的长度取决于氧气的压力和火焰中氧气的比例，氧气的比例越大，则整个火焰就越短，噪声也就越大。

氧化焰的温度可达3 100～3 400 ℃。由于氧气的供应量较多，使整个火焰具有氧化性。由于氧化焰的温度很高，在火焰加热时为了提高效率，常使用氧化焰。气割时，通常使用氧化焰。

3. 气割及其火焰适用情况

氧气与乙炔的混合比不同，火焰的性质和温度的差别也很大。为了获得理想的气割质量，必须根据切割材料来正确调节和选用火焰。

(1)碳化焰

打开割炬的乙炔阀点火后，慢慢地打开氧气阀增加氧气，火焰即由橙黄色逐渐变为蓝白色，直到焰芯、内焰、外焰的轮廓清晰地呈现出来，这时的火焰即为碳化焰。视内焰长度(从割嘴末端开始计算)为焰芯长度的几倍，把碳化焰称为几倍碳化焰。

(2)中性焰

在碳化焰的基础上继续增加氧气,当内焰基本上看不清时,得到的便是中性焰。

如发现调节好的中性焰过大需要调小时,先减少氧气量,然后将乙炔调小,直到获得所需的火焰为止。中性焰适用于切割件的预热。

(3)氧化焰

在中性焰的基础上再增加氧气量,焰芯变得尖而短,外焰也同时缩短,并伴有“嘶嘶”声,即为氧化焰。氧化焰的氧化度,以其焰芯长度比中性焰的焰芯长度的缩短率来表示,如焰芯长度比中性焰缩短了1/10,则称为1/10或10%氧化焰。

氧化焰主要适用切割碳钢、低合金钢、不锈钢等金属材料,也可作为氧-丙烷切割时的预热火焰。

4. 气割火焰异常现象及消除方法

表1-3列出点火和气割中发生的火焰异常现象、原因及消除方法。

表1-3 点火和气割中发生的火焰异常现象、原因及消除方法

现象	原因	措施
火焰熄灭或火焰强度不够	1. 乙炔管道内有水 2. 回火防止器性能不良 3. 压力调节器性能不良	1. 清理乙炔胶管,排除积水 2. 把回火防止器的水位调整好 3. 更换压力调节器
点火时有爆炸声	1. 混合气体未完全排除 2. 乙炔压力过低 3. 气体流量不足 4. 割嘴孔径扩大、变形 5. 割嘴堵塞	1. 排除割炬内的空气 2. 检查乙炔发生器 3. 排除胶管中的水 4. 更换割嘴 5. 清理割嘴及射吸管积炭
脱火	乙炔压力过高	调整乙炔压力
气割中产生爆炸声	1. 割嘴过热,黏附脏污 2. 气体压力未调好	1. 熄灭后仅开氧气进行水冷,清理割嘴 2. 检查乙炔和氧气的压力是否恰当
氧气倒流	1. 割嘴被堵塞 2. 割炬损坏无射吸力	1. 清理割嘴 2. 更换或修理割炬
回火(有“嘘嘘”声,割炬把手发烫)	1. 割嘴孔道污物堵塞 2. 割嘴孔径扩大、变形 3. 割嘴过热 4. 乙炔供应不足 5. 射吸力降低 6. 割嘴离工件太近	1. 关闭氧气 2. 关闭乙炔 3. 水冷割炬 4. 检查乙炔系统 5. 检查割炬 6. 使割炬与工件保持适当距离

5. 气割所用气体

气割所用的气体分为两类,即助燃气体(氧气)和可燃气体(如乙炔、液化石油气等)。可燃气体与氧气混合燃烧时,放出大量的热,形成热量集中的高温火焰(火焰中的最高温度一般可达2 000~3 000 ℃),可将金属加热和熔化。气割常用的气体是乙炔,目前推广使用的燃气还有丙烷、丙烯、液化石油气(以丙烷为主)、天然气(以甲烷为主)等,常用燃气的性能见表1-4。

表1-4　常用燃气的性能

指标 \ 燃气		乙炔	丙烷	丙烯	丁烯	天然气	氢
分子式		C_2H_2	C_3H_8	C_3H_6	C_4H_{10}	CH_4	H_2
相对分子质量		26.01	44.06	42.05	58.08	16.03	2.016
相当密度(标准状况下)/(kg/m^3)		1.109	1.862	1.915	2.46	0.677	0.09
总热值	/(kJ/m^3)	55 246	104 458	88 395	121 482	37 238	12 050
	/(kJ/kg)	50 208	51 212	49 204	49 380	56 233	—
一次火焰的热值/(kJ/m^3)		19 083	10 041	16 071	—	410	—
二次火焰的热值/(kJ/m^3)		36 162	94 416	72 325	—	36 828	—
耗氧量(中性焰)/(m^3/h)	理论值	2.5	5.0	4.5	6.5	2.0	0.5
	实际值	1.1	3.5	2.6	—	1.5	0.25
中性焰温度/℃	氧气中燃烧	3 100	2 520	2 870	—	2 540	2 600
	空气中燃烧	2 630	2 116	2 104	2 132	2 066	2 210
火焰燃烧速度/(m/s)	氧气中燃烧	8	4	—	—	5.5	11.2
	空气中燃烧	5.8	3.9	—	—	5.5	11.0
0.1 MPa压力下燃烧温度/(℃)	氧气中燃烧	416~440	490~570	520~630	610	556~700	580~590
	空气中燃烧	406~440	515~543	520~630	493~577	650~750	580~590
爆炸范围(15.6 ℃,0.1 MPa)(体积分数)/%	氧气中燃烧	2.8~93.0	2.4~9.5	4.1~50.5	—	5.4~59.2	4.7~93.9
	空气中燃烧	2.5~80.0	2.3~9.5	2.0~10	1.9~8.4	5.3~14	7.0~74.2

(1)乙炔

乙炔,俗称风煤和电石气,是碳氢化合物,分子式为C_2H_2。乙炔在0 ℃和101.325 kPa压力下是一种无色、极易燃的气体。纯乙炔是无臭的,但工业用乙炔由于含有硫化氢(H_2S)、磷化氢(PH_3)等杂质,有一股大蒜的气味。在标准气压下,密度为1.17 kg/m^3,比空气密度稍小,-83 ℃时乙炔可变成液体,-85 ℃时乙炔变为固体。

乙炔是理想的可燃气体,与空气混合燃烧时所产生的火焰温度为2 350 ℃,而与氧气混合燃烧时所产生的火焰温度为3 100~3 300 ℃,热量比较集中,适用于切割。

乙炔在液态和固态下或在气态和一定压力下有猛烈爆炸的危险,受热、震动、电火花等因素都可以引发爆炸,因此不能在加压液化后储存或运输。乙炔微溶于水,溶于乙醇、苯、丙酮。在15 ℃和0.1 MPa时,在1 L丙酮中能溶解23.5 L乙炔,当压力增大到1.5 MPa时,1 L丙酮中能溶解360 L乙炔。

乙炔是易爆气体,具有如下特性。

①乙炔温度超过300 ℃或压力超过0.15 MPa时,遇火就会爆炸。

②乙炔与空气或氧气混合,爆炸性大大增加。乙炔与空气混合,乙炔占2.2% ~81%(体积分数)时,乙炔与氧气混合,乙炔占2.8% ~93%(体积分数)时,混合气体达到自燃温度(乙炔与空气混合气体的自燃温度为305 ℃,乙炔与氧气混合气体的自燃温度为300 ℃)或遇火星时,在常压下也会爆炸。乙炔与氯气、次氯酸盐等化合,受日光照射或受热就会发生爆炸。乙炔与氮、一氧化碳、水蒸气混合会降低爆炸危险。乙炔和其他可燃气体与空气和氧气混合气的爆炸(起火)范围见表1-5。

表1-5 可燃气体与空气和氧气混合气的爆炸极限

可燃气体名称	可燃气体在混合气中的含量(体积分数)	
	空气中	氧气中
乙炔	2.2% ~81.0%	2.8% ~93.0%
氢气	3.3% ~81.5%	4.6% ~93.9%
一氧化碳	11.4% ~77.5%	15.5% ~93.9%
甲烷	4.8% ~16.7%	5.0% ~59.2%
天然气	4.8% ~14.0%	—
石油气	3.5% ~16.3%	—

③乙炔溶解在液体里(1 g丙酮,在0 ℃时能溶解33 L乙炔)会大大降低爆炸性。

④乙炔的爆炸性与储存乙炔的容器形状、大小有关。容器直径越小,越不容易爆炸。乙炔储存在有毛细管状物质的容器中,即使压力增高到2.65 MPa时也不会爆炸。

(2)液化石油气

液化石油气是石油炼制工业的副产品,其主要成分丙烷(C_3H_8)占50% ~80%(体积分数),其余为丙烯(C_3H_6)、丁烷(C_4H_{10})和丁烯(C_4H_8)等。液化石油气在气态时是一种略带臭味的无色气体。在常温常压下,组成液化石油气的这些碳氢化合物以气体状态存在,只要外加不大的压力(0.5 ~1.5 MPa)即变成黄绿色油状液体,因此便于装入瓶中储存和运输。

液化石油气的燃烧特性主要有以下几个方面:

①液化石油气燃烧的化学反应,以丙烷代表石油气为例分析。

$$C_3H_8 + 5O_2 = 3CO_2 + 4H_2O + Q$$

其中,Q=2 340.8 kJ/mol,火焰温度为2 000 ~2 800 ℃,由此可见,其比氧-乙炔焰温度低200 ~300 ℃。

从化学反应可以看出,1份丙烷(石油气)需要5份氧气与之化合(但实际需要量比理论上多10%)才能完全燃烧。若供氧不足,燃烧不充分,会产生一氧化碳,使人中毒,严重时有致命危险。

②组成石油气的几种气体都能和空气形成爆炸混合气,但它们的爆炸极限范围都比较窄。例如丙烷、丁烷和丁烯的爆炸极限分别为2.17% ~9.5%(体积分数),1.15% ~8.4%(体积分数),1.7% ~9.6%(体积分数),比乙炔要安全得多。但液化石油气与氧气混合有较宽的爆炸极限,其范围为3.2% ~64%(体积分数)。有关石油和氧气混合的燃烧爆炸性能的试验结果见表1-6。

表 1－6　石油气与氧气混合气的燃烧爆炸范围

序号	石油气在混合气中的体积分数	燃爆情况
1	3.2%	爆声微弱
2	6.0%	有爆声
3	6.7%	有爆声
4	12.9%	有爆声
5	19.1%	爆声较响
6	33.1%	爆声响
7	36.2%	爆声响
8	43%	爆声响
9	51.5%	爆声强烈，发光
10	64%	爆声强烈，发光

③液化石油气易挥发、闪点低，其中的主要成分丙烷挥发点为－42 ℃，闪点为－20 ℃，所以在低温时，它的易燃性是很大的。

④气态石油气比空气密度大（约为空气的 1.5 倍），易向低处流动并能扩散到很远的地方，遇明火燃烧而滞留积聚在低洼处与空气易形成爆炸性混合气。液态石油气比汽油密度小，能漂浮在水面上，随水流动并在死角处聚集，而且常温常压下会迅速挥发，这时体积可以膨胀 250～350 倍而快速扩散。在使用、储存石油气时，应采取安全措施，如室内应有良好通风等。

⑤液化石油气有一定的毒性，在空气中含量很少时一般不会中毒；当浓度较高时，就会引起人的麻醉；当空气中液化石油气的浓度大于 10%（体积分数）时，则有使人中毒的危险。

⑥液化石油气对普通橡胶导管和衬垫有膨润和腐蚀作用，能造成胶管和衬垫的穿孔或破裂。为此，衬垫、胶管等必须采用耐油性强的橡胶，不得随意更换衬垫和胶管，以防因受腐蚀而发生漏气。

⑦石油气瓶内部的压力与温度成正比。在零下 40 ℃时，压力为 0.1 MPa，在 20 ℃时为 0.7 MPa，40 ℃时为 2 MPa。所以石油气瓶与热源、暖气片等应保持 1.5 m 以上的安全距离。冬季使用液化石油气，可在用气过程中以低于 40 ℃的温水加热，也可用几个石油气瓶并联，以保证供气量的需要，严禁用火烤或沸水加热。

⑧石油气点火时，要先点燃引火物后再开气，不要颠倒次序。

（3）氢气

氢是一种无色无味的气体，相对密度 0.07，比空气轻 14.38 倍，是最轻的气体。它具有最大的扩散速度和很高的导热性，其导热效能比空气大 7 倍，极易泄漏，点火能力低，被公认为是一种极危险的易燃易爆气体。

氢在空气中的自燃点为 560 ℃，在氧气中的自燃点为 450 ℃。氢氧火焰的温度可达 2 770 ℃。氢具有很强的还原性。在高温下，它可以从金属氧化物中夺取氧而使金属还原。它广泛地应用于水下火焰切割，以及某些有色金属的焊接和氢原子焊等。

氢与空气混合可形成爆鸣气，其爆炸极限为 4%～80%（氢的体积分数）；氢与氧混合气的爆炸极限为 4.65%～93.9%（氢气体积分数）。氢气与氯气的混合物中，二者体积比为 1∶1 时，见光即爆炸，当温度达 240 ℃时即能自燃。氢与氟化合时能发生爆炸，甚至在阴暗处也会发生爆炸,因此它是一种很不安全的气体。

(4)氧气

氧气(O_2)是一种无色无味无毒的气体,比空气略重,微溶于水。在 0 ℃和 101.325 kPa 压力下,1 m^3氧气的质量为 1.43 kg。氧气在 -183 ℃时变为淡蓝色的液体,在 -218 ℃时变成雪花状的淡蓝色的固体。工业上用的大量氧气主要采用空气液化法制取,就是把空气引入制氧机内,经过高压和冷却,使之凝结成液体,然后让它在低温下挥发,根据各种气体元素的沸点不同,来提取纯氧。

氧气不能燃烧,但能助燃,是强氧化剂,与可燃气体混合燃烧可以得到高温火焰。如前面讲过的与乙炔混合燃烧时的温度可达 3 200 ℃以上,所以氧气广泛应用于气焊气割行业。

有机物在氧气里的氧化反应具有放热的性质,即在反应进行时放出大量的热量。增高氧的压力和温度,会使氧化反应显著加快。在一定的条件下,由于物质氧化得越来越多和氧化过程温度增高而增加放出的热量,使有机物在压缩或加热的氧气里的氧化过程加速进行。当压缩的气态氧与矿物油、油脂或细微分散的可燃物质(炭粉、有机物纤维等)接触时,能够发生自燃,时常成为失火或爆炸的原因。氧的突然压缩所放出的热量、摩擦热和金属固体微粒碰撞热、高速度气流中的静电火花放电等,也都可以成为引发火灾的因素。因此在使用氧气时,尤其是在压缩状态下,必须时刻注意杜绝其与易燃物质相接触。

氧几乎能与所有可燃气体和液体燃料的蒸气混合而形成爆炸性混合气,这种混合气具有很宽的爆炸极限范围,所以氧气减压表禁油。

多孔性有机物质(炭、炭黑、泥炭、羊毛纤维等),浸透了液态氧(所谓液态炸药),当遇火源或在一定的冲击力下就会产生剧烈的爆炸。在焊接及其他气体火焰加工过程中使用氧气时,应当经常注意到氧的上述性质。

氧气越纯,则可燃混合气燃烧的火焰温度越高。可燃气体乙炔和液化石油气只有在纯氧中燃烧,才能达到最高温度。因此,用于切割的氧气的纯度在 99.5% 以上。氧气纯度不够,会明显影响燃烧效率和切割效果。

(5)新型切割气

随着科学技术的发展,为了尽快取代乙炔,减少环境污染,人们努力寻找和开发新型切割气。各类基于丙烷、丙烯的新型切割气纷纷亮相,这些产品可分为:

- 烯烃类,如纯丙烯、日本的霞普气。
- 烯烃类气体加入水溶性物质添加剂,如高锰酸钾、过氧化氢等强氧化剂。市场上许多新型切割气均属于此类。如特利Ⅱ型工业切割气、SHCG 切割气。
- 烯烃类气体内加入非水溶性的添加剂,如美国的凯腾气。

上述三类气体在金属切割性能上依次提高,切面光滑程度优于乙炔,但由于火焰温度低,在切割预热时间上均达不到乙炔的水平。

① 特利Ⅱ气

特利Ⅱ气是以高纯度丙烯(C_3H_6)为主要原料,再辅以一定比例的添加剂,经过物理混合而成。是金属切割、加热、焊接的一种新型气体,可以用来代替溶解乙炔。

特利Ⅱ气与溶解乙炔相比有如下特点:

a. 特利Ⅱ气密度比乙炔大,体积热值是乙炔的 1.6 倍。单瓶充装量是乙炔的 2.5 ~3 倍,增加了气瓶的使用周期。

b. 从化学结构看，乙炔是不饱和烃 CH ═CH，化合键不稳定极易打开发生聚合反应，这种反应是放热反应，使温度急剧升高，易发生爆炸。特利Ⅱ气有单键，CH_2═CH—CH_3，单键为饱和键，不易打开，同时特利Ⅱ气在空气中的爆炸极限只为 2.4% ~10.5%（体积分数），而溶解乙炔在空气中的爆炸极限则是 2.2% ~81.0%（体积分数），所以较乙炔安全，无分解爆炸危险。

c. 特利Ⅱ气和乙炔都是碳氢化合物，与氧混合燃烧时其火焰结构大致相似。特利Ⅱ气燃烧温度要比乙炔低（乙炔为 3 100 ℃，特利Ⅱ气为 2 950 ℃），但实践证明气态燃烧热特利Ⅱ气比乙炔大得多，所以切割速度并无差别。特利Ⅱ气 - 氧火焰较柔和，体积发热要比乙炔高，切割时切割面上缘无明显烧塌现象，切割处几何形状平齐，氧化物易清除，挂渣少易去除；氧 - 乙炔焰集中而猛烈，切割过程中易导致切口上棱角产生烧塌，黏渣多，表面光洁度差，因此特利Ⅱ气切割优于乙炔，尤其在切割厚钢板时，其不塌边、体积热量大及不易回火等特点更优于乙炔。

d. 从乙炔和特利Ⅱ气燃烧时化学反应式看：$C_2H_2 + 2.5O_2 = 2CO_2 + H_2O$，由此式可知，1 体积乙炔完全燃烧理论上需要消耗 2.5 个体积的氧；$C_3H_6 + 4.5O_2 = 3CO_2 + 3H_2O$，由此式可知，1 体积的特利Ⅱ气完全燃烧理论上需消耗 4.5 体积的氧，但特利Ⅱ气在空气中燃烧时形成中性火焰的实际耗氧量为 2.6 个体积，火焰温度达 2 950 ℃，切割用的也正是中性火焰。

特利Ⅱ气切割工艺参数如表 1 -7 所示。

表 1 -7　特利Ⅱ气切割工艺参数

割炬	割嘴号	切割厚度/mm	氧气压力/MPa	切割氧孔径/mm	特利Ⅱ气压力/MPa
G01 -100	1	1 ~30	0.3	1	0.015
	2	20 ~60	0.4	1.3	0.02
	3	40 ~100	0.45 ~0.5	1.6	0.02 ~0.025
G01 -300	4	50 ~120	0.4 ~0.6	1.9	0.02 ~0.03
	5	100 ~150	0.45 ~0.7	2.2	0.02 ~0.035
	6	150 ~200	0.5 ~0.8	2.5	0.025 ~0.04

②霞普气

霞普气早在 20 世纪 60 年代就已在日本、美国等发达国家应用于工业生产领域。20 世纪 90 年代初开始在我国推广使用。

霞普气主要成分为丙烯，其与特利Ⅱ气相近，与乙炔相比其主要性能见表 1 -8。

表 1 -8　霞普气与乙炔气的性能比较

名称	气体密度/(g/L)(0 ℃,0.1 MPa)	火焰温度/℃	发热量		着火点/℃	爆炸范围（在空气中，体积分数）	燃烧速度/(m/s)
			/(kJ/kg)	/(kJ/m^2)			
乙炔气	1.174	3 070	50 367	58 992	305	2.2% ~81%	7.6
霞普气	1.912	2 960	48 952	93 910	459	2.4% ~10.3%	3.9

a. 霞普气与乙炔相比具有的优点

ⓐ经济性好

同等作业中与溶解乙炔气相比,燃气消耗量、氧气消费量基本相同。霞普气价格低于溶解乙炔气价格40%左右,降低了生产成本。每瓶(16 kg)霞普气相当于3～3.5瓶乙炔气的工作量,降低了运输和使用中的调整次数,节省了费用,提高了工作效率。

ⓑ安全性好

霞普气燃烧速度比乙炔慢,在一般使用条件下不会产生回火,所以在管路中可以不设置回火保险器。又由于霞普气与空气混合的爆炸范围小,所以发生事故的危险性很小。

ⓒ工作性能好

使用霞普气切割精度高,切割面整齐,挂渣极少,塌边和变形极小。使用配套专用机具,可以实现精密切割。

霞普气切割工艺参数如表1－9、表1－10所示。

表1－9 霞普气切割工艺参数

割炬名称	割嘴号	切割厚度/mm	氧气压力/MPa	高压孔径/mm	霞普气压力/MPa
中型切割器	1	1～10	0.25	0.7	0.015
	2	5～20	0.3	0.9	0.015
	3	10～30	0.35	1.1	0.015
A号切割器	1	3～30	0.3	1.0	0.015
	2	20～60	0.35	1.3	0.02
	3	40～100	0.4	1.6	0.02
CB号切割器	4	50～120	0.4	1.9	0.02
	5	100～150	0.45	2.2	0.02
	6	120～200	0.5	2.5	0.025
	7	15～250	0.55	2.7	0.025
	8	200～300	0.6	3.0	0.03
	9	250～380	0.7	3.4	0.03
大型切割器	10	300～450	0.8	3.8	0.03
	11	400～550	0.8	4.0	0.035
	12	500～600	1.0	4.5	0.04
特大型切割器	45	550～650	1.3	4.5	0.04
	50	600～750	1.3	5.0	0.04
	55	650～800	1.4	5.5	0.04
	60	700～900	1.4	6.0	0.04

表 1-10　霞普气自动切割工艺参数

割炬名称	割嘴号	切割厚度/mm	氧气压力/MPa	高压孔径/mm	霞普气压力/MPa
JP	0	1 ~ 10	0.3	0.8	0.02
	1	5 ~ 20	0.3	1.0	0.02
	2	20 ~ 30	0.35	1.3	0.02
	3	30 ~ 50	0.4	1.6	0.02
	4	50 ~ 75	0.45	1.9	0.025
	5	75 ~ 100	0.5	2.1	0.03
	6	100 ~ 150	0.55	2.4	0.035
	7	150 ~ 250	0.6	2.8	0.04
	8	250 ~ 300	0.65	3.2	0.04

b. 霞普气使用时的注意事项

ⓐ气瓶一定要直立，放倒使用时有碍气瓶安全阀工作。

ⓑ作业时氧气压力、霞普气压力与使用乙炔气相同。

ⓒ霞普气火焰稍偏向于氧化焰，火火焰喷嘴处为放射状，呈明亮的蓝白色，无明显的内焰和焰芯区别。火焰的最高温度距火焰喷口距离比乙炔近，预热时需将火焰白色部分接触钢板，预热充分后再将喷嘴稍微抬高一些。

ⓓ霞普气火焰开孔切割时预热时间比乙炔火焰稍长，边缘预热时与乙炔相同。

ⓔ霞普气点火时要明火点燃。

第三节　氧-乙炔气割设备及工具

氧-乙炔气割设备主要由乙炔瓶（乙炔发生器）、氧气瓶、减压器、回火防止器、割炬和橡皮管等组成，如图 1-4 所示。气瓶颜色标记见表 1-11。

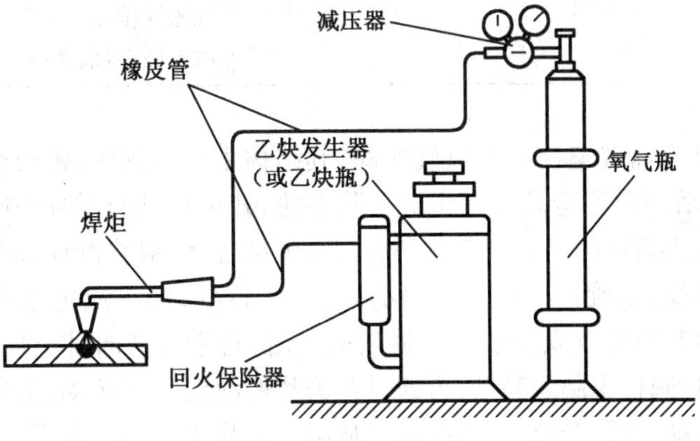

图 1-4　气割设备的组成

表 1－11　气瓶颜色标记(GB7144)

介质名称	颜色	字样	字色	色环
氧气	天蓝	氧气	黑	$p=19.6$ MPa　白色环一道
溶解乙炔	白	乙炔不可近火	大红	$p=29.4$ MPa　白色环二道

一、氧气瓶

氧气瓶是储存和运输高压氧气的容器。瓶体漆成天蓝色,并漆有“氧气”黑色字样。氧气瓶容量一般为 40 L,额定工作压力为 15 MPa,因此每瓶可装 1 个大气压的氧气 6 000 L。

氧气瓶是由优质碳素钢或低合金钢轧制而成的无缝容器。目前我国生产使用的氧气瓶规格见表 1－12,其中最常见的容量为 40 L。

表 1－12　氧气瓶规格

气瓶容量 /L	气瓶外径 /mm	气瓶高度 /mm	质量 /kg	工作压力 /MPa	水压试验压力 /MPa	名义装气量 /m^3	瓶阀型号
33 40 44	ϕ219	1 150 ± 20 1 370 ± 20 1 490 ± 20	45 ± 2 55 ± 2 57 ± 2	15	22.5	5 6 6.5	QF－2 铜阀

氧气瓶瓶阀是开闭氧气的阀门,分为活瓣式和隔膜式(见图 1－5),具体细节如表 1－13 所示。

表 1－13　氧气瓶瓶阀

瓶阀名称	型号	与瓶体连接螺纹	与减压器连接螺纹	应用特点
隔膜式	QF－1	ϕ27.8 × 14 牙/in 的锥螺纹	管螺纹 G5/8″	气密性好,开启、关闭需用专用扳手,使用不便,易损坏
活瓣式	QF－2			气密性稍差,但可以直接用手开、关,使用方便,目前普遍使用

活瓣式瓶阀是目前普遍使用的氧气瓶阀,其结构主要有阀体、密封垫圈、手轮、压紧螺母、阀杆、开关片、活门及安全装置等组成。除手轮、开关片、密封垫圈外,其余都是由黄铜或青铜压制和机加工而成的。为使瓶口和瓶阀紧密结合,一般将阀体和氧气瓶口结合的一端加工成锥形管螺纹,以旋入气瓶口内;阀体的出气口处,加工成定型螺纹用以连接减压器。阀体的出气口背面装有安全装置。使用氧气时,将手轮逆时针方向旋转,是开启氧气阀门。旋转手轮时,阀杆也随之转动,再通过开关片使活门一起转动,造成活门向上或向下移动。活门向上移动,气门开启,瓶内的氧气从出气口喷出。活门向下压紧时,由于活门内嵌有用尼龙材料制成的气门垫,因此可以使活门密闭。瓶阀活门上下移动的范围为 1.5 ~ 3 mm。

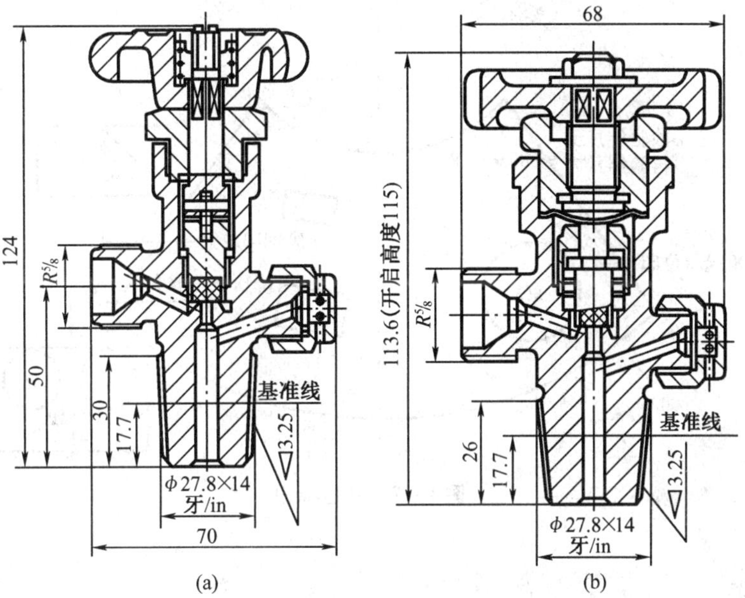

图 1－5　氧气钢瓶瓶阀

(a)活瓣式;(b)隔膜式

①φ27.8×14 牙/in 系非标锥螺纹

氧气瓶一般使用三年后应进行复验,复验内容有水压试验和检查瓶壁腐蚀情况。有关气瓶的容积、质量、生产日期、制造厂名、工作压力以及复验情况等项说明,都应在钢瓶收口处钢印中反映出来,如图 1－6、图 1－7 所示。

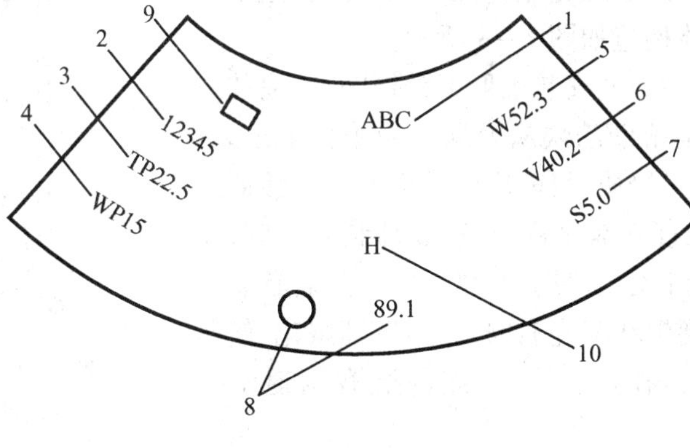

图 1－6　氧气瓶肩部标记

1—气瓶制造单位代号;2—气瓶编号;3—水压试验压力,MPa;
4—公称工作压力,MPa;5—实际质量,kg;6—实际容积,L;7—瓶体设计壁厚,mm;
8—制造单位检验标记和制造年月;9—监督检验标记;10——寒冷地区用气瓶标记

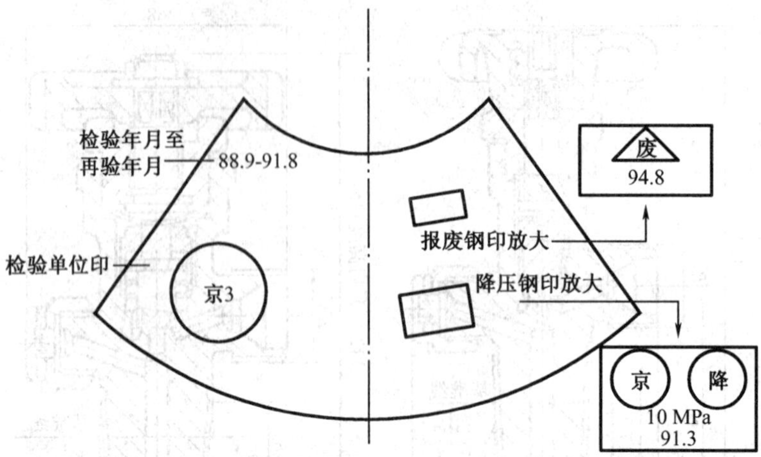

图1-7 复验标记

二、乙炔瓶

乙炔气瓶是储存和运输乙炔气的压力容器,其外形与氧气瓶相似,但比氧气瓶略短(1.12 m)、直径略粗(250 mm),瓶体表面涂白漆,并印有"乙炔气瓶""不可近火"等红色字样。由于乙炔采用高压压入瓶的装瓶方式,所以乙炔瓶的内部构造较氧气瓶要复杂得多。乙炔瓶内装满有微孔的填料(硅酸钙颗粒等),而微孔填料中浸满丙酮,利用乙炔易溶解丙酮的特点,使乙炔稳定、安全地储存在乙炔气瓶中,具体构造如图1-8所示。

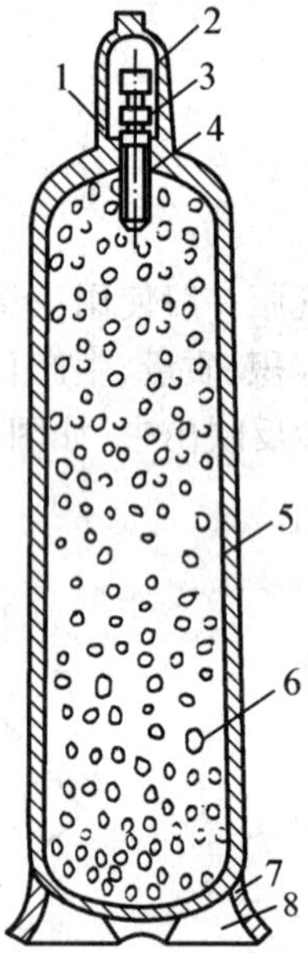

图1-8 乙炔瓶的构造

1—瓶口;2—瓶帽;3—瓶阀;4—石棉;5—瓶体;6—多孔性填料;7—瓶座;8—瓶底

在乙炔瓶阀下面中心处安装锥形不锈钢网,网内装有石棉或毛毡,其作用是帮助乙炔从丙酮溶液中分解出来。瓶内的填料要求多孔且轻质,目前广泛应用的是硅酸钙。

为使气瓶能平稳直立地放置,在瓶底部装有底座,瓶阀装有瓶帽。为了保证安全使用,在靠近收口处装有易熔塞,一旦气瓶温度达到100 ℃左右时,易熔塞即熔化,使瓶内气体外逸,起到泄压作用。另外,瓶体装有两道防震胶圈。

乙炔气瓶出厂前,需经严格检验,并做水压试验。乙炔气瓶的设计压力为3 MPa,试验压力应高出一倍。在靠近瓶口的部位,还应标注出容量、质量、制造年月、最高工作压力、试验压力等内容。使用期间,要求每三年进行一次技术检验,发现有渗漏或填料空洞的现象,应报废或更换。

乙炔瓶的容量为40 L,一般乙炔瓶中能溶解6~7 kg乙炔。使用乙炔时应控制排放量,不能任意排放,否则会连同丙酮一起喷出,造成危险。

乙炔瓶阀是控制乙炔瓶内乙炔进出的阀门,主要由阀体、阀杆、密封垫圈、压紧螺母、活门和过滤件等几部分组成,构造如图1-9所示。乙炔阀门没有手轮,活门开启和关闭是靠方孔套筒扳手完成的。当方形套筒反手按逆时针方向旋转阀杆上端的方形头时，活门向上移动是开启阀门，反之则是关闭。乙炔瓶阀体是由低碳钢制成的，阀体下端加工成 $\phi 27.8\times 14$牙/in 螺纹的锥形尾，以使旋入瓶体上口。由于乙炔瓶阀的出气口处无螺纹，因此使用减压器时必须带有夹紧装置与瓶阀结合。

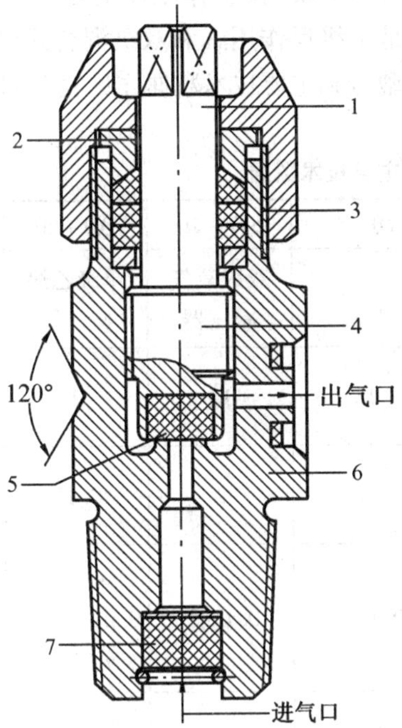

图1-9　乙炔阀门的构造

1—阀杆；2—压紧螺母；3—密封圈；4—活门；5—尼龙垫；6—阀体；7—过滤件

三、乙炔发生器

乙炔发生器是利用电石（CaC）和水的化学反应来制取乙炔的设备。因其使用麻烦、安全性差且污染环境，因而逐渐被瓶装乙炔所替代。

四、减压器

1. 减压器的作用及分类

减压器又称为压力调节器（高压减压器），它的作用有两个。

（1）减压作用

储存在气瓶内的气体都是高压气体，譬如氧气瓶内的氧气压力最高可达 15 MPa，乙炔瓶内的乙炔压力最高可达 1.5 MPa；而气焊、气割工作中所需的气体工作压力一般都是比较低的，氧气的工作压力要求为 0.1 ~ 0.4 MPa，乙炔的工作压力更低，最高也不会大于 0.15 MPa。因此在气焊、气割工作中必须使用减压器（高压氧气减压器），经减压后才能输送给焊炬或割炬使用。

（2）稳压作用

气瓶内气体的压力是随着气体的消耗而逐渐下降的，也就是说在气焊、气割工作中气瓶内的气体压力是时刻变化着的。但是在气焊、气割工作中所要求的气体工作压力必须是稳定不变的。减压器还具有稳定气体工作压力的作用,使气体工作压力不随气瓶内气体压力的下降而下降。

减压器按功能不同可分为集中式和岗位式两类,按介质类别可分为氧气减压器、乙炔减压器、氮气减压器等;按构造不同可分为单级式和双级式两类;按工作原理不同又可分为正作用式和反作用式两类。目前国内生产的减压器主要是单级反作用式和双级混合式(第一级为正作用式、第二级为反作用式)两类。常用减压器的型号和主要技术数据详见表 1-14。

表 1-14 减压器的主要技术数据

减压器型号	QD-1	QD-2A	OD-3A	DJ-6	SJ7-10	QD-20	QW2-16/0.6
减压器名称	单级氧气减压器				双级氧气减压器	单级乙炔减压器	单级丙烷减压器
进气口最高压力/MPa	15	15	15	15	15	2	1.6
最高工作压力/MPa	2.5	1.0	0.2	2	2	0.15	0.06
工作压力调节范围/MPa	0.1~2.5	0.1~1.0	0.01~0.2	0.1~2	0.1~2	0.01~0.15	0.02~0.06
最大放气能力/(m^3/h)	80	40	10	180	—	9	—
出气口孔径/mm	6	5	3	—	5	4	—
压力表规格/MPa	0~25 0~4.0	0~25 0~1.6	0~25 0~0.4	0~25 0~4	0~25 0~4	0~2.5 0~0.25	0~2.5 0~0.16
安全阀泄气压力/MPa	2.9~3.9	1.15~1.6	—	2.2	2.2	0.18~0.24	0.07~0.12
进气口连接螺纹/mm	G15.875	G15.875	G15.875	G15.875	G15.875	夹环连接	G15.875
质量/kg	4	2	2	2	3	2	2
外形尺寸/mm	200×200×200	165×170×160	165×170×160	170×200×142	200×170×220	170×185×315	165×190×160

各类型减压器的特点如表 1-15 所示。

表 1－15　减压器的类型及特点

类别	应用特点
单级正作用式	与反作用式相反，气瓶内的高压气体促使减压活门开启，随气瓶内压力下降，输出气体压力减少，目前该类型的减压器已逐步淘汰
单级反作用式	气瓶中的高压气体促使减压活门关闭，所以当气瓶压力下降时，活门开启度增大，输出气体压力反而略有上升，这种特性称为反作用式。容易保证活门气密性，气瓶内气体可充分利用。目前生产的单级减压器多属于此类
双级混合式	正作用式与反作用式的组合形式。气体经两级减压，输出气体压力稳定，不受气瓶内压力变化的影响，并使气体温度降低的趋势缓和，减轻了冻结现象，输出流量也较大，缺点是结构复杂

2. 减压器的构造和工作原理

下面分别介绍 QD－1 型氧气减压器、SJ7－10 型氧气减压器和 QD－20 型乙炔减压器的构造和工作原理。

QD－1 型氧气减压器属于单级反作用式，其进气口最高压力为 15 MPa，工作压力调节范围为 0.1～2.5 MPa。QD－1 型氧气减压器主要由本体、罩壳、调压螺钉、调压弹簧、弹性薄膜装置、减压活门与活门座、安全阀、进气口接头、出气口接头、高压表、低压表等部分组成，如图 1－10 所示。

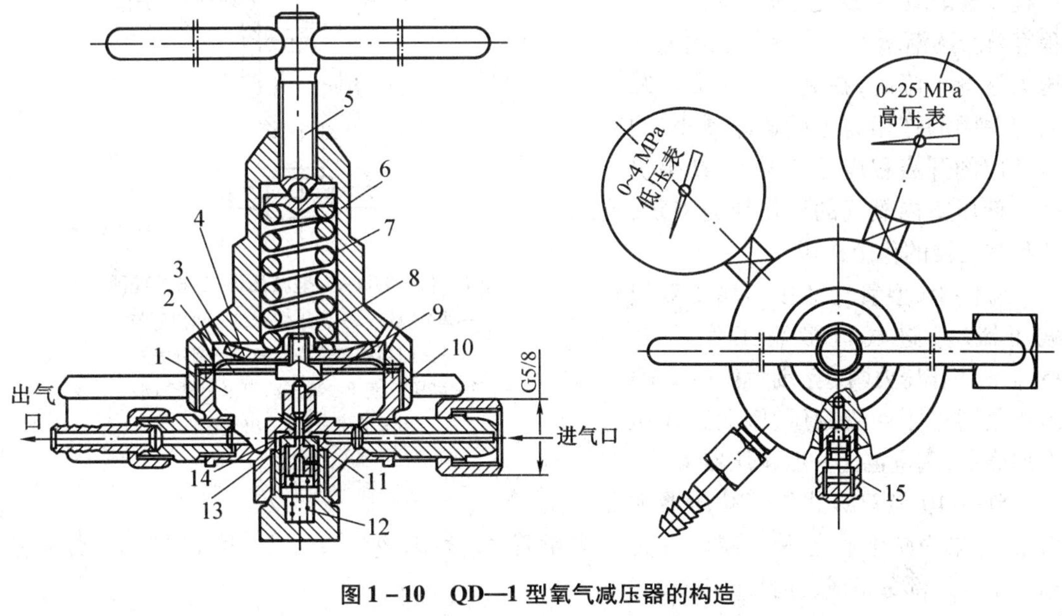

图 1－10　QD—1 型氧气减压器的构造

1—低压气室；2—耐油橡胶平垫片；3—薄膜片；4—弹簧垫块；5—调压螺钉；6—罩壳；7—调压弹簧；8—螺钉；9—活门顶杆；10—本体；11—高压气室；12—副弹簧；13—减压活门；14—活门座；15—安全阀

QD－1 型减压器的本体由黄铜制成，弹性薄膜装置(由弹簧垫块、薄膜片、耐油橡胶平垫片等组成)被紧压在罩壳与本体之间，在罩壳内装有调压弹簧并在其上部旋有调压螺钉。当旋拧调压螺钉时，通过活门顶杆使减压活门做不同程度的开启和关闭，调节氧气的减压程度或停止供氧。在减压器的本体上设有与低压室相通的安全阀，当减压器发生故障，低压气室的压力超过安全阀开启压力时(氧气压力大于 2.9 MPa 时开始泄气，在压力达到 3.9 MPa时完全打开)，氧气便自动冲开安全阀而逸出。这样，既保证低压表不因受到冲击而损坏，又避免了由于超过工作压力的气体流出而造成的其他事故。

QD－1 型减压器进气接头处螺纹尺寸为 G15.875 mm，接头的内径尺寸为 5.5 mm，出气接头内径尺寸为 6 mm，其最大流量为 80 m^3/h。减压器本体上还装有高压氧气表和低压氧气表，分别指示高压气室(即氧气瓶内)和低压气室内的压力(即工作压力)。高压氧气表的量程为 0～25 MPa，低压氧气表的量程为 0～4 MPa。

使用 QD－1 型减压器时，当顺时针旋拧调节螺钉时，可顶开减压活门，高压氧气便从缝隙中流入低压室。由于氧气在低压室内体积发生膨胀而使压力降低，即减压作用，详见图 1－11。

在使用过程中，如果气体输送量减少，即低压室压力增高，通过薄膜片压缩调压弹簧，带动减压活门向下移动，使开启程度逐渐减小；反之，减压活门的开启程度就会逐渐增大。当氧气瓶内的氧气压力逐渐下降时，在高压室中促使减压活门关闭的作用力也就逐渐减小，即减压活门的开启程度逐渐增大，结果仍保证了低压室内氧气的工作压力稳定，这就是减压器的稳定作用。

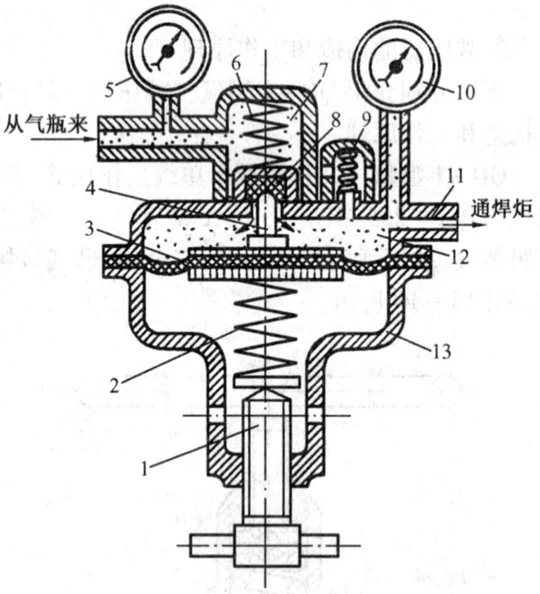

图 1－11　QD－1 型减压器工作原理图

1—调节螺钉；2—调压弹簧；3—弹性薄膜；4—活门顶杆；5—高压表；6—副弹簧；7—高压气室；8—减压活门；9—安全阀；10—低压表；11—出气管；12—低压气室；13—本体

SJ7－10 型氧气减压器属于双级式减压器，其进气口最高工作压力为 15 MPa，工作压力调节范围为 0.1～2 MPa。由于是通过了两级调压，因而工作压力更加稳定，流量也比一般减压器大。

SJ7－10 型双级式氧气减压器主要由本体、第一减压系统、第二减压系统、气调铜管、安全阀、进气口接头、出气口接头、高压表和低压表等部分组成，详见图 1－12。

SJ7－10 减压器的本体是由黄铜(HPb59－1)制成。两级减压系统的构造基本相似，均由活门顶杆、调压弹簧、弹性薄膜装置、减压活门等零部件组成。第一级减压系统主要用于将高压气体自动降低为中压气体，降至压力为 2 MPa，然后送入第二级减压系统。在第二级减压系统，当旋拧调压螺钉时，通过调压弹簧、弹性薄膜装置及活门顶杆，使减压活门做不同程度的开启和关闭，以用来调节由第一减压系统送入的氧气的减压程度或停止供气。

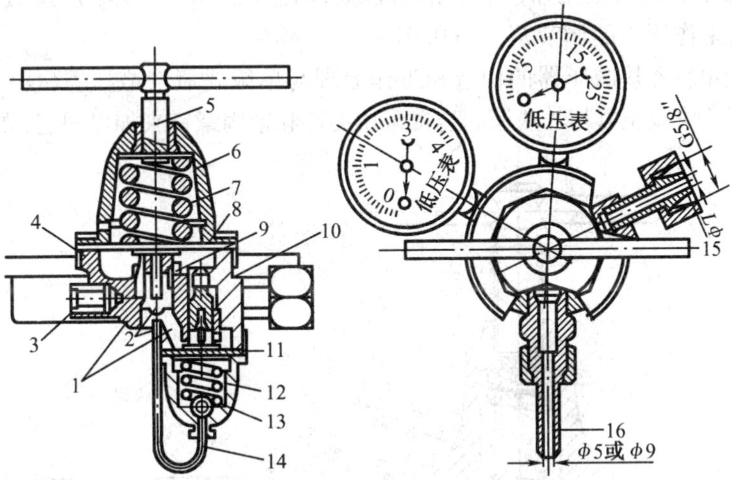

图 1-12　SJ7-10 型双级式氧气减压器的构造

1—活门顶杆;2—减压活门;3—安全阀;4—本体;5—调压螺钉;6—第二级罩壳;7—第二级调压弹簧;8—第二级弹性薄膜装置;9—第二级减压室;10—第一级减压室;11—第一级弹性薄膜装置;12—第一级罩壳;13—第一级调压弹簧;14—气调铜管;15—进气口接头;16—出气口接头

气调铜管是一种用紫铜制作的补偿管。其主要作用是当高压供气源的压力急剧下降时,使输出供使用的低压气体仍能保持稳定的工作压力。双级式减压器除具有工作压力稳定、受瓶内压力高低影响较小的特点外,还具有能基本消除气体消耗量增加时所产生的过冷和冰冻现象的特点,多用于氧气汇流排和氧气切割中。

SJ7-10 型双级式减压器进气接头螺母螺纹尺寸为 G15.875 mm,接头的内径尺寸为 7 mm,出气接头的内径尺寸可按不同需要选用 5 mm 或 9 mm 两种。在本体上安装的高压氧气表的量程为 0~25 MPa,低压氧气表的量程为 0~4 MPa。

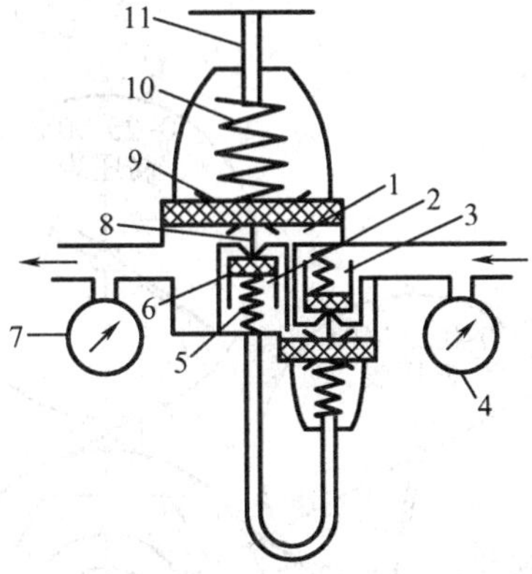

图 1-13　SJ7-10 型双级式氧气减压器工作原理图

1—低压气室;2—第二级减压系统;3—第一级减压系统;4—高压表;5—承压弹簧;6—减压活门;7—低压表;8—活门顶杆;9—弹性薄膜装置;10—调压弹簧;11—调压螺钉

SJ7-10 型双级式减压器的工作原理详见图 1-13。

当减压器处在非工作状态时,应使调压螺钉逆时针旋转,直至调压弹簧处于松弛状态。当氧气瓶阀开启时,高压氧气从进气口流入第一减压系统,由于弹簧的作用,气压自动降到 2 MPa 后进入第二级减压系统。当使用减压器时,顺时针旋转调压螺钉,通过调压弹簧、弹性薄膜装置、活门顶杆,克服承压弹簧的压力把减压活门顶开,使气体经过两次减压后进入低压气室内,再由出气口供给工作地点使用。

一般双级式减压器是正作用式和反作用式混合应用的结构,这样可以使升压特性和减压特性相互抵消。因而减压器输出的低压气体能更稳定地保持工作压力,使之不随瓶内气体压力的改变而发生变化。

QD－20 型单级乙炔减压器供瓶装溶解乙炔减压用。QD－20 型乙炔减压器进口最高压力为 2 MPa,工作压力的调节范围为 0. 01 ~0. 15 MPa。

QD－20 型单级乙炔减压器的构造和工作原理与单级式氧气减压器(QD－1 型)基本相同,所不同的是乙炔减压器与乙炔瓶阀连接采用夹环和紧固螺钉来加以固定,详见图 1－14。

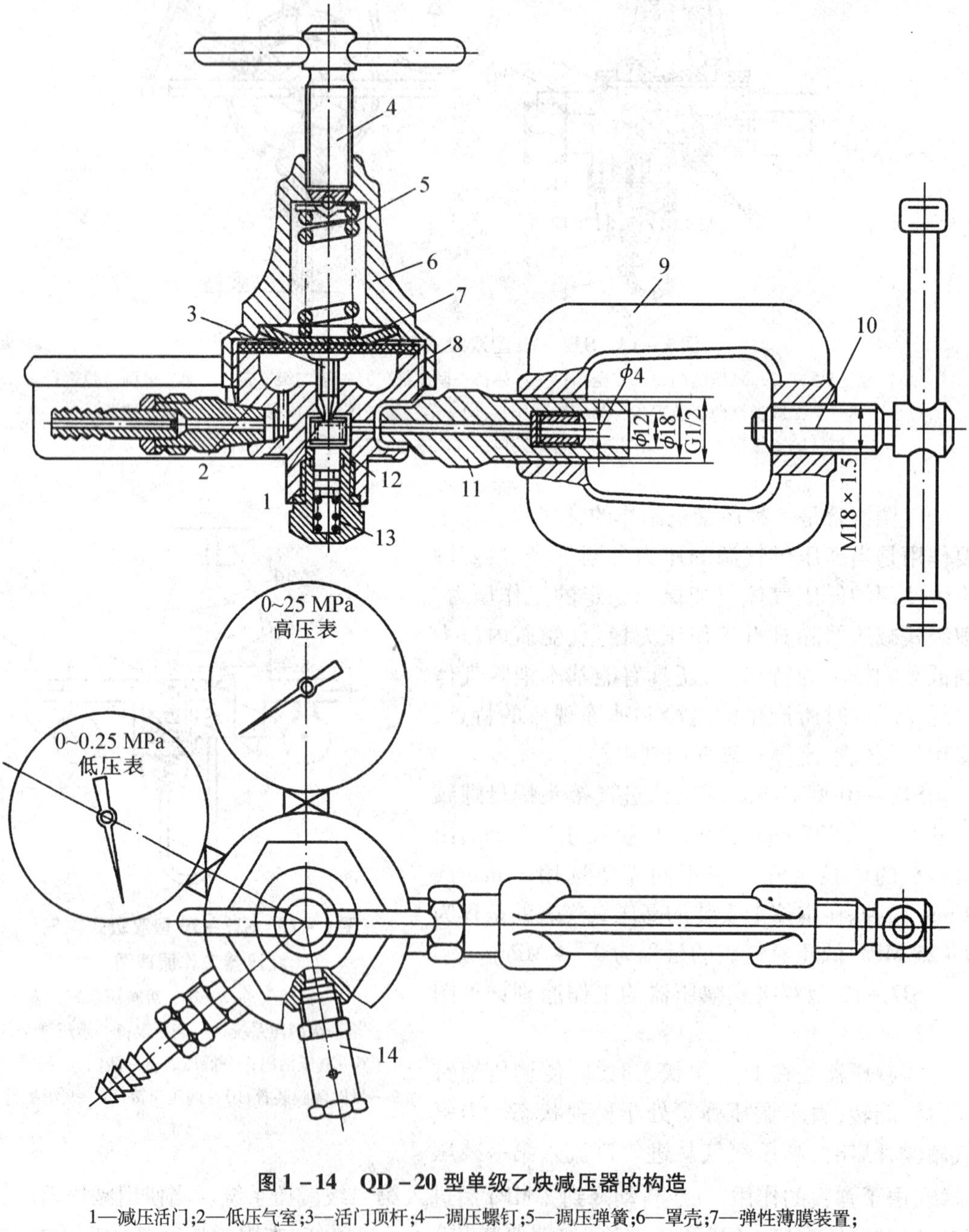

图 1－14　QD－20 型单级乙炔减压器的构造

1—减压活门;2—低压气室;3—活门顶杆;4—调压螺钉;5—调压弹簧;6—罩壳;7—弹性薄膜装置;8—本体;9—夹环;10—紧固螺钉;11—过滤接头;12—高压气室;13—副弹簧;14—安全阀

QD－20 型单级乙炔减压器装有安全阀,当输出压力大于 0. 18 MPa 时开始泄气,在输出压力达到 0. 24 MPa 时安全阀打开。QD－20 型减压器的工作压力为 0. 15 MPa 时的最大流量为 9 m^3/h。乙炔减压器本体装有高压乙炔表,量程为 0 ~2. 5 MPa;低压乙炔表,量程为 0 ~0. 25 MPa。

在乙炔减压器的压力表上均有指示该压力表最大许可工作压力的红线，以便使用中严格控制。乙炔减压器的外壳漆成白色，氧气减压器的外壳漆成天蓝色，应严格加以区别。

3. 减压器的常见故障及其排除方法

减压器的常规故障及其排除方法如表 1－16 所示。

表 1－16　减压器常见故障及其排除方法

常见故障	故障原因及部位	防止措施及修理
减压器漏气	减压器连接部分漏气，螺纹配合松动或垫圈损坏	①拧紧螺丝； ②换用新的钢纸垫圈或加石棉绳
	安全阀漏气活门垫料损坏或弹簧变形	①调整弹簧； ②更换活门垫料（青铜纸垫和石棉绳）
	减压器上盖薄膜损坏或未拧紧，造成漏气	①更换橡皮薄膜； ②拧紧丝扣
减压器表针爬高（自流）	调节螺杆松开后，气体继续流出，低压表针继续上升，原因是： ①活门或门座上有污物 ②活门密封垫或活门座不平（有裂纹） ③回动弹簧损坏，压紧力不够	将活门螺丝松开，取出活门进行检查，按损坏情况处理： ①将活门污物去净； ②将活门不平处用细砂布磨平，如果有裂纹要换新的； ③调整弹簧长度
打开氧气瓶时，高压表表针已表示有氧，但低压表表针不动或动作不灵敏	调节螺杆已拧到底，但工作压力不升或升得很少，其原因是调压弹簧损坏或传动杆弯曲	拆开减压器盖，更换调压弹簧和传动杆
	工作时氧气压力下降，或表针有剧烈的跳动，说明减压器内部冻结	用热水加热解冻后，把水分吹干
	低压表已显示升到工作压力，但使用时压力突然下降，说明氧气瓶阀门没全打开	继续打开氧气阀门

五、割炬

割炬是气割的主要工具。割炬的作用是使可燃气体与氧气混合，形成预热火焰，并将高压纯氧从预热火焰中心喷射到被切割的工件上，使被切割金属在氧射流中燃烧，氧射流把燃烧生成的熔渣（氧化物）吹走而形成割缝。

割炬按其工作原理和预热气体的混合方式不同分为射吸式、等压式、外混式三种类型，其中以射吸式割炬的使用最为普遍，主要用于手工切割；而等压式割炬既可用于手工切割，也可用于机械切割。割炬按其用途又分为普通割炬、重型割炬，以及焊、割两用炬等。

1. 射吸式割炬

射吸式割炬原为使用低压乙炔（≤7 kPa）而设计的，采用固定射吸管，通过更换切割孔径大小不同的割嘴，以适应切割不同厚度工件的需要，是一种传统型手工割炬。

(1)射吸原理及结构

由于乙炔压力很低,流速慢,不能适应混合气体的燃烧速度,就形不成稳定的预热火焰。因此在射吸式割炬中设有引射器和混合室,如图1-15所示。压力较高的预热氧从引射器喷嘴喷入射吸管的混合室,使喷嘴周围形成一定程度的真空,于是把乙炔吸入混合室,并利用扩压作用,降低氧和乙炔的流速,使两者混合,形成燃气混合物,再经混合管进一步混合均匀后流入割嘴的预热气体通道。

这一射吸装置也适用于中压乙炔,所以在目前广泛使用中压乙炔的条件下,射吸式割炬在国内仍然一直沿用,这种割炬的缺点是结构较复杂,容易发生回火。

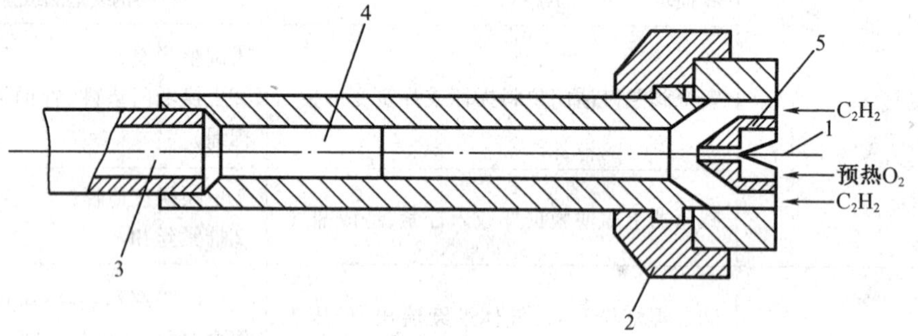

图1-15　射吸装置结构

1—预热氧针阀;2—连接螺母;3—预热气体混匀管;4—混合室;5—引射器喷嘴

(2)氧-乙炔用射吸式割炬

①G01型标准手工割炬

图1-16所示为G01型氧-乙炔射吸式手工割炬的结构,按照其切割厚度能力分为G01-30型、G01-100型、G01-300型三种。

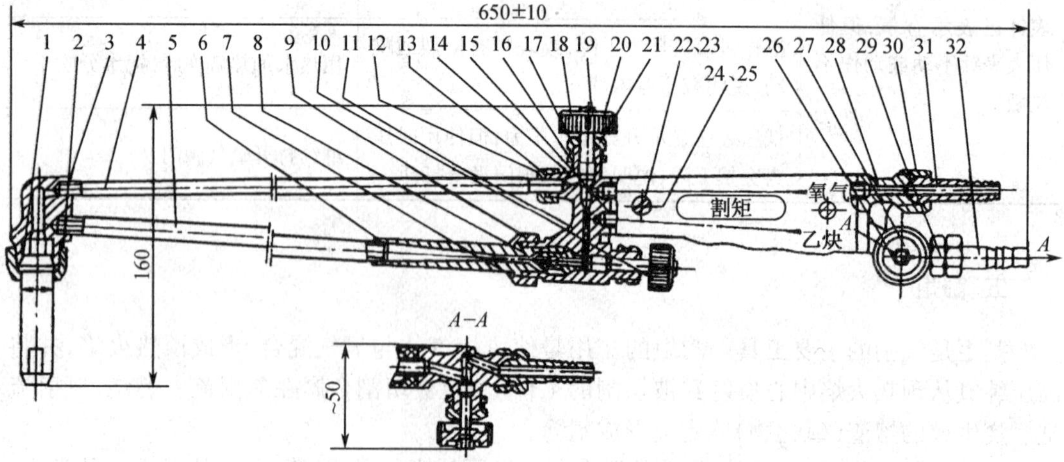

图1-16　标准型氧-乙炔射吸式割炬构造

1—割嘴;2—割嘴螺母;3—割嘴接头;4—高压氧气管;5—混合气管;6—射吸管;7—射吸管螺母;8—氧气阀针;9—喷嘴;10,18—手轮;11—主体;12—高压氧气管螺母;13—橡胶密封圈;14—手把管;15—阀杆;16—防松螺母;17—密封螺母;19—密封圈;20—O形密封圈;21—垫圈;22—手柄螺钉;23—手柄螺母;24,25—手柄;26—手轮螺母;27—手轮;28—后体;29—氧气螺母;30—乙炔螺母;31—氧气接头;32—乙炔接头

G01 型氧－乙炔射吸式手工割炬的主要技术数据如表 1－17 所示。

表 1－17　G01 型氧－乙炔割炬的主要技术数据

型号	割嘴号码	割嘴形式	切割低碳钢厚度/mm	切割氧孔径/mm	气体压力/MPa		气体消耗量/(L/min)	
					氧气	乙炔	氧气	乙炔
G01－30	1	环形	3～10	0.7	0.2	0.001～0.1	13.3	3.5
	2		10～20	0.9	0.25		23.3	4.0
	3		20～30	1.1	0.3		36.7	5.2
G01－100	1	梅花形	10～25	1.0	0.3		36.7～45	5.8～6.7
	2		25～50	1.3	0.4		58.2～45	7.7～8.3
	3		50～100	1.6	0.5		91.7～121.7	9.2～10
G01－300	1	梅花形	100～150	1.8	0.5		150～180	11.3～13
	2		150～200	2.2	0.65		183～233	13.3～18.3
	3	环形	200～250	2.6	0.8		242～300	19.2～20
	4		250～300	3.0	1.0		167～433	20.8～26.7

注：型号中 G 表示割炬；0 表示手工；1 表示射吸式；后缀数字表示气割低碳钢的最大厚度。

②HG01 型焊割两用炬

这种两用炬通过更换射吸管装置中的混合管使之可兼用于焊接和切割。表 1－18 所示为 HG01 型氧－乙炔射吸式手工焊割两用炬的主要技术数据。

表 1－18　HG01 型氧－乙炔焊割两用炬的主要技术数据

型号		HG01－3/50A	HG01－6/60	HG01－12/200
焊炬	乙炔工作压力/kPa	1～100	1～100	1～100
	氧气工作压力/kPa	200～400	200～400	400～700
	配用焊嘴数	5	5	5
	可焊接低碳钢厚度/mm	0.5～3	1～6	6－12
割炬	乙炔工作压力/kPa	1～100	1～100	1～100
	氧气工作压力/kPa	200～600	200～400	300～700
	配用割嘴数	2	4	4
	可切割低碳钢厚度/mm	3～50	3～60	10～200
	割炬总长/mm	400	500	550

③BG01－0.5 型薄板割炬

这种割炬是为气割厚度 0.5～3 mm 薄钢板而研制的 G01 型的改进型，图 1－17 为 BG01－0.5 型割炬的结构简图。它是由后部主体、中部主体以及混合气管和高压氧管等组成，配用阶梯形割嘴用于切割厚 0.5～1.0 mm 的薄板，也可配一般梅花形割嘴切割厚 3～20 mm 钢板。具体的主要技术数据如表 1－19 所示。

表1－19 BG01－0.5型薄板割炬的主要技术数据

割嘴号码	可切割钢板厚度/mm	气体压力/kPa		气体流量/(m^3/h)	
		氧气	乙炔	氧气	乙炔
0#(阶梯形)	0.5～1.0	400	40	0.357	0.124
1#(梅花形)	3～10	300	40	0.57	0.223
2#(梅花形)	10～15	300	40	0.85	0.248
3#(梅花形)	15～20	300	40	1.14	0.340

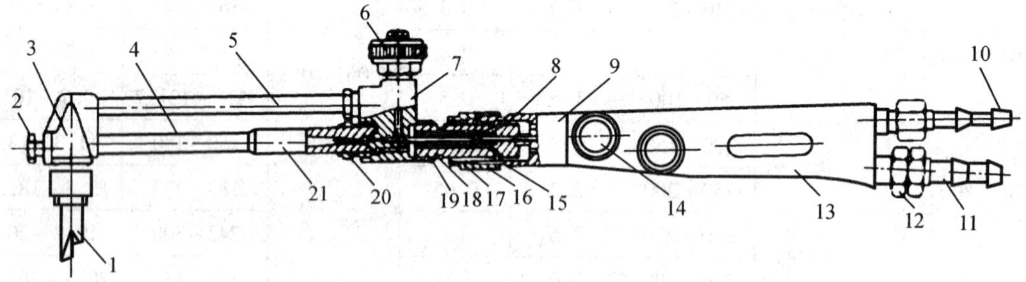

图1－17 BG01－0.5型薄板割炬构造图

1—割嘴;2—支架螺钉;3—割嘴接头;4—混合气管;5—高压氧管;6—高压氧手轮;7—中部主体;8—卡簧;9—分气芯;10—过渡体;11—氧气接头;12—燃气接头;13—手柄;14—氧气手轮;15—密封垫;16—连接套;17—连接螺母;18—分气主体;19—销钉螺母;20—射吸管螺母;21—射吸管

(3)氧－石油气用射吸式割炬

丙烷等石油气的燃烧速度比乙炔慢,燃烧时消耗的氧气量大。因此不能直接使用氧－乙炔射吸式割炬,而需对射吸装置的尺寸做如下的修正:

①将预热氧喷嘴的孔径扩大至1.0 mm;

②将射吸管直径增大至2.8～3 mm;

③将燃气进气孔孔径缩小至1.2 mm;

④将混合室孔径增大至4 mm。

目前生产使用的G07型氧－石油气射吸式手工割炬的型号及参数见表1－20。这种割炬的基本结构和外形与氧－乙炔射吸式割炬相同。

表1－20 G07型氧－石油气射吸式割炬的主要技术数据

型号	G07－100	G07－300
石油气工作压力/kPa	29～49	29～49
氧气工作压力/kPa	690	980
配用焊嘴数	3	4
切割氧的孔径/mm	ϕ1～1.3	ϕ2.4～3.0
可焊接低碳钢厚度/mm	≤100	≤300
氧气工作压力/kPa	200～600	200～400

表 1-20(续)

型号	G07-100	G07-300
配用割嘴数	2	4
可切割低碳钢厚度/mm	3~50	3~60
割炬总长/mm	400	500

2. 等压式割炬

所谓等压式割炬是指燃气凭借本身的压力并和预热氧分别经各自的输气管输送到割嘴内的一种割炬,也就是说燃气压力需与预热氧相当,因此主要应用于中压乙炔。

这类割炬结构简单,预热火焰燃烧稳定,回火现象比射吸式少。因此现在各种切割机上都采用此类割炬。

(1)G02 型等压式手工割炬

这是一种标准型割炬,图 1-18 所示为氧-乙炔等压式手工割炬的结构。切割氧阀门采用手压式,操作性较好,也有利于提高切割质量。

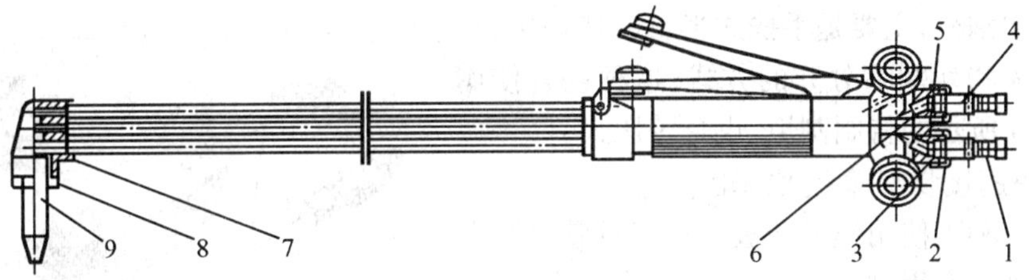

图 1-18　G02 型氧-乙炔等压式手工割炬

1—乙炔软管接头;2—乙炔螺母;3—乙炔接头螺纹;4—氧气软管接头;5—氧气螺母;6—氧气接头螺纹;7—割嘴接头;8—割嘴螺母;9—割嘴

表 1-21 列出了等压式氧-乙炔手工割炬的型号和主要技术数据。

表 1-21　等压式氧-乙炔手工割炬的主要技术数据

型号	割嘴号码	切割低碳钢厚度/mm	切割氧孔径/mm	气体压力/MPa		气体消耗量/(L/min)	
				氧气	乙炔	氧气	乙炔
G02-100	5	5~100	0.8~1.6	0.25~0.6	0.025~0.1	1.4~7.3	0.24~0.6
G2-300	9	5~300	0.7~3.0	0.20~1.0	0.025~0.09	—	—
G02-500	3	250~500	3.0~4.0	1.2~2.0	0.05~0.1	15~30	1~2.2
FEG-100	4	5~120	0.8~2.0	0.2~0.5	0.03~0.04	—	—
FEG-250	4	90~250	2.0~3.2	0.4~0.6	0.04~0.05	—	—

注:1. 型号中 G 表示割炬;0 表示手工;2 表示等压式;后缀数字表示气割低碳钢的最大厚度。
2. 等压式割炬也可用于氧-液化石油气手工切割。

(2)等压式机械切割用割炬

各种切割机使用的等压式割炬其基本原理和结构与手工割炬相同,而外形和尺寸则按切割机本身的结构和切割钢板的厚度进行设计和制造。图1-19为半自动切割机用直形割炬的一例。

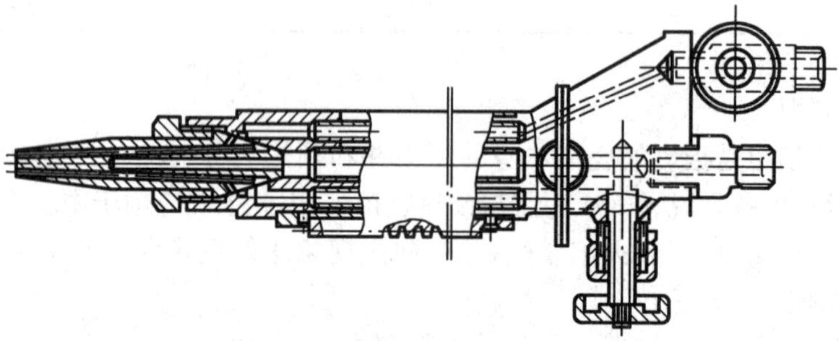

图1-19 半自动切割机用等压式割炬

(3)分列式割嘴专用割炬

某些切割机,主要是手扶式半自动切割机,常采用预热嘴和切割嘴分开的方式,这种场合使用如图1-20所示的特制割炬,也是等压式。

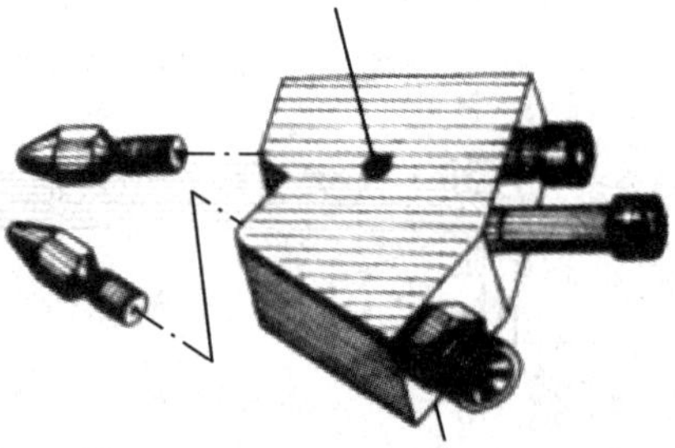

图1-20 分列式割嘴专用割炬

(4)快速接装割嘴专用割炬

这是一种不使用螺母和扳手等工具就可装上或卸下割嘴的专用割炬。

图1-21为日本研制的快速接装割炬的结构简图。与一般机械切割用等压式割炬相比,具有以下特点:

①割炬前端设有滑动制动销;

②与割嘴的三个肩部相接触部位装有O形密封环;

③用带有弹簧的连接套管来压紧割嘴。

其中O形密封环采用耐热密封橡胶制造,适用温度范围为65~250 ℃。

这种割炬配用相应的专用割嘴,不会漏气。它适用于多头切割机和门式切割机中并列多割炬切割装置,能缩短更换割嘴的时间,是提高切割作业效率的有效工具。

3. 外混式割炬

外混式割炬是用单独的管道向外混式割嘴输送燃气、预热氧和切割氧(有的还有保护用氧)的一种割炬。其具体结构和各输气管的相互排列随割嘴的结构而异,通常是专门设计的。

六、割嘴

割嘴是气割中必不可少的关键部件,其结构和加工精度对气割的质量、生产率和操作性能等都有很大的影响。因此不断改进割嘴的结构和制造工艺是一项重要的课题,而对操作人员来讲,只有正确地使用割嘴才能最大地发挥其作用。

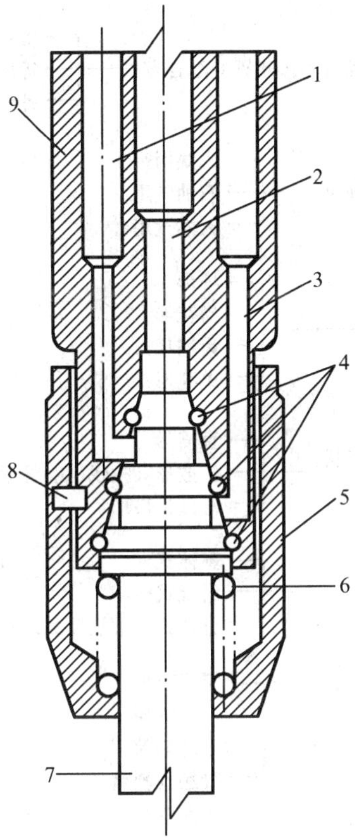

图 1－21　快速接装割嘴专用割炬结构简图

1—预热氧通道;2—切割氧通道;3—燃气通道;4—O 形密封环;
5—连接套管;6—弹簧;7—专用割嘴;8—滑动自动销;9—割炬本体

1. 割嘴的类型和常用割嘴

随着气割机理的研究,为了提高切割速度和质量,开发出了各种各样的割嘴。图1－22、图 1－23 示出了现有割嘴的类型及预热孔的形状,表 1－22 列出常用割嘴的种类及其适用性。

表 1－22　常用割嘴的种类及其适用性

割嘴	适用性
直筒形割嘴(普通割嘴) 射吸式 等压式	适用于手工切割厚 2～300 mm 的钢材; 适用于手工和机械化切割厚 4～500mm 的钢材
扩散形割嘴(快速割嘴) 切割氧压力 490 kPa 等压式 切割氧压力 690 kPa	适用于机械化切割 5～20 0mm 厚的钢材,其切割速度快,切割厚板时切割面光洁,也适合于成叠(多层)钢板的切割
分列式割嘴	适用于半机械化切割 4～50 mm 厚的钢材,切割速度比普通割嘴快,切割面粗糙度低
氧帘割嘴	适用于机械化切割 3～30 mm 厚的钢材,切割速度快,切割面光洁、优良
外混式割嘴	适用于机械化切割 100～3 600 mm 厚的钢材和连续铸锭中切割锭坯
表面气割嘴	火焰气刨用。适用于焊缝背面清根,刨槽和清除工件上的焊疤等

- 割嘴
  - 按预热气体（燃气和预热氧）混合方式
    - 射吸式（割炬内混合）
    - 等压式（割嘴内混合）
    - 外混式（割嘴外大气中混合）
  - 按使用的燃气种类
    - 乙炔用
    - 石油气用
    - 天然气用
  - 按预热孔形状（见图1-23）
    - 环形
    - 梅花形
    - 齿槽形
    - 单孔形
  - 按切割氧孔道形状（见图1-24）
    - 直筒形
    - 扩散形（拉伐尔喷管形）
    - 端部扩口形
  - 按割嘴结构
    - 整体式
    - 组合式
    - 分体式（预热嘴和切割嘴分列）
  - 特殊割嘴
    - 氧帘割嘴
    - 双孔割嘴
    - 三孔割嘴
    - 接触式割嘴
    - 表面气割嘴（火焰气刨用）

图1－22　预热孔的形状

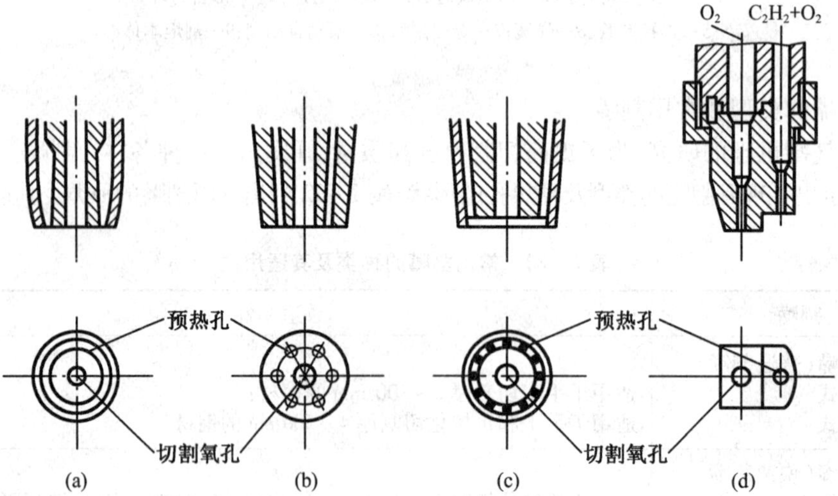

图1－23　预热孔的形状

(a)环形;(b)梅花形;(c)齿槽形;(d)单孔形

2. 普通割嘴（直筒形割嘴）

普通割嘴是指其切割氧孔道呈直孔形（图 1 －24（a））的常用割嘴，有时也称为直筒形割嘴。

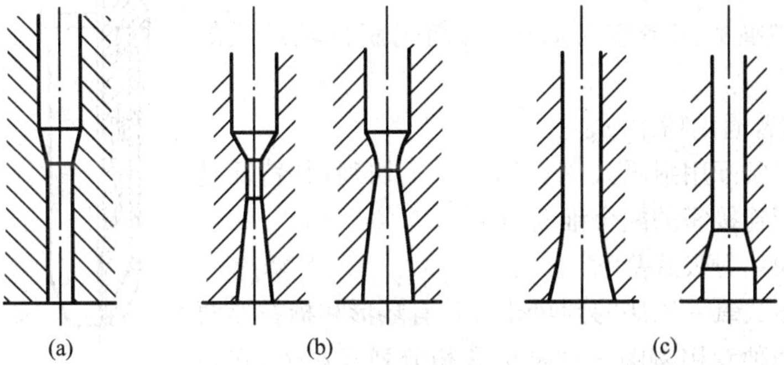

图 1 －24　割嘴的切割氧孔道形状

（a）直筒形；（b）扩散形；（c）端部扩口形

（1）直筒形割嘴的气动力特性

直筒形切割氧孔道根据气动力原理属跨亚音速喷管。当气体向大气中喷出时，气流的出口流速 W 和流量 Q 与进口压力 P_0 之间的关系如图 1 －25 所示，孔径大小一定时，当进口压力 $P_0 < 185$ kPa（绝对压力）的条件下，随着 P_0 逐渐增大，W 和 Q 也随之增大。P_0 增至 185 kPa 时，W 就达到最大值——当地音速（马赫数 $M = 1$）。继续增大 P_0，Q 与之成比例增加，而 W 则基本保持音速不再增大，只是喷管出口处的气流静压 P_1 升高到大于周围的气体压力。这种情况下，出口处气流的部分区域其流速会超过音速，但与此同时，喷流向横向膨胀而变粗，并产生振动（即冲波）。当 P_0 增大到 490 ~ 590 kPa 时，气流出现较强的冲波，使气流的部分动能转变成热能而散失。进一步增加 P_0，冲波呈球面状，不仅气流的能量损失大增，而且气流出现显著的乱流，因吸入周围的气体而使切割氧的纯度大为降低。

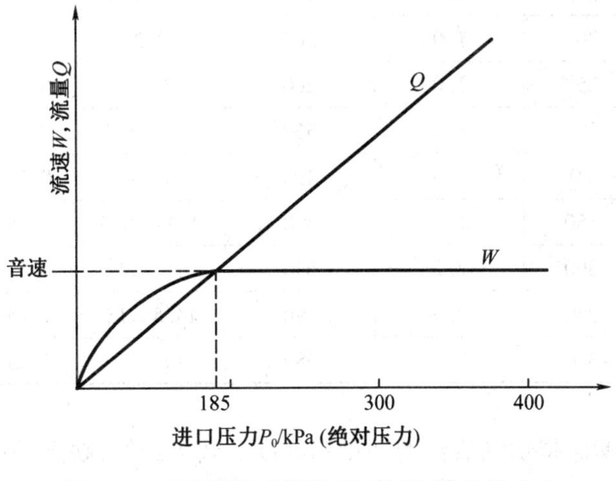

图 1 －25　跨亚音速喷管的出口流速 W、流量 Q 与进口压力 P_0 之间的关系

由于这种直筒形割嘴的切割氧流速仅能达到音速,根据气割机理其切割加工速度有限。而过分提高切割氧压力(即进口压力),不仅难以提高切割速度,反而造成切口宽度增大、切割面变粗及切口下缘粘渣。

由于这种割嘴的制造较为简单,目前仍获得较广泛的应用。

(2)射吸式普通割嘴

这种割嘴通常配用射吸式割炬用于手工切割,其特征是割嘴头部与割炬连接座的配合锥度为45°。

①氧-乙炔用射吸式割嘴

常用的射吸式氧-乙炔的预热孔形状有环形和梅花形两种。另外还有两种专用割嘴——阶梯形和分列式割嘴,它们只有单个预热孔。

环形预热孔割嘴由内嘴和外嘴两个零件组合组成,因此也称为组合式割嘴。梅花形割嘴的预热孔道和切割气孔道在同一割嘴体中,也称为整体式割嘴。图1-26为射吸式氧-乙炔割嘴的结构简图,表1-23为氧-乙炔射吸式割嘴的主要数据。

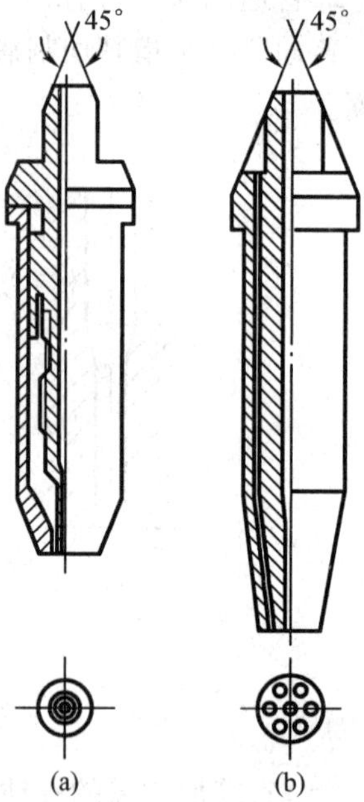

图1-26 氧-乙炔射吸式割嘴的结构简图

(a)环形预热孔割嘴;
(b)梅花形预热孔割嘴

表1-23 氧-乙炔射吸式割嘴的主要技术数据

割嘴号码	可切割钢板厚度/mm	切割氧孔径/mm	氧气压力/kPa	气体流量/(m^3/h)		配用割炬型号
				氧气	乙炔	
30型1#	3~10	0.6	200	0.8	0.21	G01-30
30型2#	10~20	0.8	250	1.4	0.24	
30型3#	20~30	1.0	300	2.2	0.31	
100型1#	10~25	1.0	200	2.2~2.7	0.35~0.40	G01-100
100型2#	25~30	1.3	350	3.5~4.2	0.40~0.50	
100型3#	30~100	1.6	490	5.5~7.3	0.50~0.61	
300型1#	100~150	1.8	490	9.0~10.8	0.68~0.78	G01-300
300型2#	150~200	2.2	640	11~14	0.80~1.10	
300型3#	200~250	2.6	790	14.5~18	1.15~1.20	
300型4#	250~300	3.0	980	19~26	1.25~1.60	

环形预热孔割嘴保持切割氧流的动量和纯度的效果最好,缺点是火焰不够集中,所以适用于厚板的切割。而梅花形割嘴适合于中、薄板的切割,因为火焰比较集中,能促进切口前缘的钢板表面较快地达到燃点,有利于提高切割速度。

图 1－27 所示为阶梯形单预热孔割嘴的简图。由于预热孔离工件表面的距离较大，火焰作用于工件的加热区很小，热量较集中，可避免一般割嘴切割时产生的工件沿切口烧熔和大的翘曲变形。而切割氧喷出口距工件很近(1.2～2 mm)，能获得窄而光洁的切口。

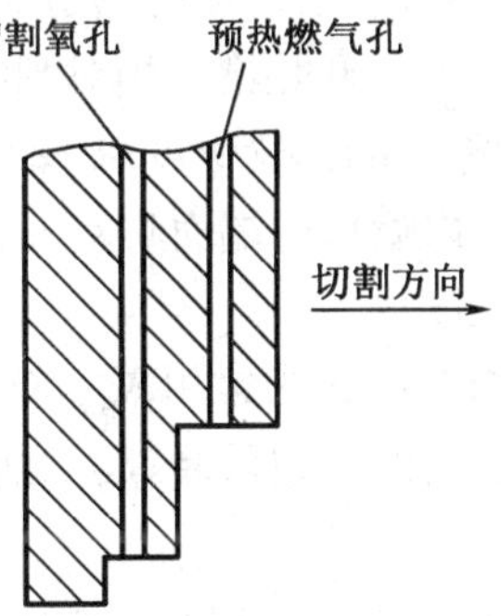

图 1－27　阶梯形单预热孔割嘴

分列式割嘴由单独的切割嘴和预热嘴组成，主要用于手扶式半自动切割机，通常切割 50 mm 以下厚度的钢板。图 1－28 所示为分列式切割嘴的结构。预热嘴结构基本上与切割嘴相同，只是孔径比切割氧孔稍大。表 1－24 为分列式割嘴的孔径和切割能力。

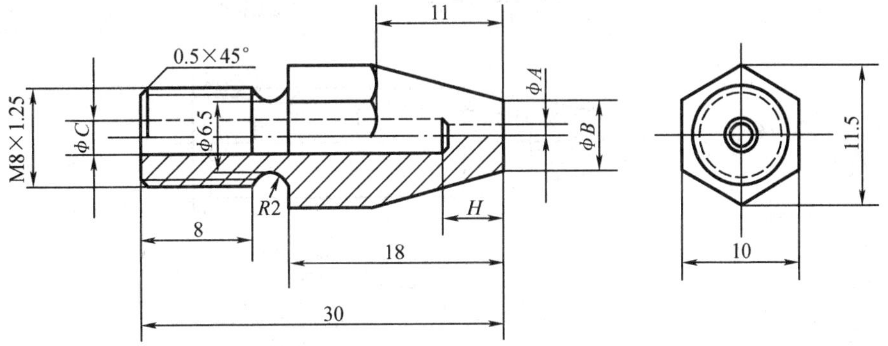

图 1－28　分列式切割嘴的结构图

表 1－24　分列式割嘴的切割性能

割嘴号码	φA/mm		适宜切割钢板厚度 /mm
	切割氧孔	预热孔	
1#	1.0	1.2	10～20
2#	1.2	1.4	20～30
3#	1.4	1.6	30～40
4#	1.6	1.8	40～50
5#	1.8	2.0	50～60

分列式割嘴需要配特制的割炬。气割时切割嘴垂直于工件表面，而预热嘴斜置在切割嘴的前方，两者的轴线成 30°。虽预热火焰对切割氧流的保护不及其他形式割嘴，但因切割嘴与工件的间距小(一般在 2 mm 左右)，且预热焰集中加热切口前缘，所以其切割速度通常比一般直筒形割嘴快。

②氧－石油气用射吸式割嘴

其结构与氧－乙炔割嘴不同，这是由于石油气的燃烧速度慢、耗氧量大、火焰粗大且温度低、加热不集中等原因。针对这种燃烧特性，氧－石油气割嘴都采用组合式结构和齿槽式预热孔。其结构上的主要特点是：

a. 齿形槽道的数目为 16～18 槽，按石油气成分和槽道的尺寸而异，一般情况下以丁烷为主的石油气,所需的槽道应多一些,以增加燃气流量提高火焰温度。

b. 齿形预热槽道相对割嘴轴线的锥度比乙炔割嘴大,内喷嘴上槽道的锥顶角为9°多一些,而外套的内壁锥度取12°左右,其目的是提高火焰的集中度。

c. 内喷嘴的端面相对外套向里缩进0.5~1 mm,使燃气能更充分地燃烧,以获得更高的火焰温度。

图1-29为常用氧-石油气射吸式割嘴的结构和主要尺寸。这种割嘴其火焰燃烧稳定、集中,温度也较高,起割前的预热时间接近氧-乙炔焰。

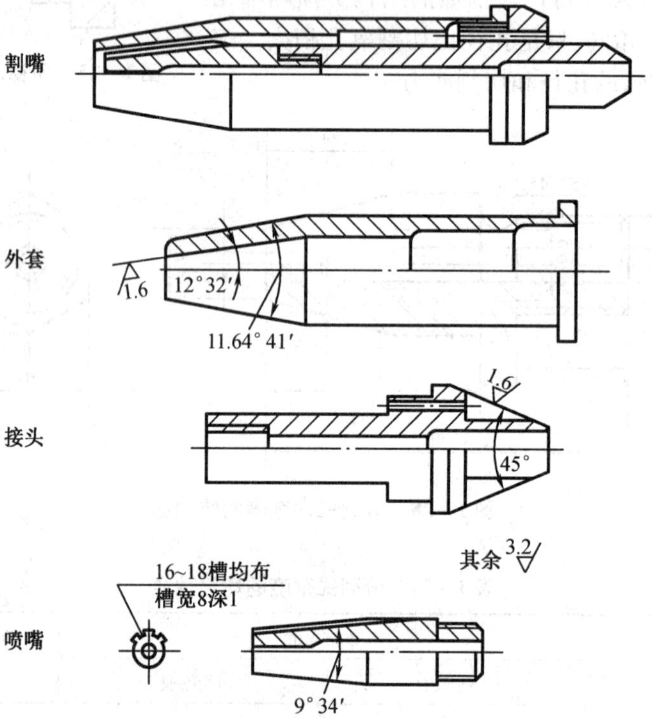

图1-29 氧-石油气用射吸式割嘴的结构图

氧-石油气射吸式割嘴的切割能力与氧-乙炔基本相同,只是切割速度略为慢些。

③氧-天然气用射吸式割嘴

针对天然气密度小、火焰温度低和热量集中度差的特点,这种割嘴通常采用双层预热孔道结构,使内层燃气受外层火焰的预热,而外层燃气也得到内层火焰的预热,从而加速燃烧,提高火焰温度。

图1-30为镶入式和插入式氧-天然气组合割嘴的结构详图。内层预热孔道为环形,外层为梅花形,且与割嘴轴线成6°~7°夹角,因此可获得锥形火焰。另外,外层预热孔数增至8个,孔径也增大至1.6 mm。这种天然气割嘴的预热时间可接近氧-乙炔割嘴,同时该割嘴也可适用于以丁烷为主要成分的石油气。

(3)等压式割嘴

这种割嘴其预热氧和燃气分别从顶端进气孔流入到预热气孔道内混合,形成预热混合气,即所谓嘴内混合式,适用于燃气压力大于10 kPa的场合。与射吸式割嘴相比,因混合室直径小,不易发生回火,因而在机械式和自动化切割设备中都采用等压式割嘴。这种割嘴的顶部有 3 个肩部，与割炬座的配合角锥度为 30°。

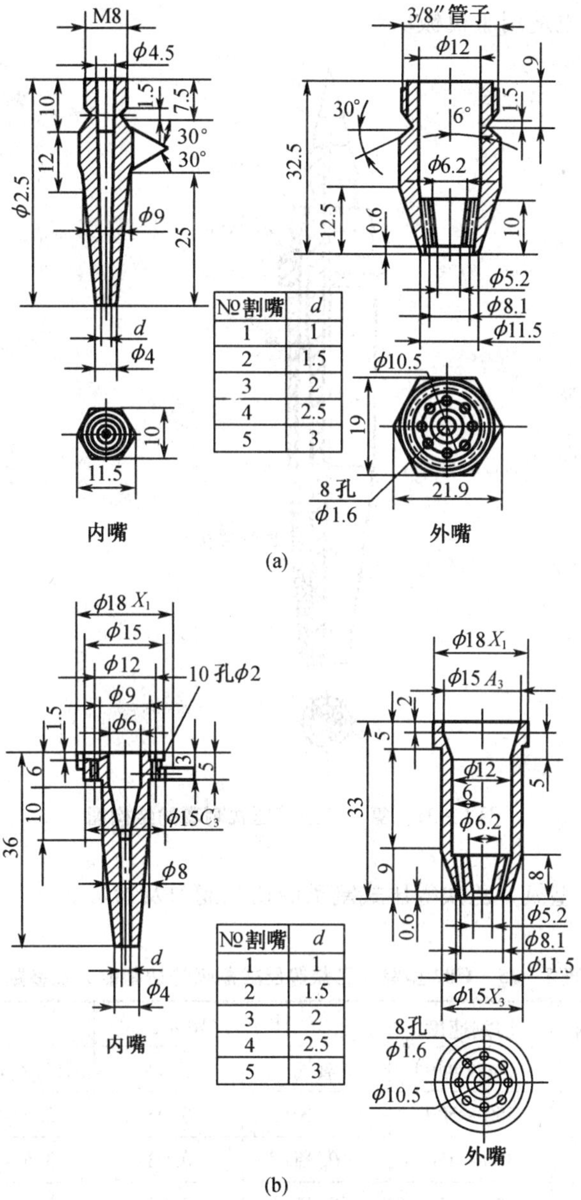

№割嘴	d
1	1
2	1.5
3	2
4	2.5
5	3

№割嘴	d
1	1
2	1.5
3	2
4	2.5
5	3

图 1－30　氧－天然气用组合式割嘴的结构图

(a) 镶入式结构；(b) 插入式结构

①氧-乙炔用等压式割嘴

一般都是整体式梅花形,预热孔为6个。图1-31为典型氧-乙炔等压式割嘴的构造,其既适用于手工切割也适用于机械切割。

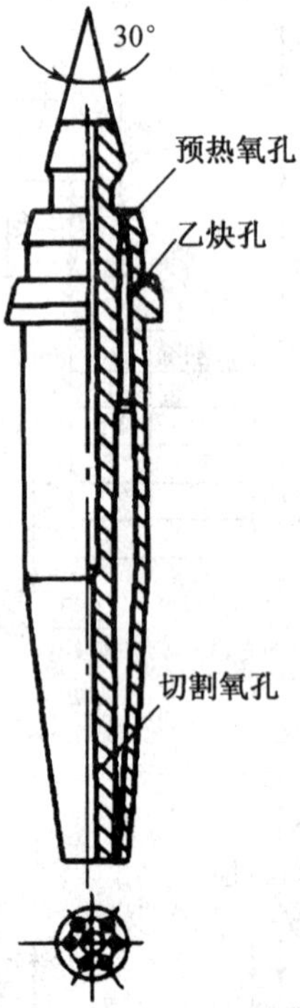

图1-31 氧-乙炔等压式割嘴的结构图

表1-25为G02型氧-乙炔等压式割嘴的切割能力及参数。

表1-25 G02型氧-乙炔等压式割嘴的切割能力及参数

割嘴号码	切割低碳钢厚度/mm	切割速度/(mm/min)	气体压力/MPa		气体消耗量	
			氧气	乙炔	氧气/(m^3/h)	乙炔/(L/h)
1	5~15	450~500	0.3	0.03	2.5~3.0	350~400
2	15~30	350~450	0.35	0.03	3.5~4.5	450~500
3	30~50	250~350	0.45	0.03	5.5~6.5	450~500
4	50~100	230~250	0.59	0.05	9.0~11.0	500~600
5	100~150	200~230	0.69	0.05	10.0~13.0	500~600
6	150~200	170~200	0.78	0.05	13.0~16.0	600~700
7	200~250	150~170	0.88	0.05	16.0~23.0	800~900
9	250~300	90~150	0.98	0.05	25.0~30.0	900~1 000

②氧－石油气用等压式割嘴

与石油气用射吸式割嘴一样，也是组合式、齿槽形结构。图 1－32 为氧－石油气等压式割嘴的结构和主要尺寸。

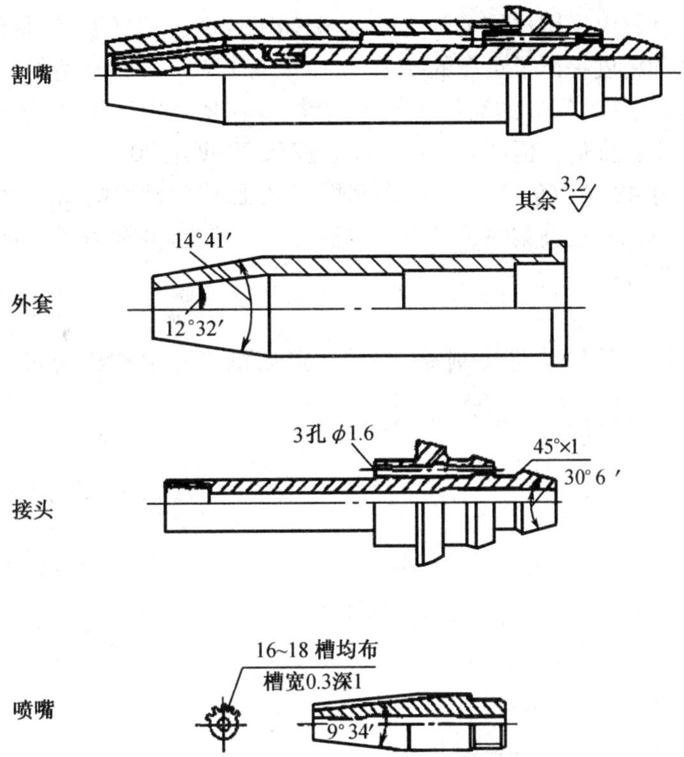

图 1－32　氧－石油气等压式割嘴的结构图

从图 1－32 中可以看出，齿形和齿槽数、内喷嘴的锥度、外套内壁锥度及内嘴的内缩量都与射吸式相同。所不同的就是割嘴顶端肩部配合面的加工精度要求高。这种割嘴的外套一般镀铬，以提高其使用寿命。

表 1－26 为 G07 型氧－石油气等压式割嘴的技术性能。

表 1－26　G07 型氧－石油气等压式割嘴的切割性能

割嘴号码	切割氧孔直径 /mm	切割板厚 /mm	切割氧工作压力 /kPa	丙烷工作压力 /kPa
1/32	0. 8	5 ~ 10	200 ~ 250	>30
3/64	1. 2	10 ~ 30	250 ~ 350	>30
1/16	1. 6	30 ~ 80	300 ~ 400	>30
5/64	2. 0	60 ~ 100	400 ~ 500	>40
3/32	2. 4	100 ~ 150	400 ~ 500	>40
1/8	3. 2	150 ~ 250	500 ~ 600	>40

3. 扩散形割嘴

扩散形割嘴是指切割氧孔道呈拉伐尔喷管状的割嘴,因这种割嘴的切割速度比普通割嘴快。因而国内也称其为快速割嘴。

早在20世纪40年代,扩散形割嘴已由欧美等国开发和试用,但未引起广泛的重视。进入20世纪60年代后,由于钢材加工业,特别是造船工业的迅速发展,钢材的切割加工量大增,并对切割质量和精度提出了更高的要求,从而推动了对扩散形割嘴的进一步研究,曾研制了切割氧压力高达3.5 MPa的高压扩散形割嘴,并在生产中试用,由于高压配管和器具上存在某些问题,未获推广。但国外一些造船企业从20世纪70年代中后期开始扩大使用低压(切割氧压力0.49~0.69 MPa)扩散形割嘴,至今已作为常用割嘴。我国自20世纪70年代初开始,不少单位对这种割嘴也进行了大量的试验研究,并取得了一定的成效,现在正在不断推广应用之中。

4. 氧帘割嘴

氧帘割嘴也是一种快速优质割嘴,与扩散形切割氧孔道相组合可获得更高的切割速度。

第二章　气割工艺及技术

第一节　气 割 工 艺

一、影响气割过程的主要因素

影响气割过程(包括切割速度和质量)的主要因素有:切割氧的纯度;切割氧的流量、压力及氧流形状;切割氧流的流速、动量和攻角;预热火焰的功率;被切割金属的成分、表面状况和初始温度;其他因素。

其中切割氧流起着主导的作用。由气割原理和机理可知,切割氧流既要使金属燃烧,又要把燃烧生成的氧化物(熔渣)从切口中排除,因此其纯度、流量、流速及氧流形状对气割质量和加工速度都有着重大的影响。

如前所述,切割氧的纯度越高,燃烧反应的速度越快,切割速度就能加快。为了完成气割过程,需要向反应区供给足够数量的氧气。氧气不足会引起金属燃烧不完全,并使熔渣能力变弱,造成黏渣。而氧气流量太大,将使金属冷却,甚至造成切割过程中断。为把金属沿整个厚度割透,并以尽可能快的速度向前切割,这就要求切割氧流具有足够大的流速和动量,这样可以减少由于周围杂质气体而导致的污染,使金属沿厚度方向迅速氧化,从而保证氧化速度与切割速度相匹配。

此外,为了使沿厚度方向切口宽度上下一致、后拖量尽可能小,这需要切割氧流在尽可能长的范围内保持圆柱形状。

1. 切割氧纯度的影响

切割氧的纯度是影响气割过程的重要因素。氧气纯度差,不但切割速度大为降低、切割面粗糙、切口下缘粘渣,而且导致氧气消耗量增加。相关试验资料表明,氧气纯度从99.5%降低到98%,即下降1.5%,切割速度下降25%,而耗氧量则增加50%。图2-1所示为氧气纯度对气割时间和氧气消耗量的影响资料。

通常认为,氧气纯度低于95%,就不能气割,而要获得无粘渣的气割,氧气纯度需不低于99.5%。

(1)氧气纯度对切割速度影响的实验资料

图2-2所示为氧气纯度对切割速度影响的实验资料。由图可知,氧气纯度从99.5%提高到99.8%时,即提高0.3%,切割速度就可增加约12%。

(2)各种杂质气体对气割速度的影响

图2-3示出了氧气中各种杂质气体及其含量对气割速度影响的资料。这是电解水制得的高纯度氧和空气液化制得的高纯度氧中附加杂质气体并在厚25.4 mm钢板上切割试验时测得的数据。

由图2-3可见,在氧气纯度相同的条件下,电解法制得的氧比空气液化制得的氧可获

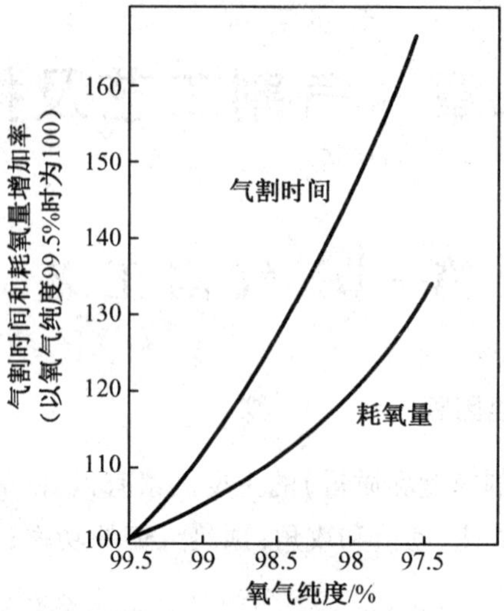

图 2-1 氧气纯度对气割时间和耗氧量的影响

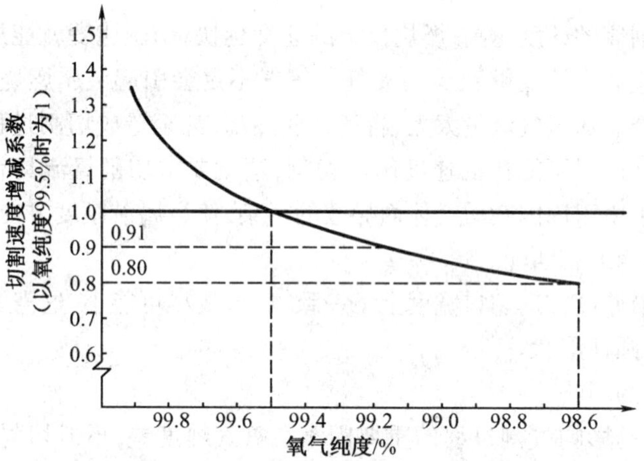

图 2-2 氧气纯度对钢材气割速度影响的示意图

(以氧气纯度 99.5% 时的切割速度为 1)

得较高的切割速度。这是因为杂质氢对气割过程影响较小,而电解氧中的主要杂质是氢的缘故。另外,氪的影响最为不利,其次是氩、氮和氦。但空气中氪的含量甚低,主要是氮和氩。

(3)氧气中水蒸气量对气割速度的影响

气态氧中常含有水分,图 2-4 给出了氧气中水蒸气含量对切割速度影响的实验资料。露点约 -60 ℃的氧(接近干燥氧)和其中加入水蒸气(露点为 +10 ℃)的氧,两者的极限切割速度和可能切割的最大厚度并无明显的差异。

目前国内气割作业广泛采用液态氧,其纯度在 99.8% 左右,不但切割速度快,而且切割质量大为改善。

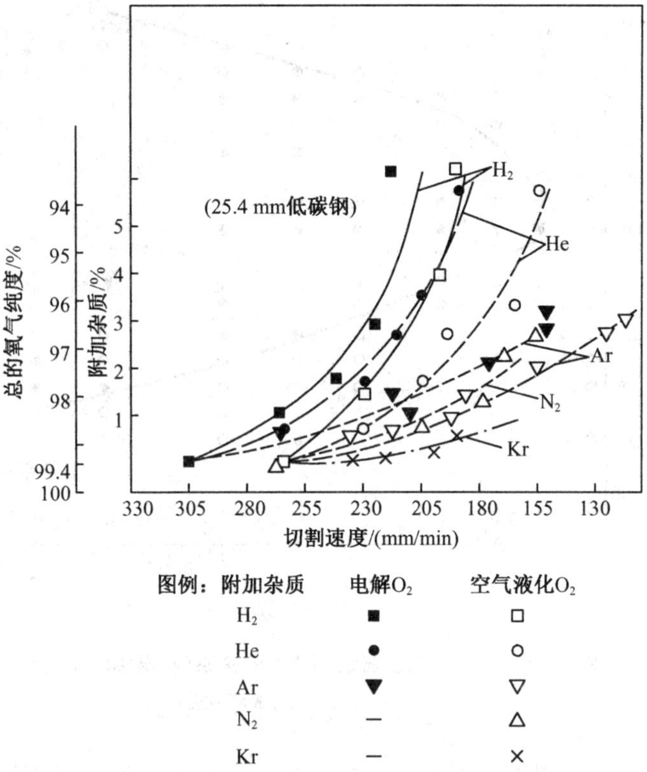

图 2－3　氧气中杂质气体对切割速度的影响

2. 切割氧流量的影响

向气割反应区供给足量的氧气是实现切割所必要的条件。按 Fe－O_2燃烧反应式可以算出，当 1 g 铁完全生成 Fe_3O_4时需要 0.27 L 氧，或者 1 cm^3的铁需要 2.12 L 的氧。但实际操作中，单位质量铁的切割氧消耗量还同被切割钢材的厚度有关，据资料所述，切割厚度在 40 mm 以下的钢材时，切割氧的消耗量高于理论值，而厚度大于 40 mm 时，则低于理论值。切割厚度 100～125 mm 钢材的实际耗氧量水平最低。

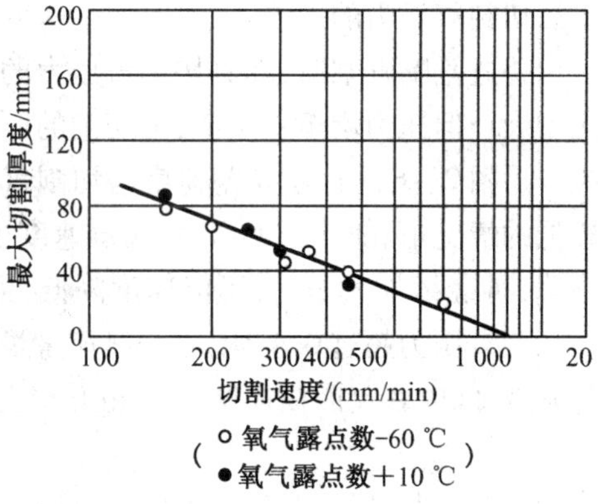

图 2－4　氧气中水蒸气量对切割速度的影响

（1#割嘴，切割氧压力 0.3 MPa，乙炔 10 L/min）

通常，切割氧流量稍高于必要值，切割速度约可提高 10%～20%，但切割面略显粗糙。图 2－5 示出切割厚 12 mm 钢板时氧气流量对切割速度影响的资料。由图 2－5 可见，随着氧流量的增加，切割速度逐渐增大。这是由于在切割氧压力一定的条件，割嘴的切割氧孔径增大，因流量增加而提高了排渣能力的缘故。但对优良的切割质量，切割速度的影响则不同，在开始时随着氧流量的增大，切割速度随之提高，但超过某个值时随着流量的增加切割速度反而降低。

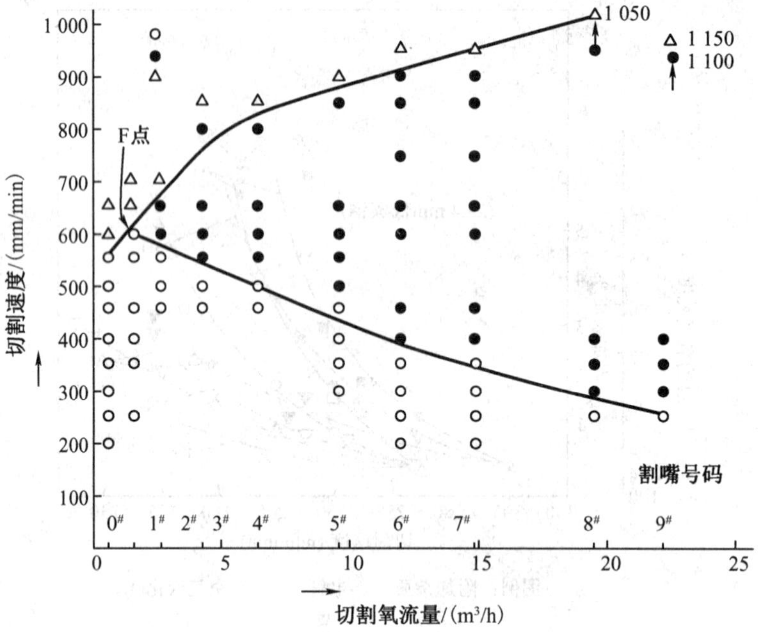

图 2－5 切割氧流量与切割速度的关系(板厚 12 mm)

(○优良切割;●割断;▲割不透)

由图 2－5 还可见,对某一钢板厚度存在一个最佳氧流量值,此时不但切割速度最高,而且切割面质量良好。就 12 mm 钢板来说,由图 2－5 可知,*F* 点的流量为最佳值(相当于图示的1#割嘴)。

3. 切割氧压力的影响

用普通割嘴气割时,随着切割氧压力的提高,氧流量相应增加,因此所能够切割的厚度随之增大。但压力增至一定值,可切割的厚度也达到最大值,再增大压力,可切割的厚度反而减少。图 2－6 示出了切割速度与切割氧压力的关系。由图可见用普通割嘴气割时,在压力较低的情况下,随着压力增高,切割速度也提高。但当压力超过 0.3 MPa 后,切割速度反而下降,再继续加大压力,不但速度降低,而且切口加宽,切断面变粗糙。这是由于普通割嘴在切割氧压力超过 0.4 MPa 后,氧流量虽然随之增加,但氧流中出现较强的正冲波,使其动量降低,同时氧流因横向膨胀变粗并成乱流的缘故。而且切割氧压力越高,上述现象越严重。

用扩散形割嘴气割时,如果切割氧压力符合割嘴的设计压力,则压力越高,由于其切割氧流的流速和动量也增大,因此所能切割厚度和切割速度也不断增加,如图 2－7 和图 2－8 所示。但当割嘴的切割氧孔径一定时,使用的切割氧压力超过设计压力过多的话,则获得优良切割面的切割速度也要降低(如图 2－6 所示)。如果降低切割面的质量要求,则切割速度能略有提高。

4. 切割氧流形状的影响

切割氧射流(通常称为风线)形状对气割过程也有明显的影响。风线长且挺直有力,切割效果就好。通常要求风线尽可能长地保持圆柱形,同时边界线应清晰,这样就能获得沿厚度方向上下一致的切口宽度,切割面的粗糙度和切割精度也提高。特别是风线细而流速

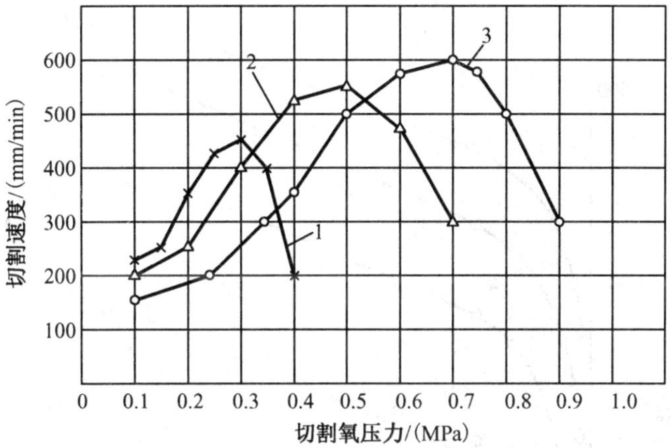

图 2-6　切割速度与切割氧压力的关系(板厚 16 mm,切割面粗糙度 50 μm)

1—2#普通割嘴;2—2#0.49 MPa 扩散形割嘴;3—2#0.69 MPa 扩散形割嘴

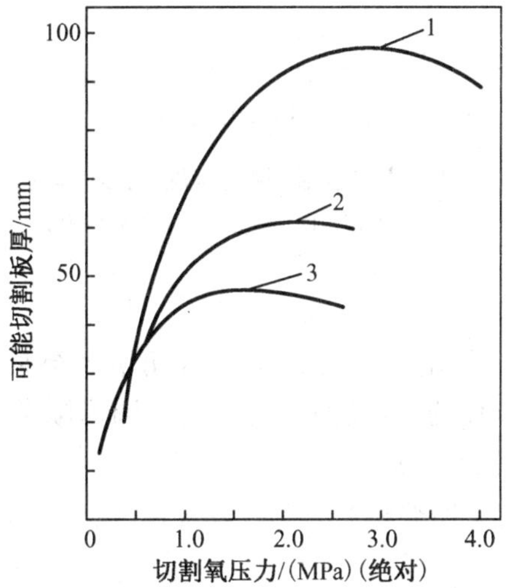

图 2-7　可能切割厚度与切割氧压力(绝对压力)的关系

1—设计压力 1.1 MPa 扩散形割嘴;2—设计压力 0.59 MPa 扩散形割嘴;3—普通割嘴

高时,相应的切口宽度减小,切割氧消耗量也随之减少,高速氧流向气割反应区供给新鲜氧速度快,从而使切割速度加快,切割面质量优良。

如果风线细,边界混浊,则切割速度下降,切割面质量恶化,切口下缘黏附熔渣。在不恰当地加大切割氧压力或割嘴污损时,时常出现这种情况。

为了获得良好的风线,需对割嘴切割氧孔径形状进行优化设计,特别是孔道面的加工光洁度,这也是获得良好风线的主要因素。

5. 切割氧流攻角的影响

切割时,若把切割氧流相对切口前缘形成一个攻角(即割炬后倾),可大大加快切割速度和改善切割质量。图 2-9 所示为氧流攻角对切割速度影响的资料。割炬后倾时,切割氧流动量的水平分量 V_x 使切口前缘的熔渣层减薄且切口前缘金属获得充分的预热,从而加速

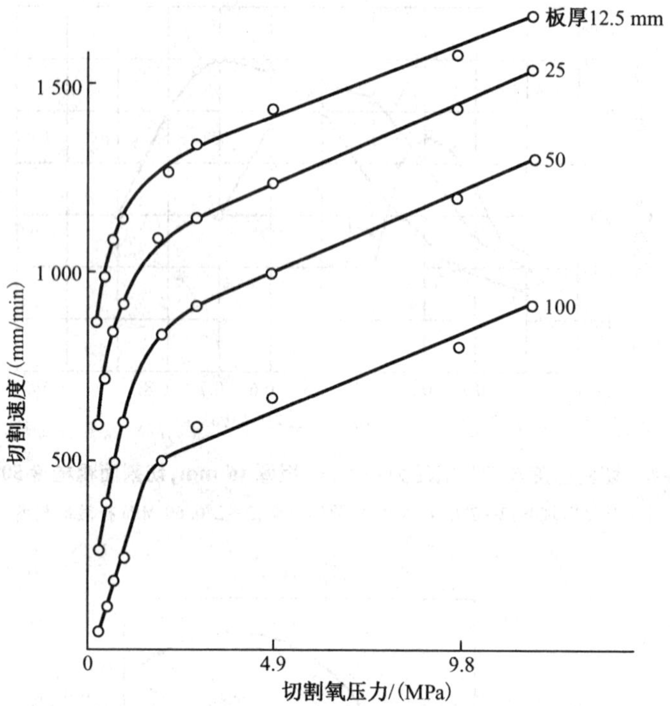

图2－8　各种设计压力扩散形割嘴的切割氧压力与切割速度的关系

(○表示设计压力和使用的切割氧压力)

了气割速度,由图2－9可知:

①随着氧流攻角的增大,切割速度明显加快,攻角增大至某一极限角度时,切割速度达到最大值。继续加大攻角,切割速度反而下降。这是因为随着攻角的增大,氧流动量的垂直分量 V_y 减少,切割能力降低的缘故。

②极限攻角的大小随割嘴种类和加工钢板厚度而异。切割氧流的出口流速越高,钢板越薄,极限攻角越大。

③利用各种设计压力的扩散形割嘴,在形成攻角的条件下切割厚12 mm钢板,可使切割速度提高50%～100%。

另外,利用割炬后倾切割法还能明显地减少后拖量,改善切割面质量。因此在实际生产中,尤其是使用扩散形割嘴切割厚25 mm以下钢板的直线边时可充分利用割炬后倾的效果。

6. 预热切割用氧气的影响

把来自气源的氧气,用某种方法(比如通过电加热)预先进行加热,然后送至割炬用作切割氧。用预先加热的氧切割,可使中、厚钢板的切割速度有某种程度的提高。表2－1列出预热切割用氧对切割速度和气体耗量的影响。

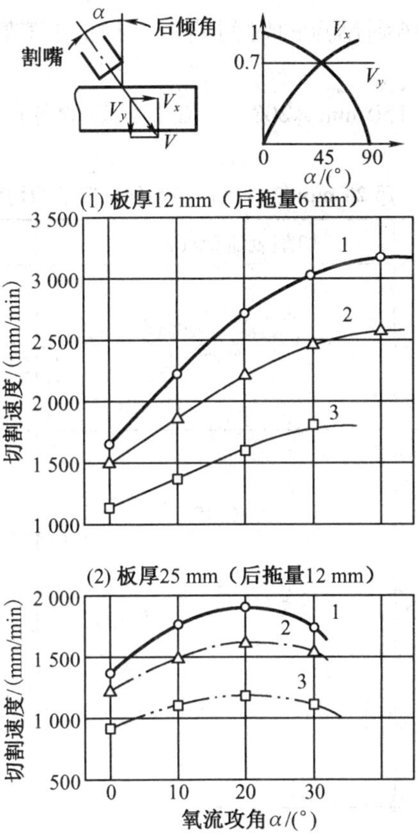

图 2-9　氧流攻角对切割速度的影响

1—设计压力 3.53 MPa 扩散形割嘴，喉径 1.5 mm；

2—设计压力 1.57 MPa 扩散形割嘴，喉径 2.0 mm；

3—设计压力 0.69 MPa 扩散形割嘴，喉径 2.5 mm

表 2-1　预热切割用氧至 400 ℃对切割速度和氧气用量的影响

氧气纯度	切割速度增加率	氧气用量增加率
99%	6%	6%
95%	20%	18%
90%	27%	26%
85%	30%	28%
所谓增加率是相对于 15 ℃氧气切割时的增加率		

由表 2-1 可知，氧气纯度越高，预热过的氧的切割速度增加率越低。目前实用的工业纯度一般都在 99.2% 以上，其效果是有限的。有的实验查明，实用预先加热的氧，最大切割厚度反而减小，切割效率也降低。因为随着温度升高，气体的密度降低了。另外有资料报道，用温度 20 ℃的氧气进行切割，结果最好。预热至 40 ℃，切口下缘易黏渣。

另一方面，工业上难以用经济的方法来预先把氧加热至高温，所以预先加热氧气在工业生产上并无实用意义。

7. 钢材初始温度的影响

钢材的初始温度高,加热到燃点的时间缩短,可加快气割进程,因此切割速度随之提高。

表 2-2 示出用 20 mm×150 mm×200 mm 试板测定的各种温度钢板的切割速度资料。

表 2-2 厚 20 mm 低碳钢板在各种温度下的切割速度

钢板温度/℃	切割氧流量/(m^3/h)	切割速度/(mm/min)
20	5.25	710
440		950
700		1 100
900		2 100
450	6.45	1 000
580		1 200
800		1 700
950		2 600
20	7.6	750
460		1 100
700		1 350
820		2 000
970		2 600
20	19.3	850
460		1 000
600		1 200
950		3 300

由表 2-2 可见,把钢板从室温预热至 950~970 ℃,切割速度可提高 3~3.5 倍,是十分显著的。而且单位切割长度的氧气消耗量也减少了约 3/4。

图 2-10 示出各种温度和碳的质量分数不同的钢材在预热至 540~1 200 ℃时的实用切割速度和割断速度的资料。由图 2-10 可见,钢材本身的温度越高,切割速度越快。另外 $\omega(C)=0.75\%$ 的钢,在高温时的切割速度最高。

图 2-11 示出连铸坯生产线中用 300 型和 600 型外混式割嘴切割高温铸坯的实用切割速度资料。由图 2-11 可见,与常温钢材相比,实用切割速度提高约 1.5 倍。

由上述一系列资料可知,高温状态的钢材其切割速度可成倍地提高,同时还能显著地减少切割氧耗量。

8. 钢材表面状态的影响

钢材表面存在较厚的氧化皮、黄锈及各种脏物,在气割时使切口前缘表面加热到燃点的时间增加,对气割过程带来不利的影响。不但使切割速度下降,还会在切割面上造成缺口,严重时会使切割中断。因此气割前要把沿切割线的铁锈和脏物清除干净。

与氧化皮相比,黄锈的影响较大。如厚 14 mm 且表面附有氧化皮的钢板,通常的切割速度为 600 mm/min,而表面附有黄锈时,切割速度即降至 510 mm/min,降低率为 15%,而且

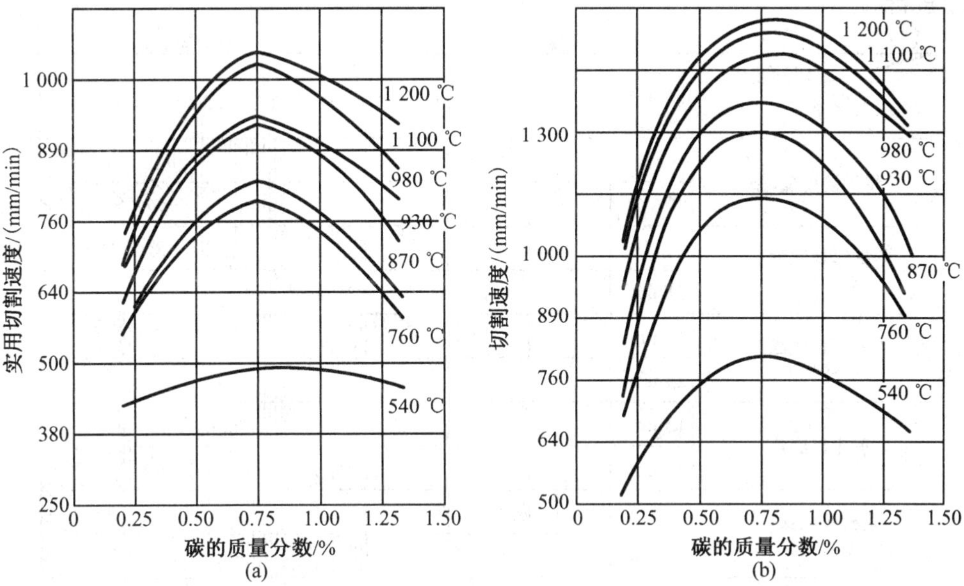

图 2－10　钢材的温度和碳的质量分数对实用切割速度和割断速度的影响

(a)实用切割速度;(b)割断速度

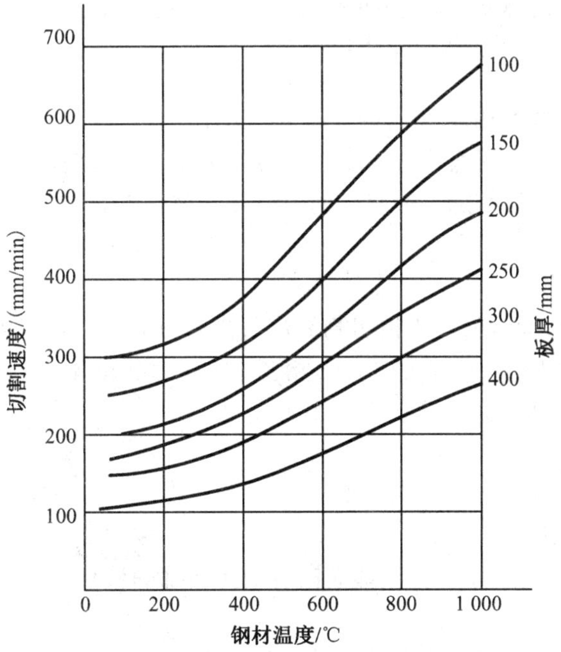

图 2－11　高温铸坯的实用切割速度

切割面变粗糙,背面黏渣。

钢材表面上预涂车间底漆也影响切割速度和质量。各种车间底漆中,尤以无机富锌底漆为甚,其次有机锌底漆次之,洗涤型底漆影响最小。图 2－12 示出各种车间底漆对船用板切割速度和切割面质量影响的实验资料。切割试验用 2# 普通割嘴在 16 mm×500 mm×1 000 mm

试板上进行的。

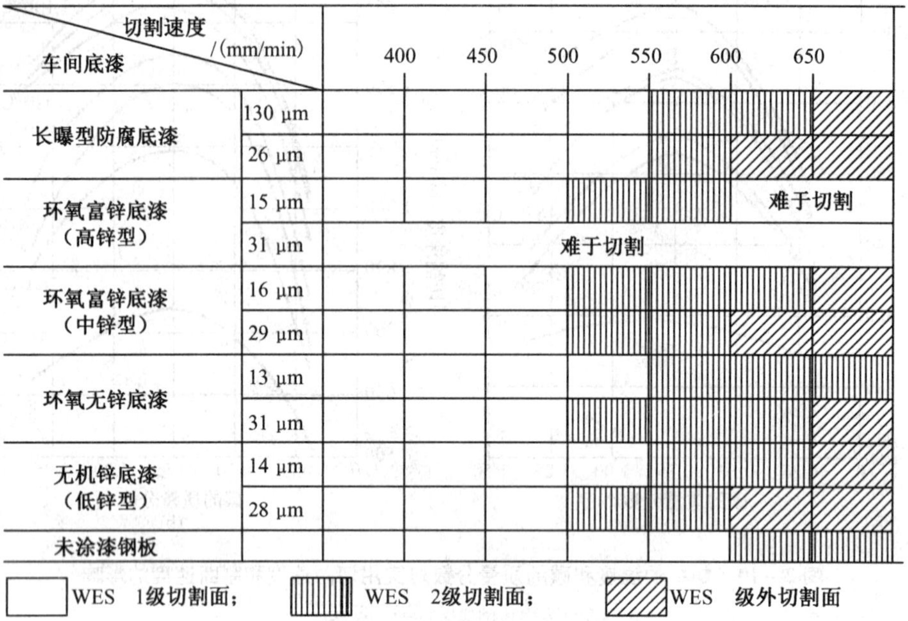

图 2－12 车间底漆类型和膜厚对切割速度和切割面质量的影响

备注:图中切割面质量按日本焊接学会标准 WES 分级,该标准按表面粗糙度、平面度、熔渣黏附程度、缺口和上缘熔化度等参数综合评定切割面的质量,1 级为最好

由此可见,除底漆种类外,漆膜厚度也有很大的影响。漆膜厚度较厚,获得优质切割面的切割速度降低。因此,车间底漆的漆膜厚度易控制在 15 μm 左右。

如果条件许可的话,切割加工最好在钢板抛丸处理后进行,这样既可加快切割速度,又能提高切割面的质量。

9. 熔渣黏度的影响

熔渣的黏度低,流动性好,易于被切割氧流所排除,切割速度就能加快。FeO 熔渣的流动性较好,如钢中含铬较多,生成的 Cr_2O_3 熔渣黏性较大,就不易排除,从而使切割速度降低。

二、气割工艺要点

1. 预热火焰的选用

预热火焰对气割过程的重要作用前面已有叙述,它同时也是影响气割质量和速度的重要工艺参数之一。

(1)预热火焰的种类和性质

根据燃气与氧气的混合比不同,火焰分为碳化焰、中性焰和氧化焰,如图 2－13 所示。

在使用乙炔的场合,氧与乙炔的体积比($V(O_2)/V(C_2H_2)$)为 1.1 ~ 1.15 时,形成的火焰为中性焰(图 2－13a),由焰芯、内焰和外焰组成。焰芯为 C_2H_2 与 O_2 的混合气。内焰为 C_2H_2 与 O_2 发生第一次反应区(即一次燃烧),其反应式为

$$C_2H_2 + O_2 \longrightarrow 2CO + H_2$$

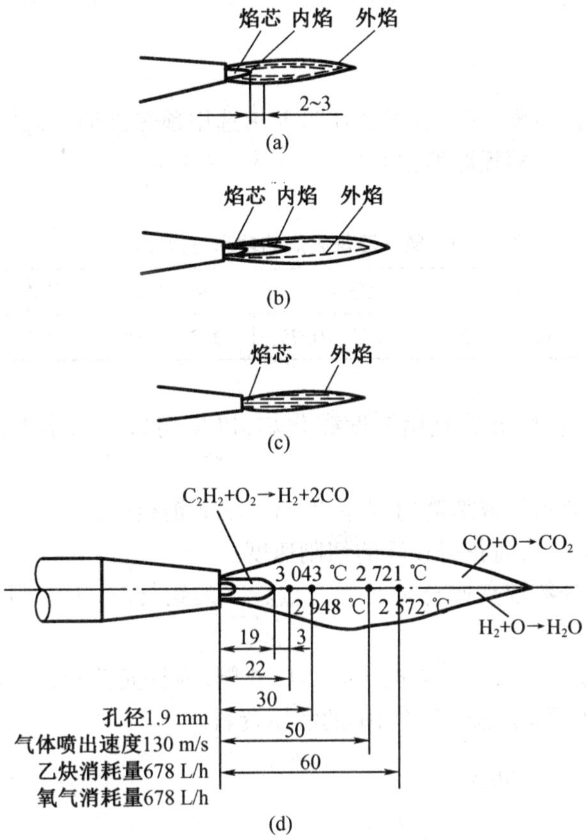

图 2－13　氧－乙炔火焰的种类和构造

(a)中性焰；(b)碳化焰；(c)氧化焰；(d)中性焰的燃烧过程和温度分度

在内焰中距焰芯2～3 mm处，温度最高，约3 100 ℃。外焰是一次燃烧生成的CO和H_2与空气中氧化合而燃烧的区域(即二次燃烧)，其反应式为

$$2CO + H_2 + 1.5O_2 = 2CO_2 + H_2O$$

火焰温度约为2 500 ℃。外焰越长，保护切割氧流的效果越好。

$V(O_2)/V(C_2H_2)$小于1.1时形成碳化焰(图2－13b)，也有焰芯、内焰和外焰，内焰中存在未燃烧的碳，火焰长而软，温度也较低。

$V(O_2)/V(C_2H_2)$大于1.15时形成氧化焰(图2－13c)，只有焰芯和外焰两部分。火焰短而挺直并伴有“嘶、嘶……”声，最高温度可达约3 300 ℃，因火焰中存在过剩氧，具有氧化性。

(2)预热火焰的选用

气割时一般应选用中性焰，同时火焰的强度要适中。

①火焰过强时会出现以下缺点：

a. 切口上边缘熔塌，并有注粒状熔滴黏附；

b. 切割面粗糙度变差；

c. 切口下缘黏渣。

②火焰过弱时会发生以下问题：

a. 切割速度减慢,且易发生切割中断现象;

b. 易发生回火;

c. 后拖量增大。

③为此应根据工件厚度、割嘴种类和质量要求选用预热火焰,其要点如下:

a. 预热火焰的功率要随板厚增大而加大,如表 2-3 所示。

表 2-3 氧-乙炔火焰的功率与板厚的关系

板厚/mm	6~25	25~50	50~100	100~200	200~300
乙炔流量/(m^3/h)	0.4~0.55	0.55~0.75	0.75~1.0	1.0~1.2	1.2~1.3

b. 在切割较厚钢板时,火焰宜用轻度碳化焰,以免切口上缘熔塌,同时也可使外焰长一些。

c. 使用扩散形割嘴和氧帘割嘴切割厚 20 mm 以下钢板时,火焰功率宜选大一些,以加速切口前缘加热到燃点,从而获得较高的切割速度。

d. 切割碳的质量分数较高或合金元素含量较多的钢材时,因它们的燃点较高,预热火焰的功率要大一些。

e. 用单割嘴切割坡口时,因熔渣被吹向切口外侧,为补充热量,要加大火焰的功率。图 2-14 示出切割坡口时预热火焰所需功率的实用资料。

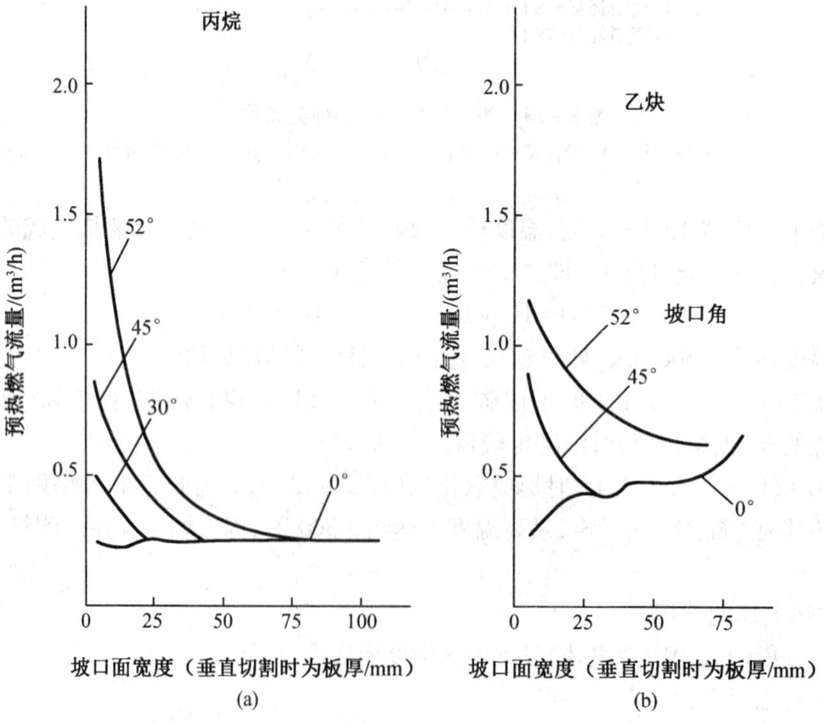

图 2-14 坡口切割时预热火焰的功率

(a)丙烷;(b)乙炔

f. 使用石油气或天然气作为燃气，因其火焰温度低，预热时间较长。在切割小尺寸零件等需频繁预热起割的场合，为缩短预热时间、提高切割效率，宜把火焰调节成氧化焰，开始切割后再恢复到中性焰。

2. 其他主要工艺参数选用要点

(1)割嘴号码的选定

割嘴号码(即切割氧孔径)根据切割工件的厚度进行选定，通常可按割嘴制造厂说明书选用。

图2－15示出使用普通割嘴时切割厚度与适用的切割氧孔径之间的关系。实际上，如图2－5所示，对每种板厚存在一个最佳的切割氧流量值(在切割氧压力一定时，即切割氧孔径一定时)，此时可获得最快的切割速度和最好的切割质量。割嘴号码小于或大于最佳值，切割速度和切割面粗糙度都会变差。因此采用大号割嘴切割相对较薄的钢板，是不合理和不经济的。

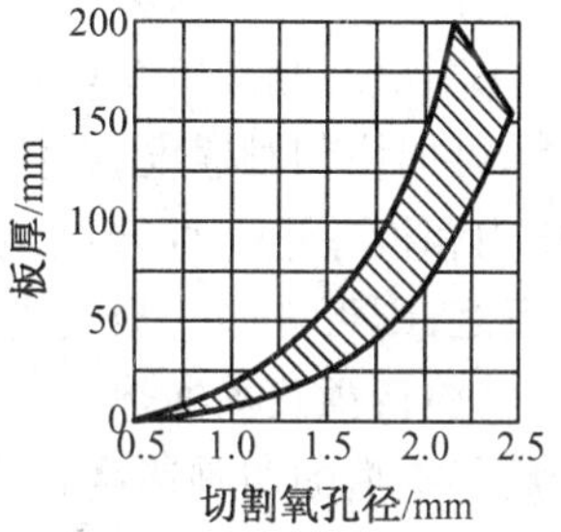

图2－15　板厚与切割氧孔径的关系(普通割嘴)

(2)气割氧压力的选定

气割氧压取决于割嘴类型和嘴号，通常可按割嘴制造厂说明书选用。

不恰当地提高切割氧压力反而会使切割速度降低、切割面质量恶化。使用普通割嘴时，习惯上往往随切割工件厚度和割嘴孔径的增大而增加切割氧的压力，其实这是不恰当的。这种割嘴当压力增至0.6 MPa时，切割氧射流中出现正冲波，能量遭到损耗，气流变得紊乱，易吸入周围杂质气体，降低切割氧的纯度。压力越高，冲波越严重，使切割面质量恶化，所以一般不宜使压力超过0.6 MPa。

在使用扩散形割嘴时，则不论工件厚薄和割嘴孔径的大小，切割氧压力都要符合其设计压力，偏差不宜超过±0.1 MPa，否则切割面质量和切割速度都会降低(如图2－8所示)。

一般情况下，半自动切割机上不配压力表，而是利用装在氧气瓶或管道接头处的压力表进行调压。气体通过胶管至割炬处的实际压力总是比表示压力要低。使用压力越高、胶管越长，尤其是当胶管盘成弯曲状态时，压力降更大。为此在调节压力表时，要预先加以补偿。根据实验，使用压力0.5 MPa左右，设定压力要调高0.05～0.1 MPa；使用压力0.7 MPa左右，应调高0.15～0.2 MPa。

实际生产中，最佳切割氧压力可用试放“风线”的办法来确定。对所用的割嘴，当风线最清晰且长度最长时，这一切割氧压力即为合适值，可获得最佳的切割效果。

(3)割嘴高度

割嘴高度是指割嘴前端与工件上表面的距离(有时也称割炬高度)。一般情况下，除分列式割嘴外，割嘴高度过低，切口上缘会发生熔塌，且割嘴易被溅沫所黏附，甚至引起回火。割嘴高度过大，热损失增加，且预热火焰对切口前缘的加热作用减弱。同时切割氧流因扩展而变粗，进入切口的氧纯度也降低，导致后拖量和切口宽度增大，在切割中、薄板场合还会使切割速度降低。通常，使用不同割嘴时的合适割嘴高度为：

①直筒形割嘴，10～15 mm；

②扩散形割嘴，5～10 mm；

③氧帘割嘴，约5 mm。

切割厚工件时，割嘴高度可适当增大一些，以避免切口上缘过多的熔塌。

(4)切割速度

切割速度取决于切割面的质量要求。质量要求高,切割速度应稍慢一些;切割质量要求一般时,切割速度可适当加快。在切割操作时,切割速度可根据熔渣火花在切口中落下的方向来掌握,当火花呈垂直或稍微向前方排出时,即为正常速度。成形切割应以上述速度为准。在直线切割时,可采用火花稍微向后方排出的、较快的速度。

(5)提高直线切割速度的方法

进行直线切割时可采用以下方法加快切割速度。

①割炬后倾法。在切割厚度25 mm以下钢板时,把割炬向切割进行的反方向后倾一定角度,可加快切割速度,在使用扩散形割嘴时尤为有效。合适的后倾角根据割嘴孔径、切割氧压力和板厚进行综合确定。割嘴孔径小、设计切割氧压力低、钢板厚度大,后倾角应小些,反之,则可大些。当使用0.69 MPa扩散形割嘴时,后倾角的范围为5°~35°。

②前行预热嘴加热法。在割嘴前方附加一个预热火焰嘴,把切口前缘加热至高温状态,后行割嘴的切割速度就可明显提高。在切割坡口时这种方法更为有效。

③双割炬或双孔割嘴切割法。前一个割嘴线进行粗切割,后行割嘴进行精切割。两个割嘴间距约为50 mm。这种方法可提高切割速度20%~50%(取决于板厚)。

第二节 手工气割操作技巧

一、气割前准备工作

气割前的准备工作是切割操作不可缺少的一部分。做好切割前的准备工作,不但能提高工作效率,而且还能防止不必要的事故发生,保障安全生产。因此一定要在切割前做好以下工作。

气割前要认真检查工作场地是否符合安全生产和文明生产的要求。切割前,应对现场进行全面检查,切割现场10 m之内,不能放置易燃易爆物品。切割现场应有防火挡板,防止火花飞溅灼伤现场人员。应将工件尽可能放置在切割平台上,在无切割平台的情况下,可采用槽钢、角钢的棱角向上的方式将工件垫高约100 mm。工件下面是水泥地时,要在水泥地上垫好钢板,以防水泥地受热后爆裂的飞溅物伤害现场人员。

检查氧气瓶、乙炔瓶(或乙炔发生器)和回火保险器的工作状态是否正常,这些合格后方可将气割设备按操作规程连接好,根据工件厚度选择并安装割炬、割嘴,还要检查割炬的性能。当使用射吸式割炬时,应将乙炔胶管拔下,做射吸力检查。若无射吸力,应将其修好后才能使用。

清除工件表面待割处的油漆、氧化皮及铁锈等污物。工件表面的污物清除干净后,可按气割工艺图或零件图进行放样画线,并沿切割线打样冲眼,然后需经检验员检验确认。在切割工件前应仔细检查工件上所画的线,分清楚哪些是切割线,哪些是非切割线。在没有确认之前,不能进行切割。

二、平割基本姿势与操作技巧

1. 气割火焰的点燃与调整

点燃火焰时,先开启预热氧调节阀,然后再稍许开启乙炔调节阀,两种气体在割炬内混合,从割嘴喷出,此时将割嘴接近火源,即可将火焰点燃。

刚点燃的火焰通常是碳化焰,然后根据所要切割材料的种类和厚度,分别调节预热氧和乙炔调节阀,直至获得所需的火焰种类和能率。调好预热火焰后,再开启切割氧调节阀,检查切割氧流的形状和长度,预热火焰、切割氧流的状态,应使其处于正常状态。检查切割氧流(风线)的形状和长度。切割氧流应为笔直而清晰的圆柱体,其长度一般不应超过割件厚度的1/3,如图2-16所示。

若切割氧流形状不规则,可用通针把割嘴的高压通道清理干净。对于超音速割嘴,不可用钢丝通针,应用铜丝或硬度较低的材料制作的通针,修整时不得划伤切割氧通道的表面和损伤几何精度。

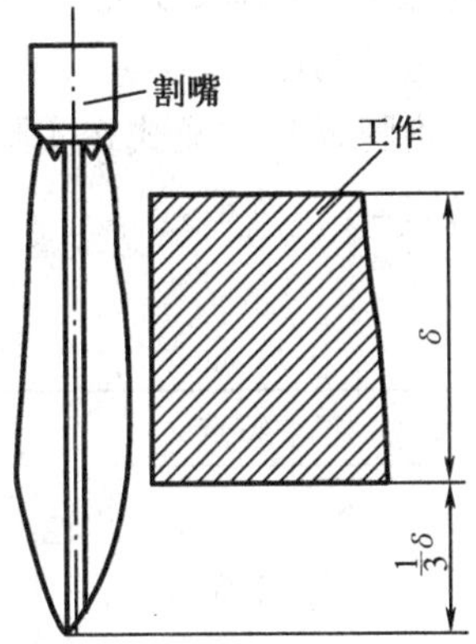

图2-16　切割氧的形状及长度

2. 操作姿势

通常,气割的持割炬姿势分为抱腿式和靠腿式两种。

(1)抱腿式

采用下蹲的姿势,可使身体重心下移,从而获得较好的稳定性,可以为高质量、高速度的切割提供有利的条件。

在下蹲时,要使自己的身体尽量向下,下蹲的程度要根据自己身体的具体条件来定。一般来讲,下蹲时,既要使自己的大腿肚与小腿肚有较大的接触,又要使自己身体感到舒适,不要勉强。两腿之间跨度基本与肩同宽,也可以略窄于肩宽。两脚之间的夹角在5°~15°,也可以使两脚基本保持平行。操作者的背部、腰部和臀部基本上成一条直线。这条直线与地面的夹角大约为70°。要结合自己身体的具体情况,争取做到舒适、自然;不要松松垮垮,不要后仰身体,不要故意挺胸,不要钩头、塌腰和上身过于向前倾斜。这样就能使自己的身体重心落在两脚之间的中心线上,从而获得较好的稳定性,如图2-17所示。

在抱腿式中,右手把持在割炬手柄处,主要起着固定割炬的作用。左手食指轻轻扣在预热氧阀的旋钮上,左手食指的作用是调节火焰,排除回火等故障。持割炬的右臂贴在右腿的中部,手腕露出右腿30 mm左右,割炬尾部连同橡皮气管接头附近的部分紧贴在右腿上。这样,操作者的右手腕、右臂与右小腿的接触点及贴在右腿上的割炬尾部这三个接触点,就构成了一个三角形,如图7-2所示。显然,利用三角形的稳定性,借助右臂及割炬尾部贴着右腿产生的摩擦力,右手就可以很轻松的持稳割炬,这就是右手能够起着承担割炬重力的主要作用的关键所在。右臂持割炬的同时,左臂向内弯曲约成90°,抱在左膝盖以下。两臂及两手的高度是随着切割工件放置的高度来选定。总之,持割炬的高度要适当,持割炬的松紧程度也要合适。

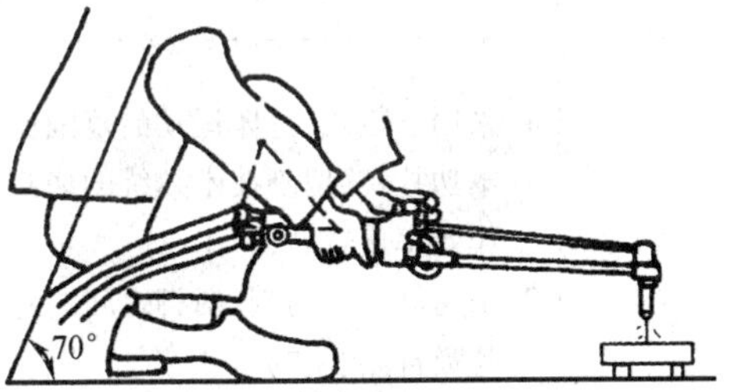

图2-17　抱腿式示意图

(2)靠腿式

采用靠腿式的持割炬姿势,这种姿势与靠腿式大同小异。下蹲后两脚之间的角度比抱腿式要大得多,成90°~120°的夹角,可以根据切割的具体情况灵活掌握。下蹲以后,左手握着拳头,左臂弯曲成直角,并放在两腿内侧之间,两腿自然靠着左肘和左拳。此时,两脚的距离已经调整合适,两腿之间的距离可以放下屈臂横平持割炬的左小臂。

左肘弯曲约成90°,自然下垂,用左肘关节以上约100 mm处左胳膊的外侧,紧靠在下蹲后左腿内侧。左小臂受力情况是这样的,左小臂以下蹲后的左腿为基础,紧靠在左腿内侧。左肘对左腿有一个推力,方向朝左;同时,左腿给左肘一个依靠力,方向朝右,这是一对平衡力的相互作用。由于这一对平衡力的存在,在左腿内侧和左肘外侧的接触处产生了一个摩擦力,这个摩擦力大于左臂的下滑力时,就能阻止左肘下滑,从而获得了承担割炬重量和控制割炬运动的辅助力量。右手的姿势与抱腿式相同。右手主要起着承担割炬重量和控制割炬运动的作用。

抱腿式和靠腿式在实际工作中,应根据当时的具体情况和其特点灵活采用,其各自特点见表2-4所示。

表2-4 抱腿式和靠腿式切割的特点及应用

名称	特点
抱腿式	1. 身体稳定性好,容易获得高质量的切割效果; 2. 抱腿时,两臂可以抱到膝盖附近,对于水平放置较高的工件能够提供比较好的切割条件; 3. 下蹲后身体所占的空间较小,能够较好地适应切割位置狭小的切割现场操作; 4. 初学者练习切割采用抱腿式练习效果比较好; 5. 两臂抱腿后,身体的运动范围受约束比较大,所以每刀所切割的长度比较短,一般在250 mm,最佳切割长度约为200 mm; 6. 胸部与下肢贴得比较近,对肺部有一定的压力,尤其是体胖者、初学者,有可能产生呼吸不自然而影响切割质量的情况; 7. 对于位置放得过低的工件,特别是必须蹲在工件上进行切割时,不如采用靠腿式持割炬姿势的效果好
靠腿式	1. 采用靠腿式,身体运动的范围比较大,每刀切割长度相应增大,一般在300 mm左右,基本功扎实、切割技术熟练的切割工还能切割得更长一些,因此切割接头数相应减少,工作效率比较高; 2. 采用靠腿式切割,两脚之间的跨度较大,胸部又不受下肢的挤压,因此切割时能够感到呼吸自然、流畅; 3. 采用靠腿式切割,对于距离身体较近的工件、位置较低的工件及需要蹲在上面进行切割的工件,容易收到较好的切割效果; 4. 切割效率比较高,对于不作质量要求的切割线,切割效率更高; 5. 控制割炬稳定性的能力不如抱腿式好,初学者在不熟练的情况下切割,容易产生晃动; 6. 在狭窄现场切割工件时,不如抱腿式切割姿势的切割效果好; 7. 对于水平位置放置较高的工件,其切割的质量、效率均比抱腿式差

两种方法都是右手握住割炬手把,并以右手的大拇指和食指握住预热氧调节阀,以便于调整预热氧火焰能率和当发生回火时及时切断预热氧。左手的大拇指和食指握住切割氧调节阀,以便于切割氧的调节,其余三指平稳地托住射吸管,如图2-18所示,以便掌握方

向和使割嘴与工件垂直。上身不要弯得太低，呼吸要平稳，两眼应注意切割线和割嘴，并着重注视切口前面的切割线，沿着切割线进行切割。

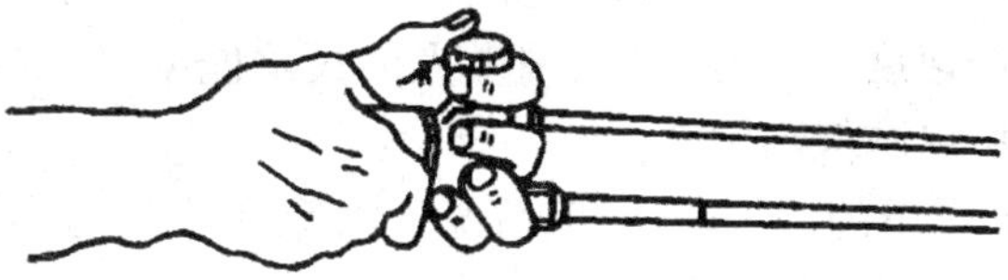

图 2－18　气割的手部姿势示意图

3. 起割

预热的操作方法应根据工件的厚度灵活掌握，对于厚度在 50 mm 以上的厚工件，应按图 2－19(a)所示，将割嘴置于工件边缘，并沿切割方向后倾 10°～20°，待工件边缘被加热到暗红色时，再将割嘴垂直工件表面继续加热，如图 2－19(b)所示。对于厚度小于 50 mm 的工件，预热时，可将割嘴垂直于工件表面进行加热。

若气割工件的轮廓时，对于薄件可垂直加热起割点；对于厚件，应先在起割点处钻一通孔，使其孔径约等于切口的宽度。然后再加热孔的边缘处，加热的方法与厚工件相同。当工件被加热到亮红色时，可先慢慢开启切割氧调节阀，待看到铁水被氧流吹动时，便可加大切割氧流，若听到工件下面发出“啪、啪”的声音，则表明工件已被割穿。

对于厚工件，因为预热温度上下往往不均匀，故起割时要缓慢开启切割氧调节阀。若开启切割氧调节阀的速度过快，由于高速切割氧流的冷却作用，将使起割过程不能正常进行。

气割工件内轮廓时，起割点不能选择在有用的零件上，应选择在舍弃部分，待割穿后再将割嘴移向切割线。

起割薄件内轮廓时，割嘴应向后倾斜 20°～40°，如图 2－20 所示。

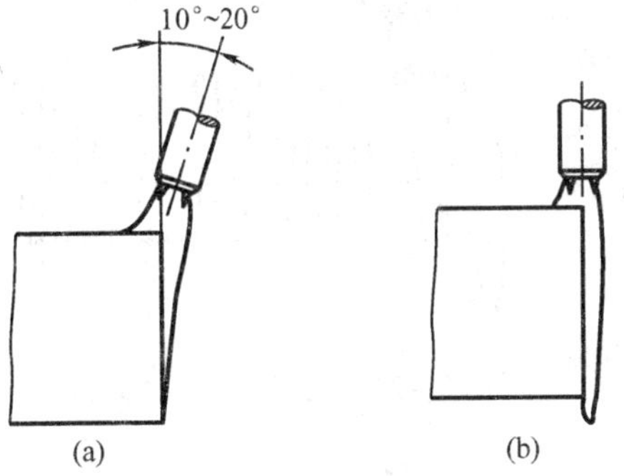

图 2－19　厚工件的预热和气割示意图

(a)开始预热；(b)起割前预热

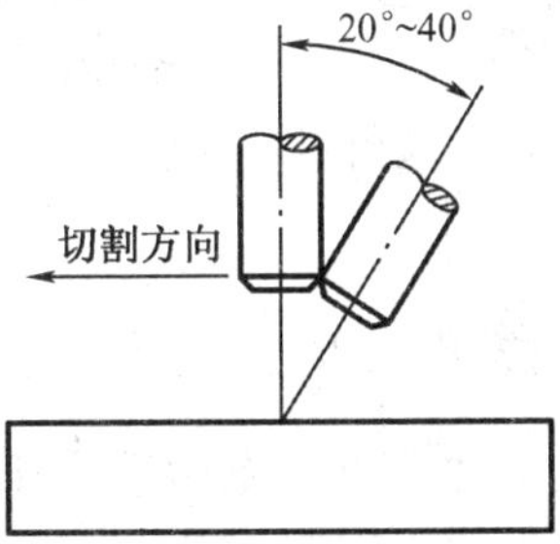

图 2－20　气割薄件内轮廓时割嘴的倾斜角

起割时，焰芯尖端到工件表面的距离应保持在 3～5 mm，绝不可使焰芯触及割件表面。并且应将切割氧孔道的中心对准钢板边缘，以利于减少熔渣的飞溅和避免产生割不穿的现象。

4. 气割

在气割过程中,应经常调节预热火焰,使其保持为中性焰或轻微的氧化焰,并使焰芯尖端到工件表面的距离始终保持在 3 ~5 mm 范围内。

气割薄板时,因切割速度快,因此可用稍微大的火焰能率,但割嘴应离工件表面远些,并保持一定的倾斜角度,以防气割中断。

气割厚度在 20 mm 以下的钢板时,一般情况下割嘴可后倾 20° ~45°;气割 20 mm 以上的钢板时,割嘴应垂直于工件表面进行切割。

气割厚钢板时,因切割速度慢,为了防止切口上缘产生连续珠状钢渣、上缘被熔化成圆角以及减少背面黏附的挂渣,因而应采用相对较弱一些的火焰能率。

气割过程中,若发生回火,应迅速关闭切割氧调节阀。如果此时割炬内还在发出"嘘嘘"的响声,说明割炬内的回火尚未熄灭,此时应迅速关闭乙炔和预热氧调节阀,经数秒钟后,再打开预热氧调节阀,将混合管内的炭粒和余焰吹尽,并用剔刀剔除粘在割嘴上的熔渣,用通针清理切割氧喷孔和预热火焰的氧气及乙炔出气孔,然后重新点燃火焰,继续进行切割。

气割较长的直线或曲线时,一般在切割 300 ~500 mm 后,需移动操作位置一次。此时应先关闭切割氧调节阀,将预热火焰离开切口,然后移动身体。继续气割时,割嘴一定要对准切口的接割处,并将接割处重新预热到燃点,然后再缓慢地开启切割氧调节阀。不过切割薄板时,不必关闭切割氧调节阀,待改变操作位置后,可将割炬的火焰对准接割处继续气割。

5. 气割收尾

厚板切割临近终端时应逐渐将喷嘴向切割方向后倾 20° ~30°,如图 2 -21 所示,使切口下部的钢板先割穿。这样收尾的切口较平整。

气割结束后,应迅速关闭切割氧调节阀,并将割炬抬起,再关闭乙炔和预热氧调节阀。如果停止工作时间较长,应关闭氧气瓶阀,松开减压阀的调压螺钉,并将氧气胶管中剩余的氧气放出。作业完毕后,应将减压阀卸下,并将氧气瓶和乙炔瓶阀关闭。

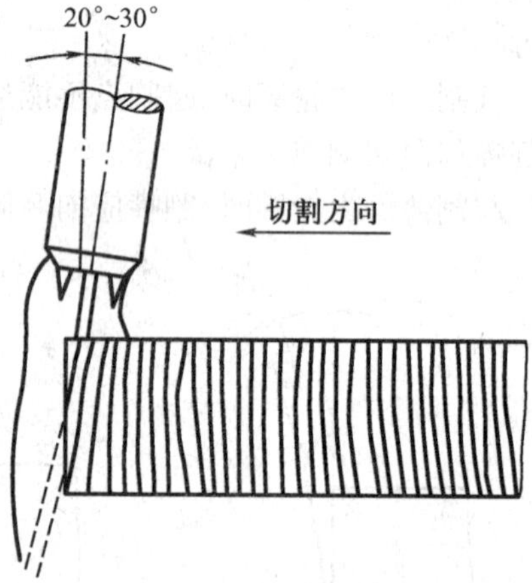

图 2 -21　气割收尾时的倾角示意图

三、立割操作技巧

割炬在工件垂直面上做垂直于水平面方向运动的切割操作技法称为立割。

在船舶结构的组焊过程中,切割线垂直于水平面出现在已经固定好的部位上,且此部件不易拆掉;在进行船舶结构的修理改装过程中,切割线垂直于水平面出现在不易翻动的维修工件上;在平地或高空作业中,由于安全生产的需要,对于改变一下工件的切割方式,就可以达到改变氧化渣的排出方向的目的时,均采用立割的方式。

1. 操作姿势

立割按两手持割炬的方式可分为靠左侧固定持割炬法和靠右侧固定持割炬法;按双腿支持身体的方式可分为蹲式支持法、半蹲式支持法和立式支持法。选择立割操作姿势的依据，主要是垂直切割线所在的实际位置，其次是在条件允许时，尽可能采用靠左侧固定持割炬法，因为这种姿势操作起来比较顺手，容易达到较好地切割效果。具体见表2－5。

表2－5　立割的操作姿势

名称	适用情况	特点与要领
靠左侧固定法	垂直切割线处在操作者的左侧位置	应注意把握好两手持割炬的姿势。应将水平持握的割炬按顺时针方向旋转90°，使割嘴切割氧孔正对着立割工件表面的垂直切割线。操作者的左手中指、食指和拇指分别把握在切割氧阀手轮的两侧来启闭切割氧阀。无名指和小指分别插在混合气管的两侧，手指紧贴着混合气管，并自然向里钩，其作用是承担割炬部分重量，也是切割运动的辅助力量来源。一般情况下，操作者的左肘要紧贴在垂直工件的表面，依靠肘部与工件表面接触处的压力产生的摩擦力来支撑左臂，从而达到承担割炬部分重量和配合割炬运动的目的。操作者的右手自然地把握着割炬手柄，右手食指把握在预热氧阀的手轮上，其作用是调节预热火焰，排除回火
靠右侧固定法	垂直切割线处在操作者的右侧位置	应注意把握好两手持割炬的姿势。应将水平持握的割炬按逆时针方向旋转90°，使割嘴切割氧孔正对着立割工件表面的垂直切割线。操作者的左手拇指压在切割氧阀的手轮上，其作用是启闭切割氧阀及把握割炬运动。左手其余四指垂直于工件平托着割炬与拇指相配合。操作者的右手自然地把握着割炬手柄，其作用是承担割炬的大部分重量，也是产生割炬运动动力的主要来源
蹲式支持法	立割工件的垂直切割线处在比较低的位置	立割下蹲的姿势与水平位置手工切割操作常用的靠腿式的蹲姿很相似。操作者要使自身尽量向下，下蹲的程度要根据自身的具体条件而定，下蹲时既要使自己的大小腿肚间有较大的接触，又要使自身感到舒适，两脚之间的角度约成100°，上身与地面的夹角约成70°
半蹲式支持法	立割工件的垂直切割线处在中等的位置	是蹲式支持法与立式支持法中间过渡的形式，不要拘泥固定的模式。因此在立割过程中，要根据切割现场的实际情况而定。当垂直切割线位于操作者的左侧时，操作者的左腿弯曲约成90°，右膝盖着地，或者左腿弯曲成弓步，右腿成蹬步。当垂直切割线位于操作者的右侧时，操作者的右腿弯曲约成90°，左膝盖着地，或者右腿弯曲成弓步，左腿成蹬步。膝盖的弯曲程度应根据垂直切割线的高度去选择
立式支持法	垂直切割线处在操作者腰部以上的位置时	姿势最简单，当垂直切割线处于操作者的左侧时，操作者应将其左腿紧贴工件，两脚分开与肩同宽，右腿略微侧蹬。当垂直切割线处于操作者的右侧时，操作者应将其右腿紧贴工件，两脚分开与肩同宽，左腿略微侧蹬

2. 切割方式

如图2－22所示，A点是割嘴位置，O点是割炬手柄末端，OA为整个割炬的长度。立割时，通常要分多段进行切割，AC为切割的第一段切割线，割嘴从垂直切割线A点到C点的运动过程中，有走圆弧的趋势。为了克服这个走弧趋势，操作者在立割前，通常要在心中将垂直切割线AC分成二等份，采用分段逼近的方法去完成两小段的切割。但要注意，这两小

段并不是在 B 点停顿后再切割的,而是连续切割的。

切割 AB 段时,操作者在带动割炬立割时,要注意用双手把握好割炬,使割炬自下向上平稳运动。带动割炬的双手要均匀、平滑地向上移动,同时还要均匀、平滑地向后上方收,做既有向上运动,又有转动的复合运动。这种操作能够使割嘴顺利地沿着垂直切割线 AB 运动。

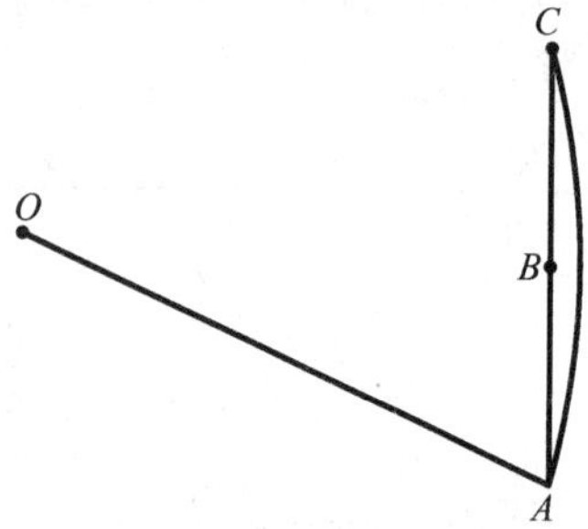

图 2-22 立割的切割方式

切割 BC 段时,操作者的双手把持的割炬向上移动,同时要向外前上方送,做既有平动又有转动的复合运动,使割嘴顺利地沿着垂直切割线 BC 运动。

在操作中,应注意手、臂、肘运动的协调配合,有意识地使割嘴平稳地沿着垂直切割线自下向上地做切割运动。肘部贴近工件,防止下滑,以便稳固地支持割炬运动。适当选择每次的切割长度,有利于提高切割精度。在切割过程中,操作者的视线要一直盯着切口端部的半圆缺口,使割嘴沿着垂直切割线的中心运动。如果发现有偏离切割线的迹象,要依靠操持割炬的双手向前或向后微动来调节割嘴的运动轨迹,及时修正切割偏差。

四、横割操作技巧

割炬在工件垂直面上做平行于水平面方向运动的切割操作技法称为横割。在船舶结构的组焊、维修过程中,切割线平行于水平面出现在已固定好的部位上,且此部件不易拆掉,或者切割线平行于水平面出现在不易翻动的维修工件上,可采用横割操作技法进行切割。另外,在平地或高空作业中,由于安全生产的需要,对于改变一下工件的切割方式,就可以达到改变氧化渣的排除方向的目的,可采用横割操作技法进行切割。

1.操作姿势

操作者选择好横割操作姿势,能起到事半功倍的效果。选择横割操作姿势的依据是横向切割线所在的实际高度。横割操作姿势的分类可分为蹲式向上法、半蹲式向上法、立式向上法、蹲式向下法、半蹲式向下法和立式向下法等,见表 2-6。

表 2-6 横割的操作姿势

名称	适用情况	特点与要领
蹲式向上法	横向切割线距操作者在切割处的平面 800~1 000 mm 的高度,可采用蹲式向上法进行横割操作	采用下蹲姿势作为支持割炬做水平方向运动的基础,割炬垂直于水平面,割嘴在上,操作者两脚之间的距离与夹角是根据横向切割线的高度进行调节,一般说来,横向切割线的位置越高,两脚之间的距离及夹角就越小,反之则大。要以割嘴能准确沿着横向切割线运动为宜。操作者双手操持割炬的姿势与水平位置手工切割采用的靠腿蹲式的姿势相似,操作者不是水平操持着割炬,而是垂直操持着割炬。为了获得稳固的基础,操作者还要用大腿(靠膝盖处)支持着双肘

表 2-6(续)

名称	适用情况	特点与要领
半蹲式向上法	横向切割线距操作者在切割处的平面 1 000 ~ 1 400 mm的高度	一般情况下,操作者的左膝盖着地,右腿弯曲约成 90°,或者右腿弯曲成弓步,左腿成蹬步。双腿弯曲的程度应根据水平切割线的高度灵活选择。右肘紧贴腰部,依靠两者之间产生的摩擦力来支持操持割炬的右手。左肘紧贴工件的垂直平面,依靠两者之间产生的摩擦力来支持左手稳固操持割炬启闭气阀手轮及水平运动
立式向上法	横向切割线距操作者在切割处的平面 1 400 mm 以上的高度	操作者两脚自然分开站立。两脚之间的宽度与横向切割线的高度有关。一般来说,横向切割线的位置越高,两脚之间的距离越窄,反之则宽。右肘紧贴腰部,依靠两者之间产生的摩擦力来支持操持割炬的右手。左手紧贴工件的垂直平面,依靠两者之间产生的摩擦力来支持左手稳固操持割炬启闭气阀手轮及水平切割运动
蹲式向下法	横向切割线距操作者在切割处的平面以下约 400 mm 的高度	与蹲式向上法相似,操作者采用下蹲姿势作为支持割炬做水平方向运动的基础,所不同之处是,让割炬垂直向下,蹲在工件上割嘴在下面做水平切割运动。对于较短的水平切割线,让割炬垂直向下蹲在工件上,割嘴在下面做水平切割运动
半蹲式向下法	横向切割线距操作者在切割处的平面以下约 300 mm 的高度	操作者的右膝盖着地,左腿弯曲成 90°。与半蹲向上法不同的还有,操作者对着水平切割线,低头看线切割、右肘贴在工件上,依靠两者之间的摩擦力作为承担割炬重力的主要力量。左肘放在弯曲后的左腿上,作为承担割炬的辅助力量。或者,操作者的右腿弯曲成弓步,左腿成蹬步。操作者双腿弯曲的程度应根据横向切割线的高度灵活去选择。操作者还是对着横向切割线,低头看着切割线切割,右肘贴在工件上,依靠两者之间的摩擦力作为承担割炬重量的主要力量。左肘放在弯曲后的左腿上,作为承担割炬重量的辅助力量
立式向下法	横向切割线距操作者在切割处的平面以下 300 ~ 800 mm 的高度	操作者对着横向切割线,两脚自然分开站立。两脚的宽度与横向切割线的高度有关。一般来说,横向切割线的位置越高,两脚之间的距离越窄,反之则宽。操作者还可以用上身背靠着工件,用两脚与工件的距离大小来调整割嘴与水平切割线的位置关系。操作者对着水平切割线,低头看线切割、右肘贴在工件上,依靠两者之间的摩擦力作为承担割炬重量的主要力量。左肘弯曲后放在腹部,依靠两者之间的摩擦力作为承担割炬重量的辅助力量

2. 切割方式

如图 2-23 所示,*A* 点是割嘴位置,*O* 点是割炬手柄末端,*OA* 为整个割炬的长度。横割时,同样要分多段进行切割,*AC* 为切割的第一段切割线,操作者在横割之前,同样要在心中将横向切割线 *AC* 分成二等份,采用分段逼近的方法去完成两小段的切割。

AB 段切割时,操作者在带动割炬横割时,应注意用双手把握好割炬,使割炬自右向左平稳运动。即带动割炬的双手向左移动,同时还要均匀、平滑地向左下方收,做既有向左运动,又有转动的复合运动。使割嘴顺利地沿着横向切割线 *AB* 运动。

切割 BC 段时,操作者的双手操持的割炬横割时,要使割嘴自右向左平稳、均匀地运动,即边向左移动的同时,边向左上方送。

在操作中,应注意手、臂、肘运动的协调配合,有意识地使割嘴平稳地沿着水平切割线自右向左的做切割运动。适当选择每次的切割长度,有利于提高切割精度。另外,在横割过程中,操作者的视线要一直盯着切口端部的半圆缺口,使割嘴沿着横向切割线的中心运动。如果发现有偏离切割线的迹象,要依靠把持割炬的双手向上或向下微动来调节割嘴的运动轨迹,及时修正切割偏差。

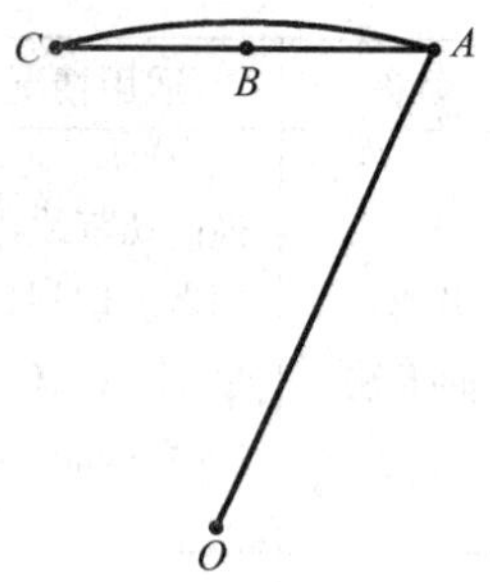

图 2-23 横割的切割方式

五、接头的操作技巧

在手工切割中,对于较长的直线工件或者几何图形比较复杂的工件不能用一刀完成,常需要若干刀次去完成,我们把完成两刀之间衔接处的操作称之为切割接头。

切割接头如图 2-24 所示。正常的切割氧流即风线是一条笔直而细长的圆柱形气流。因此操作者在完成一刀切割以后,会看到切口的终端呈现出半圆形的缺口,称为切口端头。

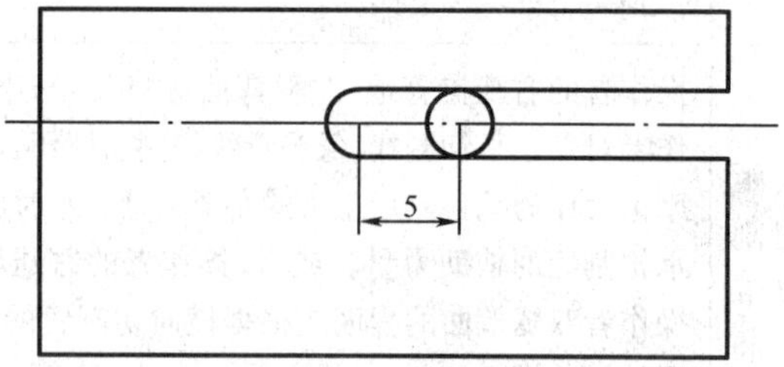

图 2-24 气割接头

操作者把身体移到下一刀要蹲的位置之后,首先,将喷射预热火焰的割嘴移动到切口端头的中心附近进行预热,当切口端头附近的金属被加热到呈樱桃红色的时候,开启切割氧阀,使得切割氧流能在距离切口端头约 5 mm 的切口间隙中通过。此时,操作的关键是将切割氧流的垂直度调整好,并且使切割氧流不偏不倚地穿过已形成的切口间隙中。然后,操作者依靠自身缓慢而均匀地运动,十分小心地使切割氧流接近切口端头的半圆形缺口。当切割氧流准确与切口端头的半圆形缺口相吻合时,操作者两耳可以听到正常切割时发出的"噗噗"响声,两眼的余光可以看到工件下飞溅的火花。此时说明切口端头已被切割透,操作者可以将切割速度恢复正常,继续下一刀的切割过程。

在实际切割中,割嘴喷出的预热火焰焰芯离工件的距离只有几毫米,操作者无法直接看到切割氧流的几何形状和其所处的位置。但是,不能把割嘴作为参照物去观察判断切割氧流与切口的相对位置关系,而是在完成切割接头的操作中,聚精会神地注视切割氧流与工件切口及切口端头相接触时所产生的几何形状,并且根据几何形状的变化,间接地去判断此时切割氧流所处的位置和切割氧流质量的优劣,并且根据这一判断再做相应的对策。

把握好气割氧流的位置是关键。位置理想的切割氧流应该不偏不倚地穿入切口中,不使切口两边造成任何破坏。如果发现切割氧流偏离切口,就应该将下蹲以后的自身位置加以极轻微的调整,可以极轻微地向前或向后调整切割氧流的位置,使其准确地进入切口中。但不能用手腕的前后移动去做调整,加上手腕用力的大小不容易控制,很可能出现因用力不适当而造成切割氧流向前或向后过多的推进,直接影响切割质量。

在切割接头操作时,如果一开启切割氧流,氧化渣就向上飞溅,这时不要惊慌失措,应立即关闭切割氧流,使割嘴离开切口接头区域,仔细分析造成氧化渣飞溅的原因,并且采取相应的排除措施。

如果切口端头预热不足造成氧化渣飞溅,又观察到切口中残留的氧化渣不多,可以重新在切口端头区域继续预热。对于较厚的工件要适当加大一下预热长度,直到预热区域金属呈现樱桃红色,再均匀地开启切割氧阀,使切割氧流小心地冲刷夹在切割端头附近切口间隙中的氧化渣及未割透的金属。待其被冲刷干净后,切割氧流就与切口端部吻接。

如果切割氧流直接穿入切口端头区域未割透的金属中,而造成氧化渣向上飞溅,应立即关闭切割氧阀。重新将切口端头区域预热至金属的燃点,然后摆正割炬使切割氧流慢慢地、均匀地开启,小心地吹掉夹在切口中的氧化渣,然后慢慢地接近切口端头的的半圆缺口,用切割氧流试探地冲刷半圆缺口的金属,直至听到切割响声,看到工件下的切割火花时,再使割炬切割速度恢复正常。

如果遇到供给氧气的系统压力下降,使切割氧流穿透力减弱,造成氧化渣从切口向上飞溅,应立即停止切割,待氧气压力正常时,再进行切割接头操作。如果在切割接头操作中,切割氧阀开启不足,使切割氧流穿透力减弱,引起的氧化渣从切口向上飞溅,应立即均匀开大切割氧阀,增强切割氧流的穿透力,消除氧化渣向上飞溅。若此方法无效,应立即关闭切割氧阀,重新进行切割。

如果割嘴被氧化渣等污物堵塞,切割氧流变形,切割氧流的穿透力减弱,而导致切口氧化渣向上飞溅,此时应立即关闭切割氧阀,熄灭预热火焰,待修整好割嘴后,再进行切割。

在较厚工件的切割接头操作中,因切割速度过快,而造成氧化渣从切口向上飞溅时,应立即减慢切割速度,消除氧化渣飞溅。若无效可立即停止切割接头,进行切割接头的故障排除。在较厚工件切割接头的前一刀中,由于切割速度较快,后拖量较大,切割停止时关闭切割氧阀过早,形成了有后拖曲线的切口端头的断面,在此切口进行切割接头时,容易造成氧化渣从切口向上飞溅。若出现氧化渣飞溅,应立即停止切割接头,进行切割接头的故障排除。

如果造成氧化渣从切口向上飞溅,夹在切口中的氧化渣无法直接从切口中吹除,可采用损伤废料法去排除故障。具体操作如下:

先将开启割炬预热火焰在距切口端头较近处的、已切割透的切口废料边上将金属预热至燃点,再开启切割氧阀,使切割氧流从废料边开始切割。最后听到"噗噗"的切割声,两眼余光看到切口下飞溅火花时,就可以移动割炬,使切割氧流沿着废料边运动,直至切口端头处与其吻接,如图 2-25 所示。

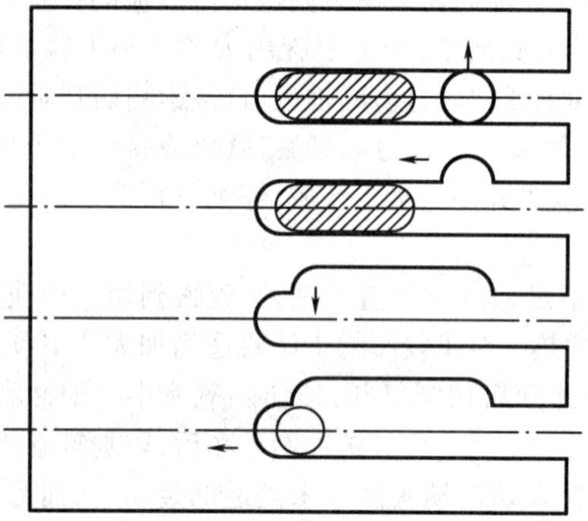

图 2－25 损伤废料法

第三节 机械气割操作技巧

机械气割与手工气割相比具有劳动强度低、气割质量好、生产效率高、成本低等优点，因而应用日益广泛。

一、机械气割的参数选择与尺寸控制

(1)为了提高切口的质量，应选用超音速流线型割嘴，并按表 2－7 选择气割工艺参数。当使用普通割嘴进行机械气割时，不同板厚的切割速度和切割压力可按表 2－8 进行选择。

表 2－7 超音速流线型割嘴的气割工艺参数

割件厚度 /mm	割嘴直径 /mm	切割氧压力 /MPa	乙炔压力 /MPa	切割速度 /(mm/min)
<5	0.7	0.735～0.784	20～40	1 100
5～10				850～1 100
10～20				600～850
20～40				350～600
40～60				250～350
20～40	1	0.735～0.784	20～40	450～650
40～60				380～450
60～100				200～380
60～100	1.5	0.685～0.735	20～40	270～430
100～150				200～270
100～150	2	0.685	20～40	250～300
150～200				170～250

表 2-8　机械气割钢板厚度与切割速度及切割氧压力的关系

割件厚度/mm	切割速度/(mm/min)	切割氧压力/MPa
4	450～500	0.2
5	400～800	0.3
10	340～450	0.35
15	300～375	0.375
20	260～350	0.4
25	240～270	0.425
30	215～250	0.45
40	180～230	0.45
60	160～200	0.5
80	150～180	0.6
100	130～165	0.7

(2)当用机械气割机切割曲线、有拐点的零件及中等厚度的钢板时,割嘴应始终保持与工件表面垂直。

(3)正确选择切割工艺参数,应尽可能在钢板的余料部分起割。当不能在余料部分起割时,可从钢板边缘气割出一个"Z"形曲线,如图 2-26 所示,以限制因余料变形而引起的零件位移。

(4)起割组合套料零件时,应正确选择切割顺序和方向,以使其主要部分和面积较大的钢板在较长时间内保持连续。例如切割图 2-27 这样重复而数量较多的零件时,应从钢板一端开始依次切割。

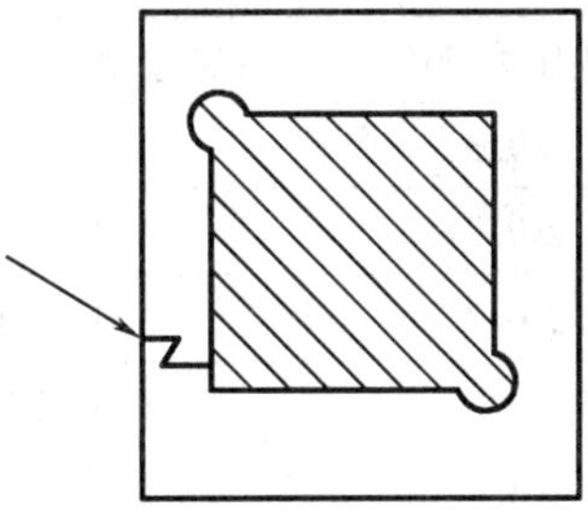

图 2-26　从钢板边缘气割的方法

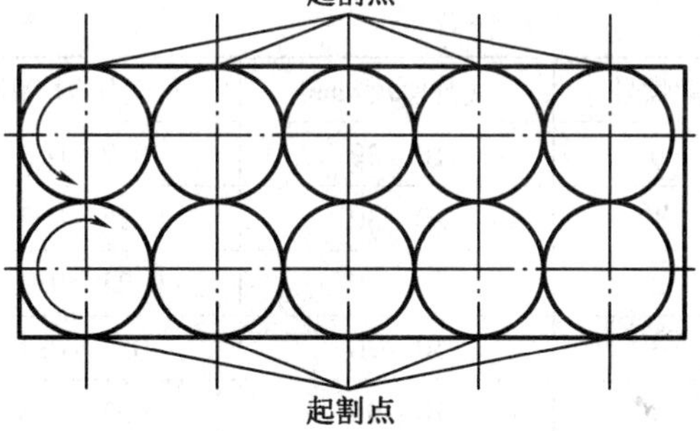

图 2-27　组合套料零件的气割方法

二、CGI-30 型半自动气割机的操作技能

CG1-30 型半自动气割机具有构造简单、质量轻、操作维护方便等特点,可切割 10～100 mm 的直线和直径为 200～2 000 mm 的圆周割件。气割速度为 50～750 mm/min(无级调速),广泛用于造船、锅炉、发电设备、桥梁、重型机械、化工机械及一切机械制造行业,作为切割钢板之用。其外形如图 2-28 所示。

图 2-28 CGI-30 型半自动气割机

1. 切割前的准备

(1)将电源(220 V 交流电)插头插入控制板上的插座内,电源接通后,指示灯亮。

(2)把氧气、乙炔胶管接到气体分配器上,并调节好氧气和乙炔的使用压力进行供气。

(3)直线气割时,将导轨放在气割钢板上,然后将气割机轻轻放在导轨上,使有割炬的一侧向着气割工,并校正好导轨,调节好割炬与割线之间的距离以及割炬的垂直度。

气割坡口时,应调整好割嘴与割件的倾斜度。气割圆形件时,应装上半径架,调整好气割半径,抬高定位针,并使靠近定位针的滚轮悬空。

(4)根据割件的厚度选择割嘴并拧紧在割炬架上。

(5)根据表 2-9 选定气割工艺参数。

(6)当采用双割炬气割时,应将氧气和乙炔胶管与两组调节阀接通。

表 2-9 气割工艺参数

割嘴号	气割厚度/mm	氧气压力/MPa	乙炔压力/MPa	气割速度/(mm/min)
0	10~20	0.2~0.3	≥0.3	480~380
1	20~30	0.25~0.35	≥0.3	400~320
2	30~50	0.25~0.35	≥0.3	350~280
3	50~70	0.3~0.4	≥0.4	300~240
4	70~90	0.3~0.4	≥0.4	260~200
5	90~100	0.4~0.6	≥0.4	210~170

2. 操作方法

(1)先开启预热氧调节阀,再开启乙炔调节阀,点火并调整好预热火焰能率,检查切割氧流的挺直度。

(2)离合器手柄在分离状态下,扳动倒顺开关到使小车向气割方向前进的位置。

(3)将起割点预热到红亮颜色(即达到燃点)时,开启切割氧调节阀,开始气割。

(4)将离合器手柄推上后,由于压力开关的作用使电动机的电源接通,气割自动行走

（气割时如不使用压力开关，可直接用气割开关来接通和切断电源）。

（5）根据割件厚度，调节速度调节器的旋钮，使之达到所需的切割速度。

（6）气割过程中，可随时旋转升降架上的调节手轮，调节割嘴到工件间的距离。

（7）气割结束时，应先关闭切割氧调节阀，把离合器手柄扳到分离状态，小车停止；再把倒顺开关扳到停止状态，电动机停转；然后关闭乙炔及预热氧调节阀，将火焰熄灭。

在整个工作结束后，应切断控制板上的电源，停止氧气及乙炔的供应。

三、CG2－150 型仿形半自动气割机的操作技能

CG2－150 型仿形半自动气割机（如图 2－29 所示）是一种按照模板气割出各种形状的高效半自动仿形气割机，其特点是结构紧凑，操作简单，效率高，气割表面质量好，气割精度高。它可以气割 5～100 mm 厚的钢板，并能精确地气割各种形状的零件，适用于大批生产同种零件的气割工作，气割零件的最大尺寸为 500 mm×500 mm，气割精度可达 ±0.5 mm。气割机备有圆形气割装置，可以气割直径为 30～600 mm 的圆形零件。

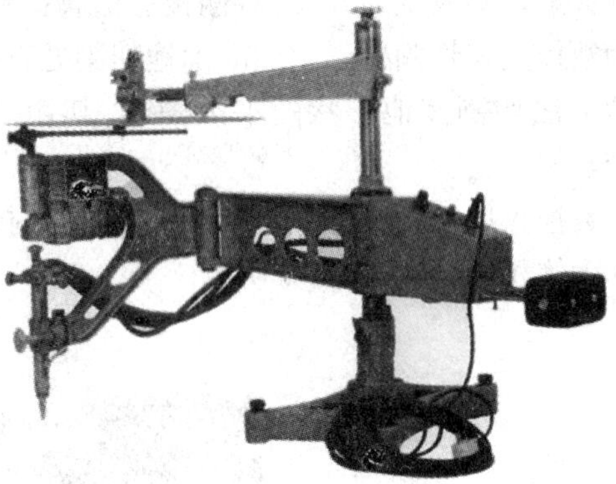

图 2－29　CG2－150 型仿形半自动气割机

1. 切割前的准备

（1）根据被割零件的形状设计样板，样板可用 2～5 mm 厚的低碳钢板制作，其形状与被割零件相同，但尺寸不能完全一样，必须根据割件的形状和尺寸进行设计计算。

（2）根据割件的厚度选择割嘴，再根据表 2－10 选择气割工艺参数

表 2－10　气割工艺参数

割嘴号	气割厚度 /mm	割缝宽度 /mm	氧气压力 /MPa	乙炔压力 /MPa	气割速度 /(mm/min)
1	5～20	2.0	0.4	0.03	500～600
2	20～40	2.6	0.5	0.04	400～500
3	40～60	3.2	0.6	0.05	300～400

（3）气割前将平衡锤的两根平衡棒插入速度控制箱下部的孔内，并用螺钉固定。

（4）将电源插头插入操纵板上的插座内（电源为 220 V 交流电）。

（5）根据割件厚度选用合适的割嘴装在割炬上并拧紧。

（6）分别将氧气和乙炔胶管接到气体分配器上，并调节好氧气和乙炔的使用压力进行供气。

（7）将气割用的样板固定在样板架上，并调整好磁铁滚轮与样板间的位置。如果滚轮与样板不在一个水平面上，则可调节底座上的四个螺钉来平衡，使磁铁滚轮与样板在同一水平面上，以保证气割质量。

(8)将割件固定在气割架上,再将气割开关扳到启动位置,电动机旋转后,便于校正割件的位置。

2. CG2 - 150 型仿形半自动气割机操作方法

它的操作方法基本上与 CGI - 30 型半自动气割机相同,但应注意在气割圆形零件时,必须采用圆周气割装置。

四、数控火焰切割机的操作技能

数控火焰切割机就是用数字程序驱动机床运动,搭载火焰切割系统,使用数控系统来控制火焰切割系统的开关,对钢板等金属材料进行切割。这种机电一体化的切割设备就称之为数控火焰切割机。它能准确地切割处直线与曲线组成的平面图形,也能用足够精确的模拟方法切割其他形状的平面图形,其切割效率及生产效率都很高,适用于自动化批量生产。

数控火焰切割机可分为三大部分,即数控系统、火焰切割系统和驱动系统,不同厂家生产的大体相同,如图 2 - 30 所示。

图 2 - 30 自动数控火焰气割机

其工作程序是:

(1)在设计阶段根据板幅及零件形状,对零件进行优化布置,生成切割指令,然后将切割指令拷贝到数控切割机中。

(2)在进行自动切割时,首先将钢板吊至气割平台上,应调整钢板单边两端头与导轨的距离差在 5 mm 范围内。在进行半自动气割时,应将导轨放在被切割钢板的平面上,然后将切割机轻放在导轨上。使有割炬的一侧面向操纵者,根据钢板的厚度选用割嘴,调整切割直度和切割速度。

(3)根据自动切割及半自动切割方式的不同,调整各把割枪的距离,确定后拖量,并考虑割缝补偿;在切割过程中,割枪倾角的大小和方向主要以钢板厚度而定;在进行厚板气割时,割嘴与工件表面保持垂直,待整个断面割穿后移动割嘴,转入正常气割,气割将要到达终点时应略放慢速度,使切口下部完全割断。

(4)根据板厚调整气割参数。气割参数包括割嘴型号、氧气压力、气割速度和预热火焰的能量等。工艺参数的选择主要根据气割机械的类型和可气割的钢板厚度,对未割过的钢板、应试割同类钢板，确定气割参数，同时应检查割嘴气流的通畅性。

(5)气割前去除钢板表面的污垢、油脂，并在下面留出一定的空间，以利于熔渣的吹出。气割时，割炬的移动应保持匀速，割件表面距离焰心尖端以 2 ~5 mm 为宜，距离太近会使切口边缘熔化，太远热量不足，易使气割中断。

(6)在进行厚板气割时，预热火焰要大，气割气流长度应超出工件厚度的 1/3。割嘴与工件表面成 10° ~20°倾角，使零件边缘均匀受热。

七、操作过程中的注意事项

为了防止气割变形，操作过程中应注意以下几个方面：

(1)在钢板上切割不同尺寸的工件时，应先切割小件，后割大件；

(2)窄长条形板的气割时，长度两端应留出 50 mm 不割，待割完长边后再割断，或者采用多割炬对称气割的方法；

(3)直条气割时应注意各个气割割嘴的火焰强弱应一致，否则易产生侧向弯。

第三章　船体建造工艺知识

第一节　船体结构常识

一、船舶尺度及其用途

船舶尺度根据用途的不同,可分为最大尺度、船型尺度和登记尺度三种。

1. 最大尺度

最大尺度又称全部尺度或周界尺度,是船舶靠离码头、系离浮筒、进出港、过桥梁或架空电缆、进出船闸或船坞以及狭水道航行时安全操纵或避让的依据。最大尺度包括:

(1)最大长度

最大长度又称全长或总长,是指从船首最前端至船尾最后端(包括外板和两端永久性固定突出物)之间的水平距离。

(2)最大宽度

最大宽度又叫全宽,是指包括船舶外板和永久性固定突出物在内并垂直于纵中线面的最大横向水平距离。

(3)最大高度

最大高度是指自平板龙骨下缘至船舶最高桅顶间的垂直距离。最大高度减去吃水即得到船舶在水面以上的高度,称净空高度。

2. 船型尺度

船型尺度是《钢质海船入级与建造规范》中定义的尺度,又称型尺度或主尺度。在一些主要的船舶图纸上均使用和标注这种尺度,且用来计算船舶稳性、吃水差、干舷高度、水对船舶的阻力和船体系数等,故又称为计算尺度、理论尺度。船型尺度包括如下几项:

(1)船长 L(垂线间长)

船长是指沿设计夏季载重水线,由艏柱前缘量至舵柱后缘的长度(对无舵柱的船舶,则由艏柱前缘量至舵杆中心线),但均不得小于设计夏季载重水线总长的96%,且不必大于97%。

(2)型宽 B

型宽是指在船舶的量宽处,由一舷的肋骨外缘量至另一舷的肋骨外缘之间的横向水平距离。

(3)型深 D

型深是指在船长中点处,沿船舷由平板龙骨上缘量至下层连续甲板横梁上缘的垂直距离;对甲板转角为圆弧形的船舶,则由平板龙骨上缘量至横梁上缘延伸线与肋骨外缘延伸线的交点。而在船长中点处,由平板龙骨上缘量至夏季载重线的垂直距离称为型吃水 d。

3. 登记尺度

登记尺度为《海船吨位丈量规范》中定义的尺度,是主管机关登记船舶、丈量和计算船舶总吨位及净吨位时所用的尺度,它载明于吨位证书中。

(1)登记长度

登记长度是指量自龙骨板上缘的最小型深85%处水线总长的96%,或沿该水线从艏柱前缘量至上舵杆中心线的长度,两者取大值。

(2)登记宽度

登记宽度是指在船舶最大宽度处,两舷外板外表面之间的横向水平距离,但不包括舷外突出物。

(3)登记深度

登记深度是指在船舶登记长度中点处,自内底板下缘量至上甲板下缘之间的垂直距离(内底板上有木铺板的,则从木铺板上缘量起)。若是单层底船,则从中内龙骨上缘量至上甲板下缘。

二、船舶主尺度比

船舶的主尺度仅表示船体的大小,而主尺度比却是船体几何形状特征的重要参数,其大小与船舶的各种性能关系密切。

1. 船长型宽比 L/B

船长型宽比为垂线间长与型宽的比值,其大小与快速性和航向稳定性有关。比值越大,船体越瘦长,其快速性和航向稳定性越好,但港内操纵不灵活;反之亦然。

2. 船长型深比 L/D

船长型深比为垂线间长与型深的比值,其大小主要与船体强度有关。比值大对船体强度不利。

3. 船长型吃水比 L/d

船长型吃水比为垂线间长与型吃水的比值,主要与船舶的操纵性有关。比值大,船舶的操纵回转性能变差。

4. 型宽型吃水比 B/d

该比值的大小与稳性、横摇周期、耐波性、快速性等因素有关。比值大,船体宽度大,稳性好,但横摇周期小,耐波性变差,航行阻力增加。

5. 型深型吃水比 D/d

该比值的大小主要与稳性、抗沉性等因素有关。比值大,干舷高,储备浮力大,抗沉性好,但船舱容积增大,重心升高。

三、船舶的主要标志

船舶船体根据需要,在其外壳板上勘划着各种标志,现就一些主要标志简述如下:

1. 球鼻艏和艏侧推器标志

球鼻艏标志,为球鼻型艏船舶的一种特有标志,主要用以表明在其设计水线以下艏部前端有球鼻型突出体,并勘划于船首左右两舷重载水线以上的艏部(bow)处。对艏部装设有艏侧推装置的船舶,均需用艏侧推标志来加以表明,该标志勘划于船首左右两舷重载水线以上的艏部处,并位于球鼻艏标志的后面。

2. 吃水标志

船舶靠离码头,通过浅水航道或锚泊时都需要精确掌握当时的吃水。为保证船舶的操纵安全,在船舶首、中、尾以及左右两舷和船壳板等位置,均勘划有吃水标志,通常称为六面水尺,用以度量船舶的实际吃水。吃水标志(水尺)的标记方法有以下两种:

(1)一种是公制,以阿拉伯数字表示,其数字的高度规定为 10 cm,两字相隔的间距也是 10 cm;

(2)另一种是英制,以阿拉伯数字或罗马数字表示,每个数字的高度为 6 in,两数字相隔距离也是 6 in。

吃水的读取方法是以水面与吃水标志相切处按比例读取吃水,当水面与数字的下端相切时,该数字即表示此时该船的吃水。

3. 甲板线

甲板线为一长 300 mm、宽 25 mm 的水平线,勘划于船中处的每侧,其上边缘一般应经过干舷甲板上表面向外延伸与船壳板外表面之交点。如果干舷经过相应的修正,甲板线也可以参照船上某一固定点来划定。参考点的定位和干舷甲板的标定,在任何情况下均应在国际船舶载重线证书上标写清楚。

4. 载重线标志

为确定船舶干舷,保证船舶具有足够的储备浮力和航行安全,船级社根据船舶的尺度和结构强度,为每艘船勘定了船舶在不同航行区带、区域和季节期应具备的最小干舷,并用载重线标志的形式勘划在船中的两舷外侧,以限制船舶的装载量。

载重线标志由外径为 300 mm,宽为 25 mm 的圆圈与长为 450 mm,宽为 25 mm 的水平线相交组成。水平线的上边缘通过圆圈的中心。圆圈的中心位于船中处,从甲板线上边缘垂直向下量至圆圈中心的距离等于所核定的夏季干舷。某一时刻的水面至干舷甲板线上边缘的垂直距离,即为该船当时的干舷,表示当时船舶所具有的储备浮力,干舷越大,储备浮力越多,船舶越安全。在勘划载重线时,还应在载重线圆圈两侧并在通过圆圈中心的水平线上方或圆圈的上方和下方加绘表示勘定当局的简体字母。

所勘划的载重线的各线段,均为长 230 mm,宽 25 mm 的水平线段,这些线段与标在圆圈中心前方长 540 mm,宽 25 mm 的垂线成直角,为不同区带、区域和季节期的最大吃水限制线,度量时应以载重线的上边缘为准。

所用各载重线的含义如下:

S 表示夏季载重线,标在通过圆圈中心的线段的上边缘;

T 表示热带载重线;

W 表示冬季载重线;

WNA 表示北大西洋冬季载重线;

TF 表示热带淡水载重线;

F 表示夏季淡水载重线。

上述各载重线的前四种勘划在垂线的前方,后两种勘划在垂线的后方。

对圆圈、线段和字母,当船舷为暗色底者,应漆成白色或黄色,当船舷为浅色底者,应漆成黑色。船舶只有在正确地和永久地勘划载重线标志后,方可取得国际船舶载重线证书。

5. 吃水指示系统

由于吃水标志是勘划在船壳板外侧的首、中、尾部,往往难以准确方便地读取船舶的六面水尺,特别是读取艉部弯曲船壳板处的吃水时更为困难。为解决这一难题,在有些大型现代化船舶上专设了吃水指示系统,用以测量船舶首、中、尾的吃水和纵、横倾斜度,它可随时从指示面板上集中读取艏、舯、艉的吃水，颇为方便。

吃水遥测系统目前主要有三种类型，即浮子式遥测系统、超声波探测式遥测系统和吹气式遥测系统。

第二节　船体结构的形式

船舶的整体结构是由主船体、上层建筑以及外露的舱面设备三部分组成。船舶的上甲板以下的部分称为主船体，其内部分布着船上的水密船舱。上甲板以上的各种围壁结构称为上层建筑，包括艏楼和甲板室。上层建筑内分布着船上的生活舱室、工作舱室。图 3－1 为普通杂货船的主船体与上层建筑的分解图。

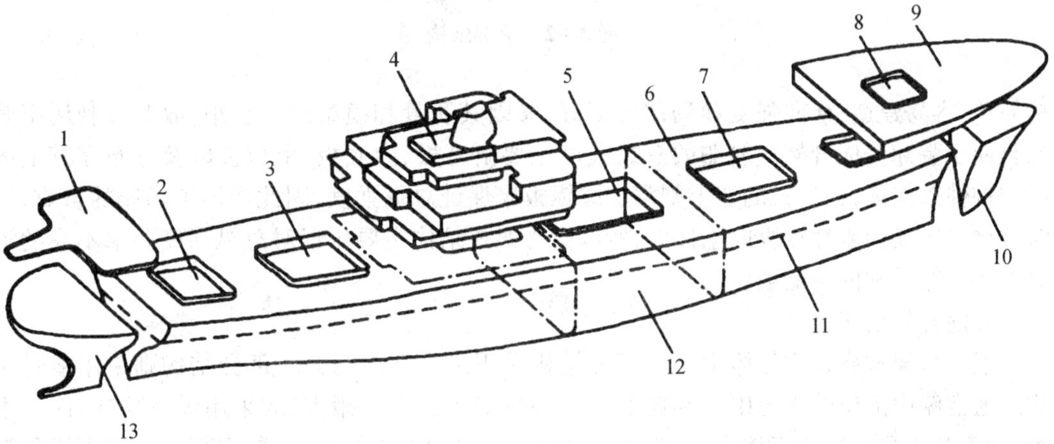

图 3－1　主船体与上层建筑的分解图

1—艉部甲板室；2—第五货舱；3—第四货舱；4—船中甲板室；5—第三货舱；6—上甲板；7—第二货舱；8—第一货舱；9—艏楼；10—艏部；11—下甲板；12—舯部；13—艉部

一、船体结构的骨架形式

船体是由钢板和骨架组成的长箱形结构，整个船的主体可分为若干板架结构，如甲板板架、舷侧板架、舱底板架和舱壁板架等，各个板架相互连接，相互支持，使整个主船体构成坚固的空心的水密建筑物。

图 3－2 所示为板架结构的一种形式，板上焊有纵横交叉的骨材和桁材，较小的骨材数目多，间距小，较大的桁材数目少而且间距大。骨材将板分成小的板格。根据板格布置的方向（也即较小骨材布置的方向）可分为纵骨架式、横骨架式和混合骨架式三种类型。

1. 纵骨架式

板格的长边沿船长方向，短边沿船宽方向，纵向骨材的间距小而横向桁材的间距大。由于纵向构件的增多大大提高了船体的总纵强度，因此可选用较薄的板材，使船舶自重减轻；但施工建造比较复杂，同时由于横向构件尺寸的加大使货舱舱容得不到充分利用而影响载货量，且装卸也不便。因此纵骨架式结构常见于大型油船和矿砂船。

2. 横骨架式

板格的长边沿船宽向，短边沿船长向，横向骨材的间距小而纵向桁材的间距大。其结

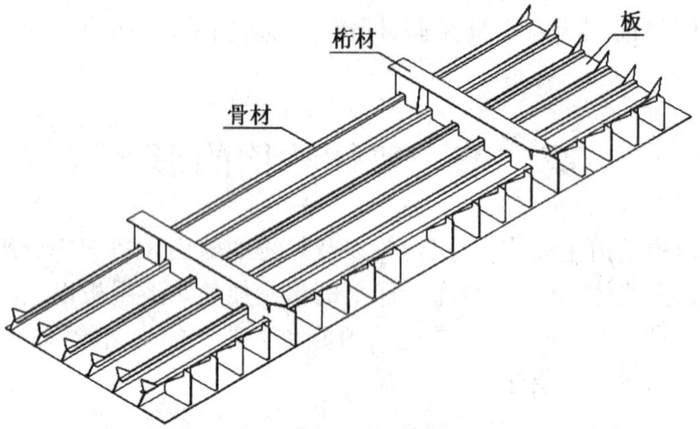

图 3-2　板架结构

构简单、容易建造、横向强度和局部强度好,又因其肋骨和横梁尺寸较小,故舱容利用率较高且便于装卸。横骨架式船舶的总纵强度主要由外板、内底板、甲板板以及分布在其上的纵向构件来保证,在较长的船上则需加厚钢板来保证总纵强度,因此增加了船舶的自重,同时这种船舶横向刚性比纵向刚性大,所以横骨架式结构主要用于对总纵强度要求不高的沿海中小型船舶和内河船舶。

3. 混合骨架式

混合骨架式指在主船体中的一部分结构采用纵骨架式而另一部分结构则采用横骨架式。通常船中部位的强力甲板和船底结构因所受的总纵弯矩大,故采用纵骨架式,而下甲板、舷侧及在受总纵弯矩较小,建造施工不便和波浪冲击力较大的艏、艉部位则采用横骨架式结构。

混合骨架式综合了上述两种骨架形式的优点,因此,既保证了总纵强度,又有较好的横向强度。同时,这种骨架形式也减轻了结构质量,简化施工工艺,并充分利用了舱容和方便装卸。但在纵横构件交界处结构的连续性较差,在连接节处容易产生较大的应力集中。纵横混合骨架式结构主要应用于大中型干散货船。

二、典型横剖面结构

1. 杂货船横剖面结构

图 3-3 是杂货船的货舱横剖面结构图,上甲板和双层底是纵骨架式结构,下甲板和舷侧是横骨架式结构。上甲板和下甲板上开有货舱口,舱口角隅有支柱支撑。一些船上为了理货方便改在中线面设置支柱或半纵舱壁或用悬臂梁结构。结构名称都在图 3-3 中标出。

2. 散货船横剖面结构

散货船只有一层全通甲板和双层船底,甲板下面有两个三角形的顶边舱,其作用是防止散货向一侧移动使船倾斜,影响船的稳性。双层底舭部处有向上倾斜的内底边板与舷侧下部构成的底边舱,其作用是使散货堆放于货舱中央,便于用抓斗卸货。倾斜的底边舱对船舶的安全比普通的双层底更可靠。顶边舱和底边舱可作为压载水舱以改善船舶的适航性。

图 3-4 是装运谷物和煤的散货船货舱结构,甲板和舷侧下部是纵骨架式结构,舷侧中部是横骨架式结构。

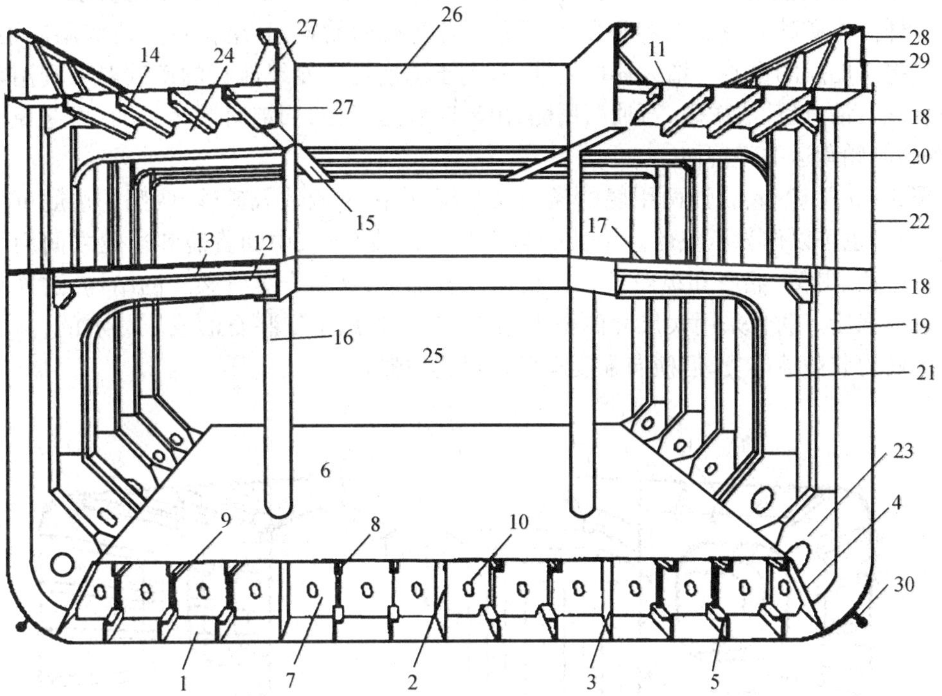

图3－3　杂货船横剖面结构

1—船底板;2—中底桁;3—旁底桁;4—内底边板;5—船底纵骨;6—内底板;7—肋板;8—内底纵骨;9—加强筋;10—减轻孔;11—上甲板;12—强横梁;13—横梁;14—甲板纵骨;15—甲板纵桁;16—支柱;17—下甲板;18—梁肘板;19—舱内肋骨;20—甲板间肋骨;21—强肋骨;22—舷侧外板;23—舭肘板;24—舱口端横梁;25—横舱壁;26—舱口围板;27—肘板;28—舷墙;29—扶强肘板;30—舭龙骨

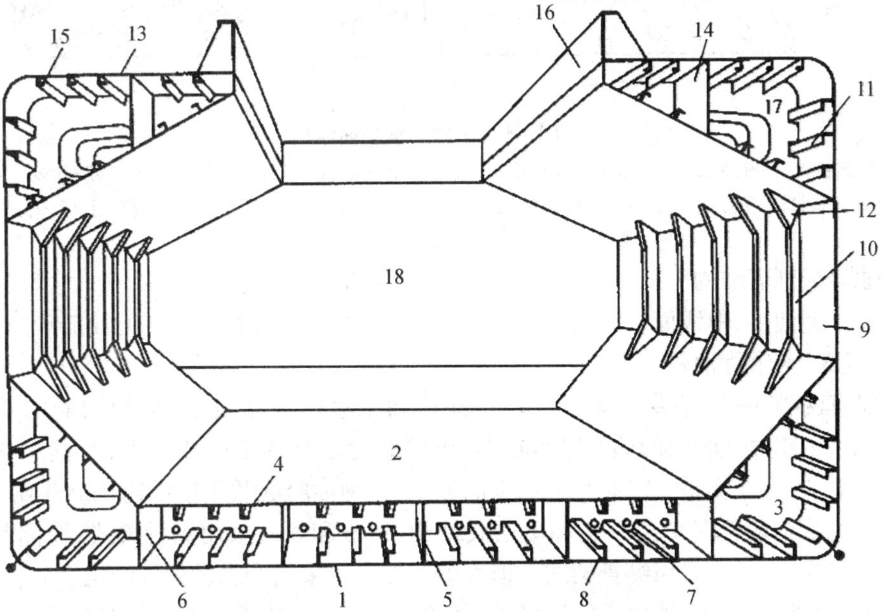

图3－4　散货船横剖面结构

1—船底板;2—内底板;3—底边舱;4—内底纵骨;5—中底桁;6—旁底桁;7—肋板;8—船底纵骨;9—舷侧外板;10—肋骨;11—舷侧纵骨;12—肘板;13—甲板;14—甲板纵桁;15—甲板纵骨;16—舱口围板;17—顶边舱;18—横舱壁

矿砂船也属散货船类型,用于装载铁矿砂和密度较大的矿砂,其结构要求与普通散货船不一样。重矿砂对货舱的容积要求不大。有富裕的舱容,其结构特点是双层底很高,这样可以提高船舶的重心。增大摇摆周期,有利于适航性。专线航行的矿砂船可利用舷边的空舱装载石油,设计成矿砂、石油两用船,出港时装运矿砂,回港时装运石油,可避免单程运货,提高船舶营运的经济性。

图3-5是矿砂、石油两用船的横剖面结构,中间货舱装载矿砂,两侧的边舱可装载石油,空载时也可以作为压载舱。甲板中央有长大的货舱口,中间货舱和边舱之间用纵舱壁隔开。甲板、舷侧、船底和纵舱壁有密集的纵骨加强,这是全纵骨架式的结构,这样布置有利于总纵强度。肋骨采用大尺寸的框架结构,舷边舱是用作装石油或压载水的,高大的骨架并不妨碍装载液体货,但横向强度却可以得到加强。

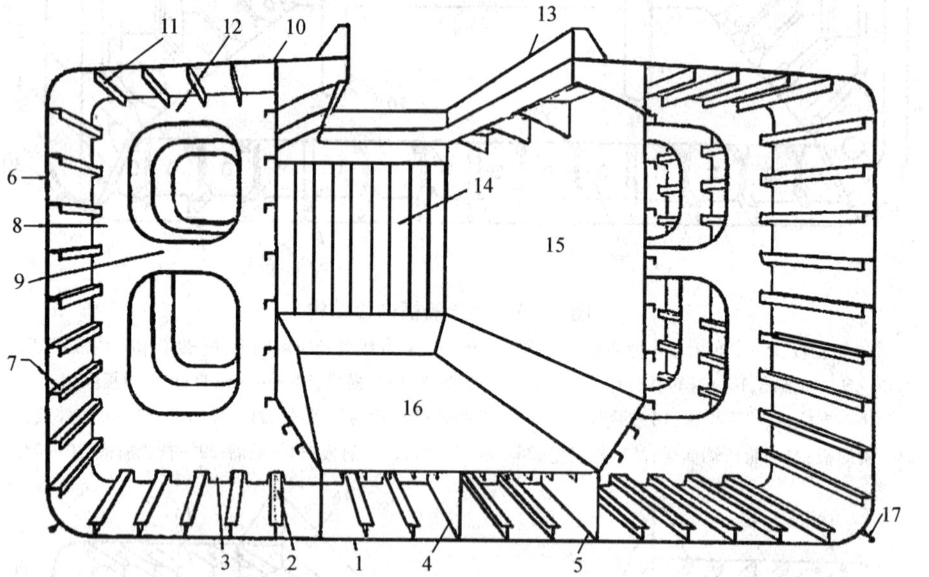

图3-5 矿砂船横剖面结构

1—船底板;2—船底纵骨;3—肋板;4—中底桁;5—旁底桁;6—舷侧外板;7—舷侧纵骨;8—强肋骨;9—撑杆;10—甲板;11—甲板纵骨;12—强横梁;13—舱口围板;14—横舱壁;15—纵舱壁;16—内底板;17—舭龙骨

3. 油船横剖面结构

沿海小型油船,中线面设一道纵舱壁,分成左右两个货油舱。大型的油船设2~3道纵舱壁,分成3~4个货油舱。

油船有两类,一类是专门运载经过炼油厂加工过的成品石油,大型油船的载重量在$1\times10^4\sim3\times10^4$ t之间,它的油舱数目较多,可以载运多种规格的成品石油,其结构和货油泵系统较复杂;另一类是专门装载未加工的原油,这种油船的载重量可达几十万吨。

油船的货油舱都是单层甲板和单层底结构,甲板和船底采用纵骨架式,舷侧和舱壁可采用横骨架式,也可以采用纵骨架式。但大型油船则多采用全纵骨架式结构。

图3-6所示是全纵骨架式的油船横剖面结构,两道纵舱壁将油船货舱分成中间油舱和左右两个边油舱,为了保证总纵强度和加强甲板、外板的刚性,所有板架上都装置密集的纵骨。甲板和船底的中线面上还装有高大的纵桁。横向有环形的肋骨框架来增强船体的横

向强度和刚性。大尺寸的纵桁和肋骨框架并不影响液体货物的装卸,但能减少液体在舱内晃动和缓和液体在舱内的冲击。

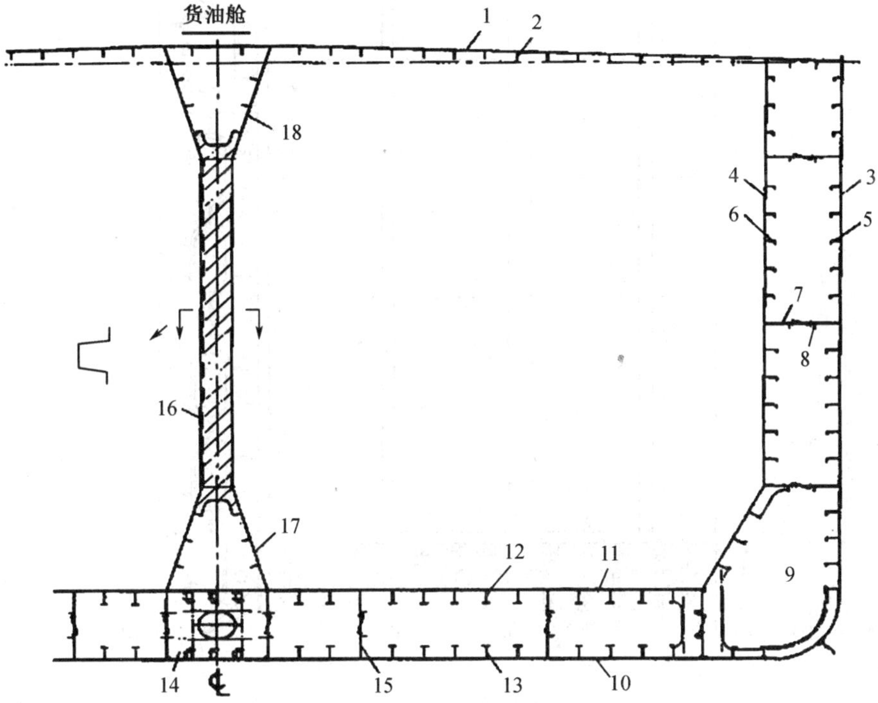

图3－6　双壳油船横剖面结构

1—甲板板;2—甲板纵骨;3—舷侧外板;4—内壳板;5—舷侧纵骨;6—内壳板纵骨;7—开孔平台;8—平台纵骨;9—底边舱;10—外底板;11—内底板;12—内底纵骨;13—船底纵骨;14—箱形中底桁;15—旁底桁;16—槽形纵舱壁;17—底凳;18—顶凳

4. 集装箱船横剖面结构

集装箱船的结构与一般货船不同,它的货舱口宽度几乎与货舱宽度一样大,舷边只留一条宽度不大的甲板边板,这样大的开口对船体的抗弯、抗扭和横向强度都很不利。为了补偿强度的不足,在结构上常常采用以下加强措施:

(1)采用具有水密舷边舱的双层舷侧;

(2)增加甲板边板和舷顶板的厚度;

(3)加强两个货舱口之间的舱口端横梁和甲板横梁等。

图3－7是集装箱货舱的横剖面结构。图示的水密舷边舱内有加强的桁板肋骨,中间有两道平台甲板,桁板肋骨上开有人孔或减轻孔,人孔的四周用扁钢加强。

5. 客货船横剖面结构

客货船的特点是甲板层次多、房舱多、围壁多,甲板两旁及房舱间设有走廊。旅客和船员舱室大部分设在水线以上的甲板上。

图3－8是全横骨架式沿海小型客货船的横剖面结构图。

6. 护卫舰横剖面结构图

军舰的结构与民船的结构要求不同,军舰要完成战斗任务,船的主机功率大、航速高、

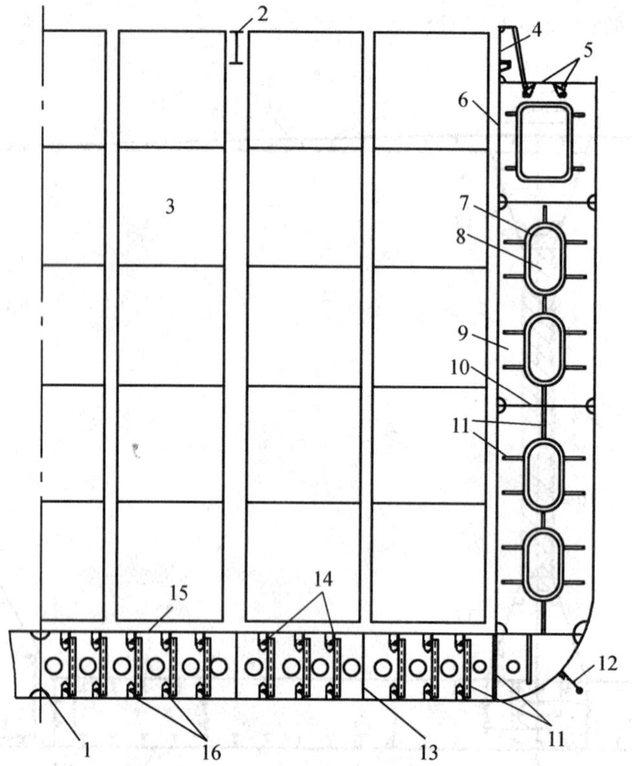

图 3-7 集装箱船横剖面结构

1—中底桁;2—纵桁; 3—集装箱;4—舱口围板; 5—甲板纵骨;6—纵舱壁;
7—围绕扁钢;8—人孔; 9—桁板肋骨;10—平台甲板; 11—加强筋;12—舭龙骨;
13—旁底桁;14—内底纵骨;15—内底板;16—船底纵骨

武备强,就要多装燃油、弹药、储备品,以及装甲防护等。船体结构要求轻而强,所以军舰的船体都采用高强度材料建造。船体的钢板较薄,为了保证其总纵强度和板的稳定性,就需要采用纵骨架式结构。

图 3-9 是护卫舰的横剖面结构,甲板和舷侧装置密集的纵骨,并用尺寸较大的强横梁和强肋骨。底部除了纵骨外,还有数量较多的旁底桁。舭部结构采用向上倾斜的内底板,有利于舰船的安全。肋骨下端加宽与内底相连保证了肋骨与肋板连接的可靠性。底纵桁与肋板上装有加强筋,人孔与减轻孔四周也都有扁钢加强,这些都与民船结构不同。

7. 内河船横剖面结构

内河船受航道和吃水的限制,船长较短,其剖面宽而扁平,相对而言,纵向强度不如横向强度要求高,所以大多数中小型的内河船舶都采用横骨架式结构。

图 3-10 所示为航行于内河航道的 60 t 载货量的内河小型货船的横剖面结构图。该货船适用于装载各类包装百杂货,船体结构为单甲板横骨架式。本船的桁材除了中龙骨采用 T 型材外,肋板、强肋骨、舷纵桁和旁内龙都采用钢板折边的桁材形式。

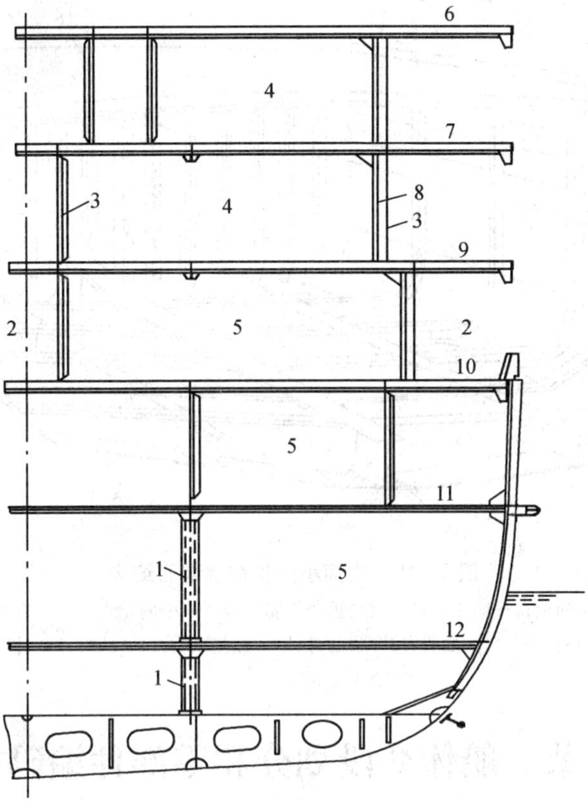

图 3-8　沿海小型客货船横剖面结构

1—支柱;2—走廊;3—围壁;4—船员舱;5—客舱;6—罗经平台;7—驾驶甲板;8—扶强材;9—艇甲板;10—上甲板;11—下甲板;12—平台甲板

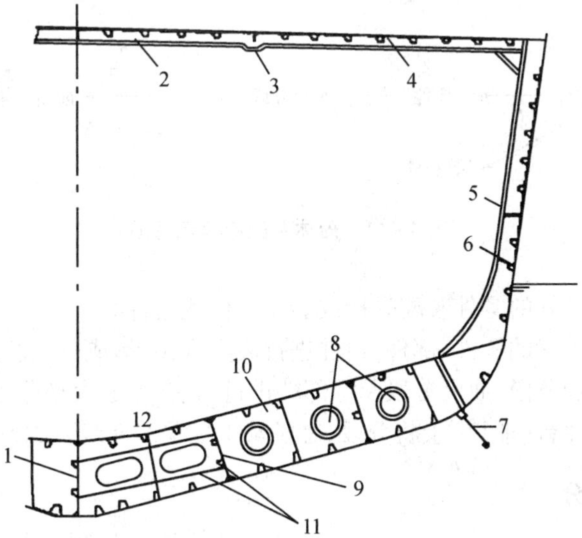

图 3-9　护卫舰横剖面结构

1—中底桁;2—横梁;3—甲板纵桁;4—甲板纵骨;5—舷侧纵桁;6—舷侧纵骨;7—舭龙骨;8—减轻孔;9—旁底桁;10—肋板;11—加强筋;12—内底板

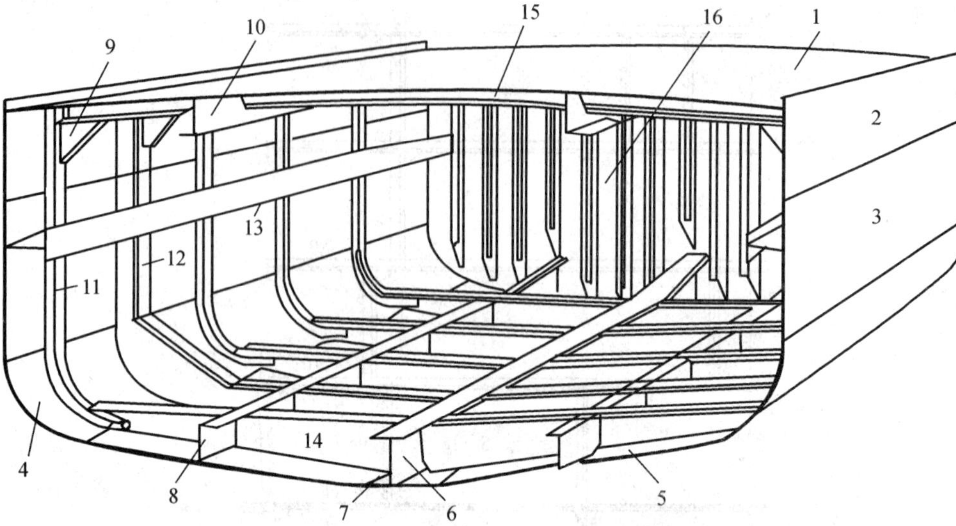

图 3－10　内河小型货船横剖面结构

1—甲板板；2—舷顶列板；3—舷侧板；4—舭列板；5—船底板；6—中内龙骨；7—平板龙骨；8—旁内龙骨；9—梁肘板；10—甲板纵桁；11—肋骨；12—强肋骨；13—舷侧纵桁；14—肋板；15—横梁；16—横舱壁板

第三节　船体分段划分和零部件编码方式

一、船体装配概述

船体装配是将加工合格的船体零件组合成部件、分段、总段，直至整个船体的工艺过程，如图 3－11 所示。

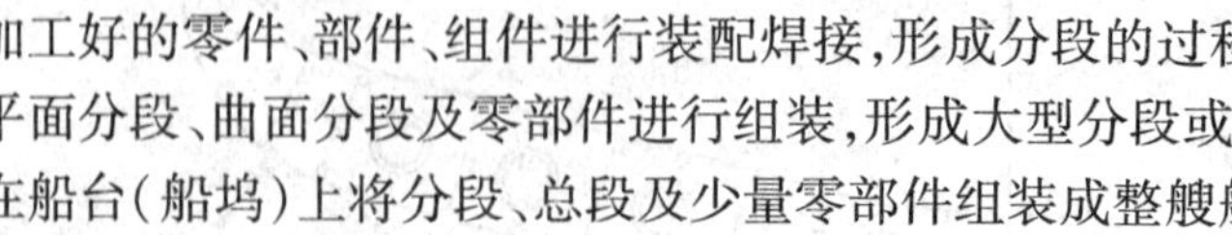

图 3－11　船体装配流程示意图

部件装配：将加工好的零件装配焊接成船体部件或组件。

分段装配：将加工好的零件、部件、组件进行装配焊接，形成分段的过程。

分段总组：由平面分段、曲面分段及零部件进行组装，形成大型分段或总段。

总装大合龙：在船台(船坞)上将分段、总段及少量零部件组装成整艘船的过程。

二、船体分段划分

船舶建造在技术准备阶段进入详细设计时，应同时进行分段划分的工作，并将划分的结果带入详细设计图。船体分段划分合理与否，会直接影响船厂设备潜力的发挥、产品质量、成本和劳动生产率等各项技术经济指标的完成率。因此，它是决定船舶建造方法先进性的主要内容之一。

分段的划分，一般需要综合考虑建造方法、装配工艺、起重机能力、胎架周转情况、船台（船坞）装配工艺、舾装（包括预舾装）等条件后，方能决定分段划分的原则。

本节将主要介绍装配工艺上必须注意的分段划分原则。

1. 板材尺寸

为了能较早地大致决定所需板材的尺寸，以便满足订货需要，在设计上要提前研究分段的划分。由于前期分段划分线与板材尺寸线是一致的，因而板材尺寸受装配车间的面积制约，但也必须注意避免用小尺寸板材接长等麻烦的分段划分方法，而采用标准规格的板材尺寸。应该在设备能力允许限度内尽可能使用宽大板材，以减少拼板的工作量。

2. 质量

在船舶建造中，充分缩短船坞（船台）周期是提高造船量的必要条件。为了能够减少船坞（船台）安装工作量，就必须尽可能使分段的尺度和质量充分大，但是分段的最大质量又受到起重机、平板车等搬运分段的能力和装配胎架的强度等条件的制约。装配车间的起重能力由于各造船厂的设备情况而不相同，有的起重机能力十分充裕；有的因能力较小，需由两台起重机进行合吊。但不论何种情况，都必须考虑与搬运能力（起重机、平板车等）以及船台起重机能力的关系。此外，分段的质量必须考虑胎架和工装的强度，否则分段就会产生变形。

3. 分段的形状

分段分为平面分段和立体分段。艏、艉部分几乎都可以装配成立体分段，其理由如下：

（1）由于艏、艉结构复杂，因此，在工作条件比较好的地面上进行作业，能改善在狭窄部位的操作位置，并便于加强作业管理。

（2）将已装配好的小分段再装配成立体分段，可以确保精度。

除了特殊的立体分段以外，划分分段时应尽量避免特别长的焊缝长度和装配长度，因为这些会严重地影响装配车间的周转率。

若从地面装配的角度来考虑，为了有可能大量生产，平面分段的外形应尽量使其相同，以便均衡工作量。另外，在划分分段时，要使立体分段使用专门制定的胎架，以便于管理，这是很重要的。

此外，还希望同时考虑便于进行预舾装作用。

4. 分段面积

分段的底面积（投影面积）支配着装配车间的面积，因此，若不认真考虑，在装配车间的面积中就会产生死角，严重地影响到装配车间的周转率。面积过大的分段，会降低分段的刚性，在翻身吊装时若不进行加固，有时就会损坏分段或产生变形。因此最好尽量避免采用需大量加固补强的分段划分方法。

5. 分段尺寸

分段划分如单纯考虑船坞（船台）的工作量和周期的压缩，就会不适当地增大分段尺寸。这样就会使分段制造周期延长，降低船坞（船台）利用率，不利于工作量的平衡。分段的大小同时也受到装配车间的大小限制。在装配中使用起重机翻身和搬运时，如果起重机的起吊高度不够，就会给作业带来障碍，或产生不能翻身和搬运等问题。

另外，在使用平板车搬运分段时，分段的大小还受到车间出口的限制。因此，在决定分段的尺寸时，必须将上述因素考虑进去。

6. 结构强度

船体结构由于使用特性不同,其结构形式也不尽相同。为了保证主船体的结构强度,对分段划分的大接头提出了要求和限制条件。主要是由于焊接接头的热影响区位置存在残余应力,加上结构上某些部位在船舶营运中一直处于高应力状态,当应力集中和焊接接头应力产生叠加时,容易产生裂纹及结构破坏等严重事件,为此在分段划分时,应尽量避开高应力区域。

7. 涂层标准

根据现代造船模式壳、舾、涂一体化的要求以及舱室涂层标准的有关规定要求,在分段施工的各个阶段,为了减少涂装破坏,因而要求分段合龙缝位置以涉及舱室尽可能少为原则。

8. 预舾装

现代造船由于船体施工方法的改变及新工艺、新技术的使用,已经使船壳的建造速度大大加快。由于船舶类型的变化,营运所需设备的更新和发展,船舶舾装工作量不断增加。舾装件的施工特点是数量多而分散,生产管理难度高,而传统的舾装件上船台进行安装的作业方法延长了船舶的交货期,因此现代造船高效率化的研究已由船壳转向舾装。

缩短舾装施工周期的重要方法是将舾装作业加以区域化、单元化,扩大分段预舾装,尽可能地将舾装作业提前到中组立和小组立阶段施工,实现阶段预舾装,减少舾装和船壳在同一工作面上和同一施工时期内的交叉作业量。因而现代造船中分段划分的基点,已由单纯考虑船壳施工工艺合理性转向舾装作业的合理性。

第四节　船体构件理论线

船体构件理论线是指船舶在设计和建造时,确定构件安装位置的基准线,用 ML 表示。由于船体结构图的比例一般比较小,在图中标注钢板与型钢定位尺寸时,同时标注构件的理论线。

一、定义理论线的基本原则

确定理论线的基本原则有如下几点:

1. 壳板为内缘

在有壳板的结构中,如外板、甲板、烟囱、轴隧、流线型舵等,壳板的理论线取在板的内缘,如图 3 - 12 所示。

2. 上下靠近基线

在船体高度方向的构件,以靠近基线(BL)的一边为理论线,如图 3 - 13 所示。

3. 左右靠近中线

在船体的宽度方向,凡位于中线两旁的构件,以其靠近船体中线的一边为理论线,如图 3 - 14 所示。

4. 艏艉靠近船中

在船体长度方向,位于船中线前后的构件,以靠近船中的一边为理论线,如图 3 - 15 所示。

5. 板材理论线设于构架面

板材理论线一般设于构架面,特殊结构除外(如化学品船甲板结构在甲板上表面,则理论线也位于甲板上表面)。

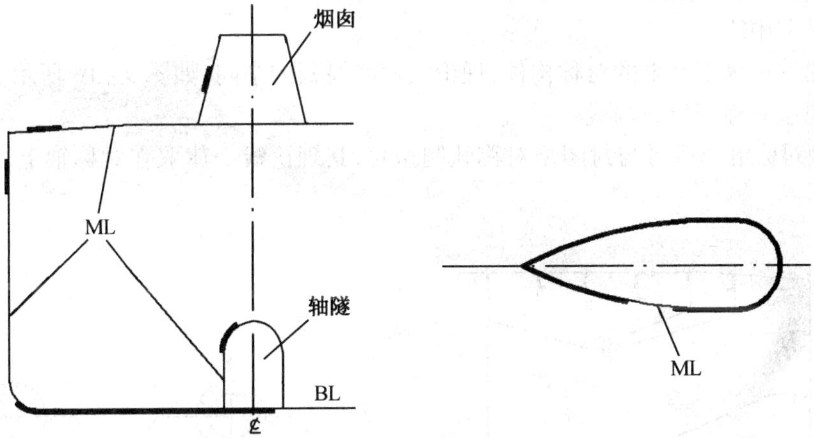

图 3－12 壳板理论线位置示意图

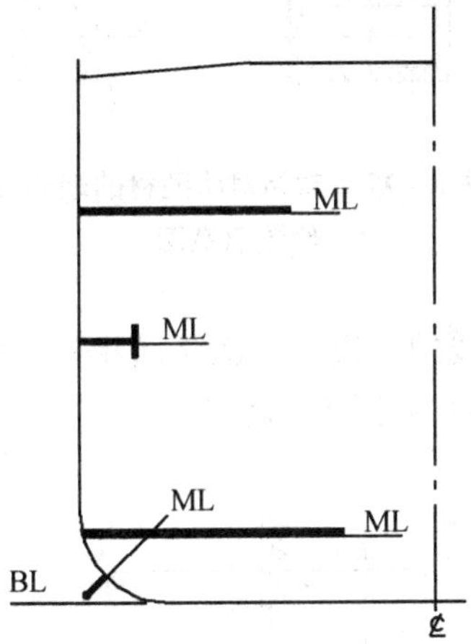

图 3－13 基线以上各构件的理论线位置示意图

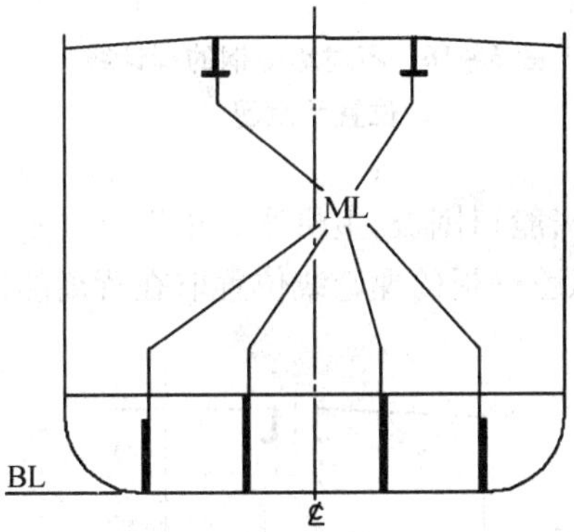

图 3－14 中线左右各构件的理论线位置示意图

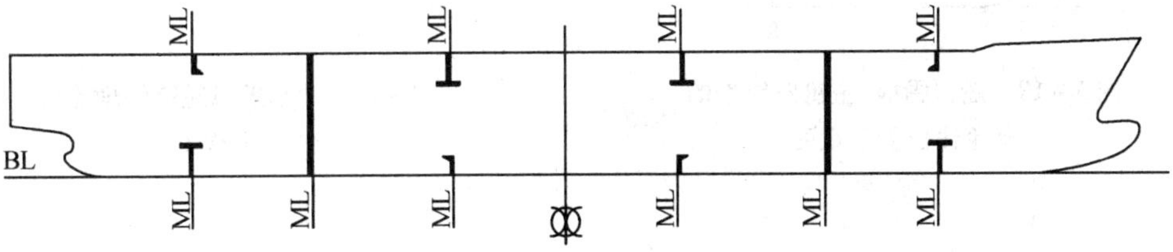

图 3－15 船中前后各构件的理论线位置示意图

二、确定理论线的其他规定

除了上述原则之外，还有以下几点例外的规定：

1. 不对称型钢取背面

凡由角钢、球扁钢、槽钢和折边钢板等不对称型钢制成的构件，其理论线一律取在型钢的背面,与构件对中线或基线的相对位置无关,如图 3－16 所示。

2. 中纵取中线

位于船体中纵剖面上的对称构件,理论线取在厚板的中间,如图 3－16 所示。

3. 封闭型对称型材取轴线

封闭型对称组合型材与封闭型对称轧制型材,其理论线一律取在对称轴上,如图 3－17 所示。

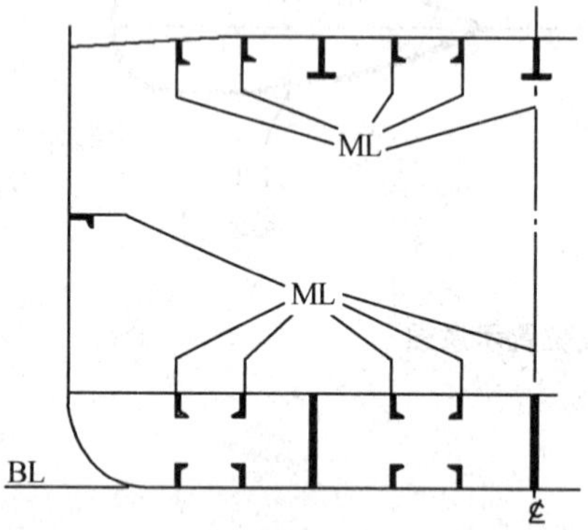

图 3－16　不对称型钢的理论线位置示意图

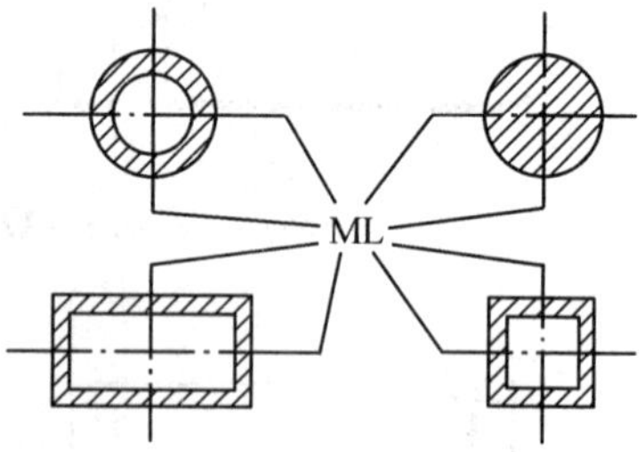

图 3－17　封闭对称型材的理论线位置示意图

另外,舱口围板、主机座纵桁以靠其本身对称中心线的一边为理论线,如图 3－18 所示。边水舱纵舱壁板的理论线位置取在背离船体中线的一边,如图 3－19 所示。

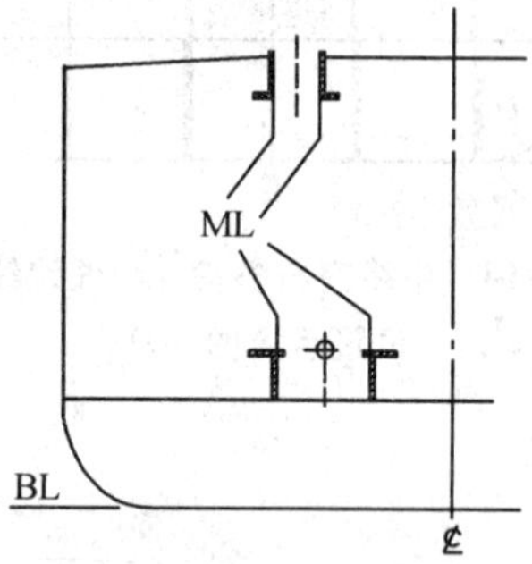

图 3－18　舱口围板、主机座纵桁的理论线位置示意图

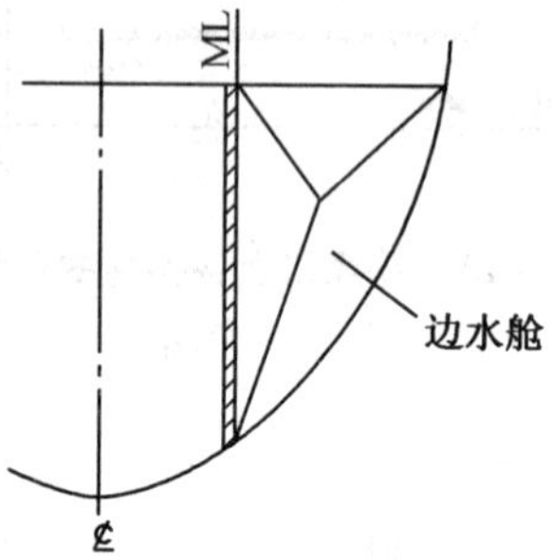

图 3－19　边水舱纵舱壁的理论线位置示意图

第五节　船舶建造生产流程

船舶建造的生产过程较为复杂,包括各种材料和设备的准备、材料的成型加工、船体的装配焊接、各种机械设备和电气设备的安装调试、生活设施的安装调试,最后还要进行整体性的试验和交船工作。现代船舶建造工艺主要流程如图 3－20 所示。以下是钢制焊接船舶常规建造的主要步骤。

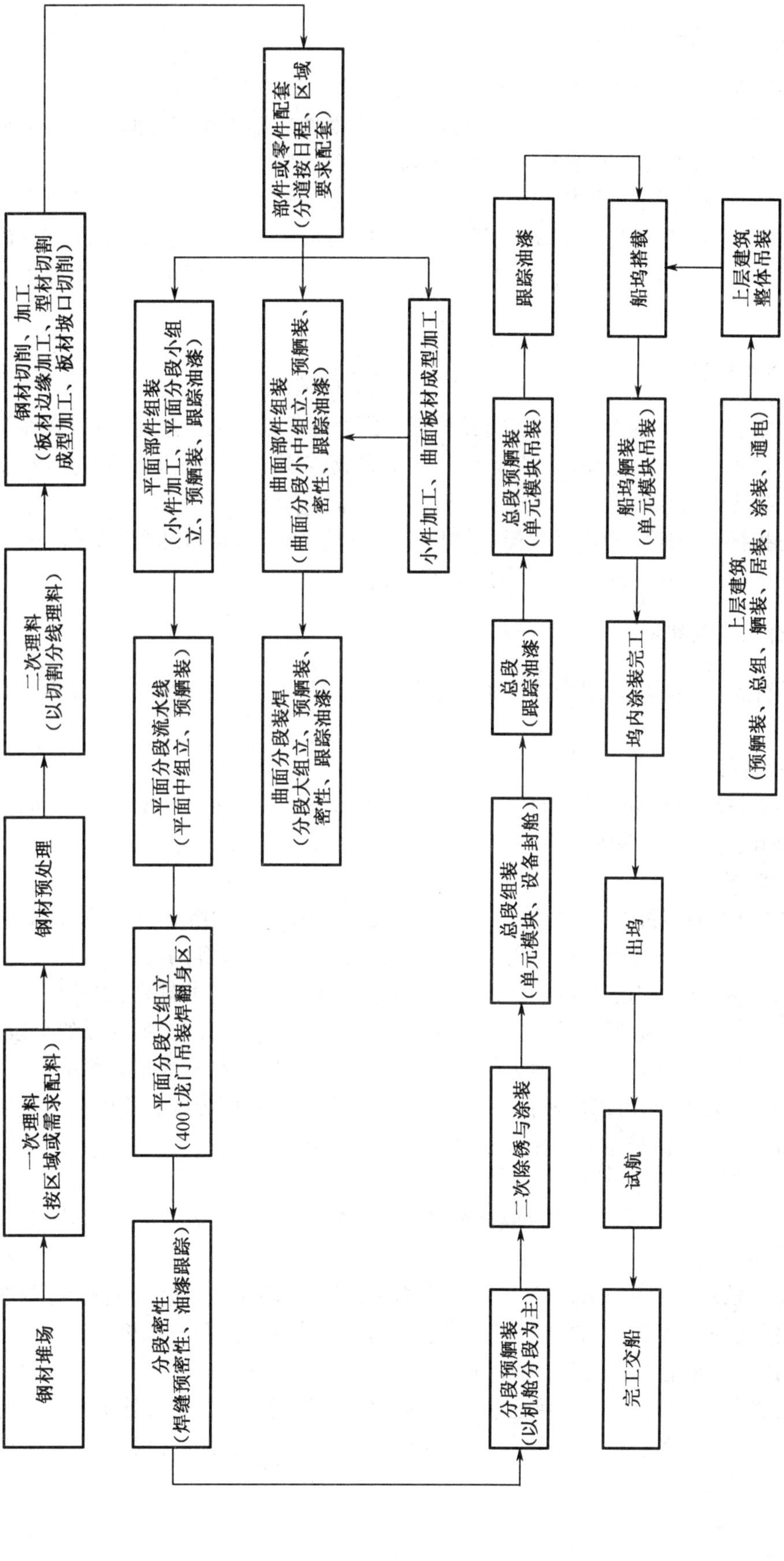

图3－20　钢制船舶焊接船体常规建造的主要工艺流程

一、船体零件放样与下料

船体零件放样是指根据船体设计图求取船体零件的真实形状和尺寸,为后续工序提供数据依据;下料就是根据放样时提供的资料,把船体零件的形状和相关的施工要求画在钢板和型钢上,作为后道切割的依据。以前这部分工序全部由手工完成,效率低下。现在各船厂基本上已经淘汰了手工放样和手工下料,全部用计算机来完成。通过计算机求出零件真实形状和尺寸的过程就是数字放样;手工下料也因为数字程序控制切割机(简称数控切割机)的出现而很少使用了,数控切割机可以直接按照程序切割出零件来,完全取消了手工下料这道工序。

二、船体钢材加工

在切割之前必须对钢板或型钢进行预处理。预处理是指对钢材进行矫正、表面清理和防护处理的过程。预处理主要由预处理流水线来完成,它通过钢板矫正、抛丸除锈、喷涂底漆等一系列处理使得钢材可以直接进入下道切割程序。

切割是指把预处理后的钢材按照放样信息切割成零件。切割好的零部件流向下一道小组立工序继续冷热加工或直接进行小组装配焊接。

三、船体装配与焊接

船体装配是把船体零件组合成整体的过程。在分段建造法中,船体装配分为三个阶段进行。

1. 部件装配阶段

由船体零件组合成船体部件的部件装配(小组立、中组立),如T型材、板架、肋骨框架、艏艉柱舵、烟囱等部件的装配。

2. 分段装配阶段

由船体零件和部件组合成船体分段的分段装配(中组立、大组立、总组立),如底部分段、舷侧分段、甲板分段、舱壁分段、上层建筑分段、艏艉立体分段等的装配。以上两个阶段多半是在船体装配车间内进行的。船体分段的划分没有一个固定的规则,在现代造船中可大致分为平面分段、曲面分段和总段三种类型。平面分段是指没有曲形外板的分段,有利于在流水线上自动化或半自动化地进行批量生产。曲面分段是指有曲形外板的分段,一般需要在胎架上固定完成,难以形成自动化生产。总段是指将平面分段和曲面分段组装成宽度和深度等于该处船深和船宽的环形分段。

3. 总装阶段

由船体总(分)段和零部件组合成整个船体的总装阶段(搭载或大合龙),这个阶段是在船台或船坞内完成的。

总段建造法中的船体装配与分段建造法相比,增加一道工序,即将已装配好的各个分段和零部件组合成总段以后,再送交船台(船坞)进行大合龙。这种方法极大地缩短了船台(船坞)周期,但需要有重型起重设备相配合。

船体焊接是运用焊接技术,将已装配好的船体部件、分段(总段)、整个船体的各种接缝,按照设计要求连接起来,从而使各种船体构件结合成一个整体的过程。实际上船舶焊接渗透于船体装配的整个过程。

四、船舶舾装

船舶舾装的主要内容:各种设备和管系的安装、电气安装、水工作业、绝缘作业、舱室设备安装、房间修饰等。船舶舾装是一项相当复杂的工作,不仅需要各个专业工种的相互配合,且需要生产上的组织与安排,以便最大限度地缩短造船的总周期。过去,除了少数舾装工件在船台上进行外,大多数是在船舶下水后移泊于舾装码头进行,所以称为码头舾装。现代造船采用区域舾装法,即尽量把舾装工作提前完成,如把码头舾装工作提前到船台(船坞)装配时进行,把船台上的舾装工作提前到分段或总段装配时进行(如管系的安装等),使船舶舾装工作与船体建造工程称为平行作业,称为预舾装。也有的是将舾装件先组装成完整的舾装单元,例如在机舱分段中,根据设计要求,把机舱中各附件先放在分段内进行安装,这样就使船舶在下水前完成了大量的机舱舾装工作,下水后移泊于码头时,只花费较少的时间即可完成作业。因此船舶舾装过程贯穿于整个船体制作过程。

五、船舶涂装

为了防止钢材腐蚀,延长船舶的使用寿命,必须对钢材和船体进行除锈、涂漆处理,这项工程作业称为船舶涂装。船舶涂装贯穿于整个船舶建造过程,从钢材的预处理到分段的涂装、船台(坞)涂装都需要涂装的参与。这就是壳舾涂一体化,让船体制作(壳)、船舶舾装(舾)、船舶涂装(涂)并行进行,以缩短船舶建造周期,而且还有利于控制质量。

六、船台(坞)搭载

船坞和船台是用以组装整条船并能使其下水的场所。船坞或船台一般配有大型的起重设备,常见的有高架起重机和门式起重机。高架起重机的起重能力在 15 ~ 150 t 之间,门式起重机一般在 200 ~ 1 000 t 之间,有的已达 1 500 t 以上。船台(坞)建造方法一般分为塔式建造法、岛式建造法、串联建造法和总段建造法等。

七、船舶下水

船舶虽然是一种水上工程建筑物,但却是在陆地上建造的。当船舶建造完成后,必须把它从建造区(船台或船坞)移至水上,这个过程称为船舶下水。船舶下水的方式多种多样,一般分为重力式下水(船台)、漂浮式下水(船坞)和机械化下水三种。

八、船舶试验

船舶试验包括系泊试验、倾斜试验和航行试验,分为两个阶段进行。

1. 系泊试验和倾斜试验

第一阶段进行系泊试验和倾斜试验。

系泊试验是当系于码头的船舶的船体工程和动力装置基本完工时,对该船的主机、辅机以及各种设备和系统进行的试验,其目的是检查船舶的完整性和可靠性。系泊试验是航行前的一个准备阶段。倾斜试验是对完工船舶重心位置的测定,要求在静水区域进行(最好的场所是船坞)。

2. 航行试验

第二阶段进行航行试验。

航行试验通常称为“试航”,它是对所建造的船舶做一次综合性的全面考核。试航规定在海上或江河中进行,由船厂联系用船单位和验船部门一起进行,对主机、辅机、各种设备系统、通信导航仪器以及各种航行性能等做规定的各种状态的试验,以测定其是否满足设计要求。

九、交船与验收

当船舶试验结束后,船厂在消除各种缺陷的返修和拆验工作后,对船舶本体和船上的仪器装备按照图纸、说明书和技术文件上的项目,逐一向用船单位交验。当上述工作结束并获得检验部门签发的船舶合格证书后,船厂和用船单位即可签署交船验收文件。当最后一笔建造费用汇入船厂银行账户后,该船舶即归用船单位所有。

第四章　金属材料与热处理知识

第一节　金属学及热处理基本知识

一、金属晶体结构的一般知识

众所周知，世界上的物质都是由化学元素组成的，这些化学元素按性质可分成两大类：

第一大类是金属，化学元素中有 83 种是金属元素。固态金属具有不透明、有光泽、有延展性、有良好的导电性和导热性等特性，并且随着温度的升高，金属的导电性降低，电阻率增大，这是金属独具的一个特点。常见的金属元素有铁、铝、铜、铬、镍、钨等。

第二大类是非金属，在化学元素中有 22 种，非金属元素不具有金属元素的特征，而且与金属元素相反，随着温度的升高，非金属的电阻率减小，导电性提高。常见的非金属元素有碳、氧、氢、氮、硫、磷等。

火焰切割所涉及的材料全部是金属材料。金属材料的化学成分不同，其性能也不同。但是对于同一种成分的金属材料，通过不同的加工处理工艺，改变材料内部的组织结构，也可以使其性能发生极大的变化。由此可见，金属的内部结构和组织状态也是决定金属材料性能的重要因素。金属和合金在固态下通常都是晶体，因此首先要了解其晶体结构。

1. 晶体的特点

对于晶体，大家并不陌生。食盐及水结成的冰，都是晶体。一般的固态金属及合金也都是晶体，并非所有固态物质都是晶体。如玻璃、松香等就不是晶体，而属于非晶体。

晶体与非晶体的区别不在外形，而在内部的原子排列。在晶体中，原子按一定规律排列得很整齐；而在非晶体中，原子则是散乱分布着，至多有些局部的短程呈规则排列。

由于晶体与非晶体中原子排列不同，因此性能也不相同。

2. 典型的金属晶体结构

晶体中原子（离子或分子）排列规律的空间格架成为空间点阵，简称点阵或晶格。金属的晶格常见的有体心立方晶格、面心立方晶格和密排六方晶格，如图 4－1 所示。

铁属于立方晶体，随着温度的变化，铁可以由一种晶格转变成另一种晶格。这种晶格的转变，称为同位素异型转变。纯铁在常温下是体心立方晶格（称为 $\alpha-Fe$），当温度升高到 910 ℃时，纯铁的晶格由体心晶格转变成面心立方晶格（称为 $\gamma-Fe$），再升高温度到 1390 ℃时，面心立方晶体又重新转变为体心立方晶格（称为 $\delta-Fe$），然后一直保持到纯铁熔化的温度。纯铁的这种特性非常重要，是钢材能通过各种热处理方法来改变其内部组织，从而改善性能的内在因素之一。

二、合金的基本知识

两种或两种以上的元素（其中至少一种是金属元素），组成的金属，叫作合金。根据两种元素相互作用的关系，以及形成晶体结构和显微组织的特点可将合金的组织分为三类：

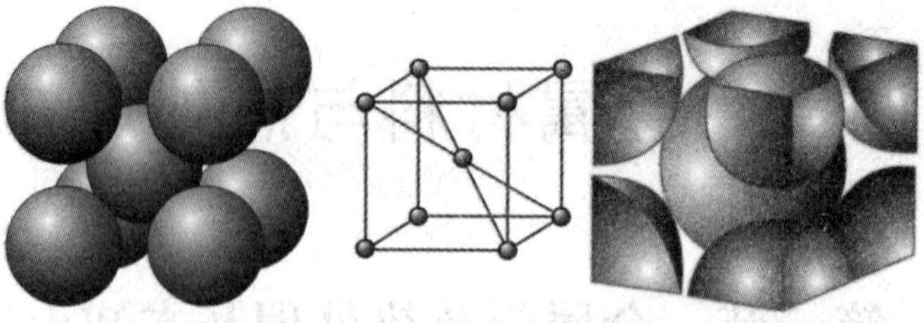

(a)

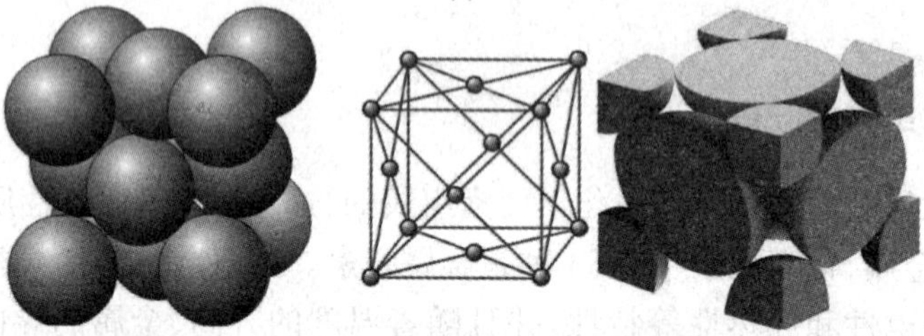

(b)

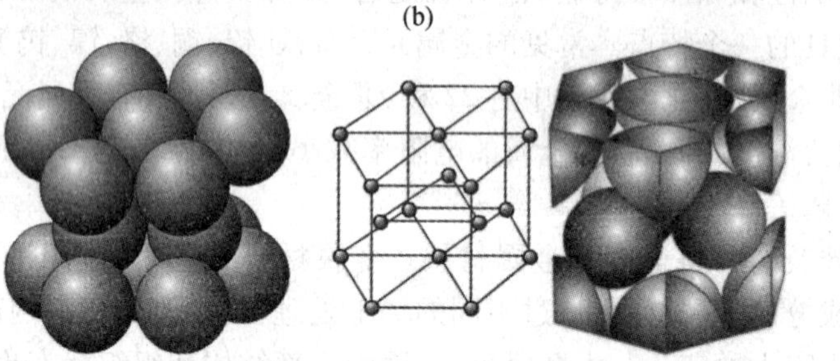

(c)

图 4-1　典型的金属晶体结构

(a)体心立方晶格;(b)面心立方晶格;(c)密排六方晶格

1. 固溶体

固溶体是一种物质的原子均匀地溶解在另一种物质的晶格内,形成单向晶体结构。根据原子在晶格上分布的形式,固溶体可分为置换固溶体和间隙固溶体。某一元素晶格上的原子部分地被另一种元素的原子所取代,称为置换固溶体;如果另一元素的原子挤入某元素晶格原子之间的空隙中,称为间隙固溶体,如图 4-2 所示。

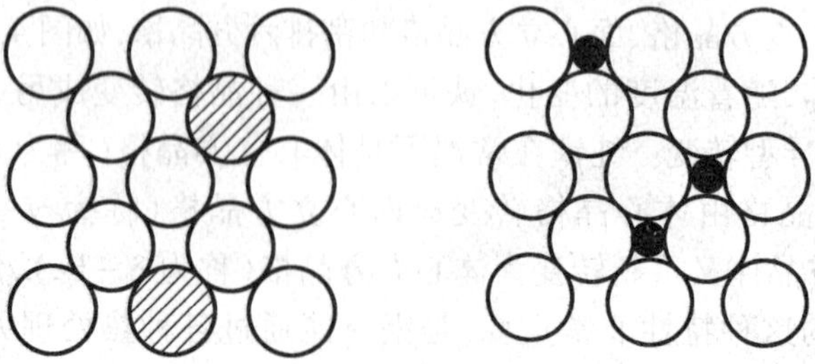

(a)　(b)

图 4-2　固溶体示意图

(a)置换固溶体;(b)间隙固溶体

两种元素的原子大小差别愈大，形成固溶体后所引起的晶格扭曲程度越大。扭曲的晶格增加了金属塑性变形的阻力，所以固溶体比纯金属硬度高，强度大。

2. 金属化合物

两种元素的原子按一定比例相结合，具有新的晶体结构，在晶体中各元素原子的相互位置是固定的，叫化合物。通常化合物具有较高的硬度，低的塑性，脆性也较大。

3. 机械混合物

固溶体和化合物均为单相的合金，若合金是由两种不同的晶体结构彼此机械混合而成，称为机械混合物。它往往比单一的固溶体合金有更高的强度、硬度和耐磨性；塑性和压力加工性能则较差。

三、钢的热处理

将金属加热到一定温度，并保持一定时间，然后以一定的冷却速度冷却到室温，这个过程称为热处理。它能在不改变工件形状和整体化学成分的前提下，通过改变内部显微组织或表面化学成分的途径，改变工件的使用性能。常用的热处理工艺方法有以下几种：

1. 淬火

将钢（高碳钢、中碳钢等）加热到适当温度，在此温度下保持一段时间，使钢的组织全部变成奥氏体，随即浸入淬冷介质中快速冷却（常用的淬冷介质有盐水、水、矿物油、空气等），使奥氏体来不及分解和合金元素的扩散而形成马氏体组织，称为淬火。

通过淬火可以使过冷奥氏体进行马氏体或贝氏体转变，得到马氏体或贝氏体组织，然后配合以不同温度的回火，以大幅提高钢的刚性、硬度、耐磨性、疲劳强度以及韧性等，从而满足各种机械零件和工具的不同使用要求。也可以通过淬火满足某些特种钢材的铁磁性、耐蚀性等特殊的物理、化学性能。

2. 回火

将经过淬火的工件重新加热到低于下临界温度的适当温度，保温一段时间后在空气或水、油等介质中冷却的金属热处理工艺。或将淬火后的合金工件加热到适当温度，保温若干时间，然后缓慢或快速冷却。

按回火温度范围，回火可分为低温回火（150～250 ℃）、中温回火（350～500 ℃）和高温回火（500～650 ℃）。

回火一般紧接着淬火进行，其主要目的是消除工件淬火时产生的残留应力，防止变形和开裂；调整工件的硬度、强度、塑性和韧性，达到使用性能要求；稳定组织与尺寸，保证精度；改善和提高加工性能等。

3. 正火

正火是将工件加热至 Ac3（Ac 是指加热时自由铁素体全部转变为奥氏体的终了温度，一般是从 727 ℃到 912 ℃之间）或 Acm（Acm 是实际加热中过共析钢完全奥氏体化的临界温度线）以上 30～50 ℃，保温一段时间后，从炉中取出在空气中或喷水、喷雾或吹风冷却的金属热处理工艺。其目的是在于使晶粒细化和碳化物分布均匀化。正火与退火的不同点是正火冷却速度比退火冷却速度稍快，因而正火组织要比退火组织更细一些，其机械性能也有所提高。

4. 退火

退火是一种金属热处理工艺，指的是将金属缓慢加热到一定温度，保持足够时间，然后以适宜速度冷却。目的是降低硬度,改善切削加工性;消除残余应力,稳定尺寸,减少变形与裂纹倾向;细化晶粒,调整组织,消除组织缺陷;均匀材料组织和成分,改善材料性能或为以后热处理做组织准备。

在生产中,退火工艺应用很广泛。根据工件要求退火的目的不同,退火的工艺规范有多种,常用的有完全退火、球化退火和去应力退火等。

第二节 常用金属材料的性能和种类

金属材料的性能通常包括物理性能、化学性能、力学性能和工艺性能等。

一、金属材料的物理化学性能

1. 密度

物质单位体积所具有的质量称为密度,用符号 ρ 表示。利用密度的概念可以帮助我们解决一系列实际问题,如计算毛坯的质量,鉴别金属材料等。常用金属材料的密度如下:铸钢为 7.8 g/cm^3,灰铸铁为 7.2 g/cm^3,钢为 8.9 g/cm^3,黄铜为 8.63 g/cm^3,铝为 2.7 g/cm^3。

2. 导电性

金属传导电流的能力叫作导电性。各种金属的导电性各不相同,通常银的导电性最好,其次是铜和铝。

3. 导热性

金属传导热量的性能称为导热性。一般说导电性好的材料,其导热性也好。若某些零件在使用中需要大量吸热或散热时,则要用导热性好的材料。如凝汽器中的冷却水管常用导热性好的铜合金制造,以提高冷却效果。

4. 热膨胀性

金属受热时体积发生胀大的现象称为金属的热膨胀。例如,被焊的工件由于受热不均匀而产生不均匀的热膨胀,就会导致焊件的变形和焊接应力。衡量热膨胀性的指标称为热膨胀系数。

5. 抗氧化性

金属材料在高温时抵抗氧化性气氛腐蚀作用的能力称为抗氧化性。热力设备中的高温部件,如锅炉的过热器、水冷壁管、汽轮机的气缸、叶片等,易产生氧化腐蚀。一般用作过热器管等材料的抗氧化腐蚀速度指标控制在≤0.1 mm/a。

6. 耐腐蚀性

金属材料抵抗各种介质(大气、酸、碱、盐等)侵蚀的能力称为耐腐蚀性。化工、热力设备中许多部件是在腐蚀条件下长期工作的,所以选材时必须考虑钢材的耐腐蚀性。

二、金属材料的力学性能

1. 强度

钢材的强度通常是以每单位面积能承受的力来表征的,其单位为帕(Pa)或兆帕(MPa)。由于钢材的强度一般采用拉伸试验测定,因而钢材的强度也称为抗拉强度。

钢材的力学性能有两个指标:一个是屈服强度,另一个是抗拉强度,亦称强度极限。这两个强度指标可在图 4-3 所示的拉伸试验时测得。图 4-4 示出一种常用船舶及海洋工程用钢的典型拉伸曲线,亦称应力-应变曲线。在该曲线上我们可以看到两个拐点,第一个拐点表明，试样在拉伸过程中达到某一极限应力时，出现了较明显的塑性变形，此时，应力增加不大，而拉伸应变量明显增大，即所谓材料开始“屈服”，对应于该点的应力以 R_{eH} 表示（对于像高碳钢一样的钢材，由于其无明显的屈服现象，通常以它发生微量的塑性变形（0.2%）时的应力作为该钢材的屈服强度，以 $R_{p0.2}$ 表示）；第二个拐点表明，试样中部开始出现缩颈，即将断裂。试验拉伸到此拐点时在横截面上受到的最大应力以 R_m 表示，称其为钢材的抗拉强度。

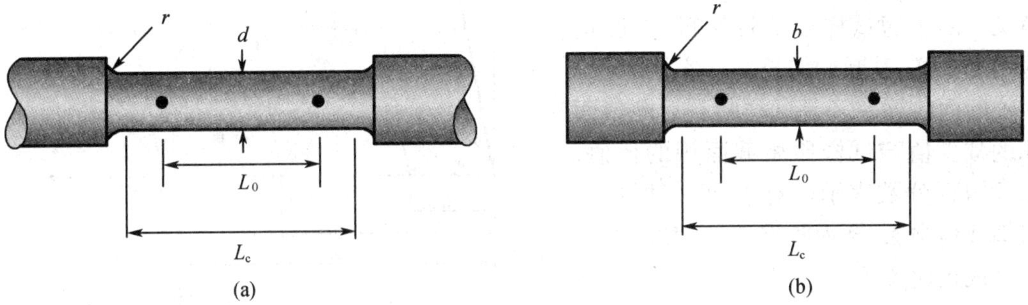

图 4－3　拉伸试样的外形形状

（a）圆棒试样；（b）板状试样

2. 塑性

钢板的塑性是衡量材料变形能力的一种特性，通常利用试样的拉伸试验进行测定，并以断后伸长率 A 和断面收缩率 Z 来表征。塑性较好的钢板，在拉伸试验时，会出现如图 4－5 所示的各个阶段的伸长率，它们包括试样达到屈服应力后的伸长率 A_e，最大应力下的非比例伸长率 A_g，最大应力下的总伸长率 A_{gt} 和试样断裂后的伸长率 A。A_e，A_g 和 A_{gt} 属于均匀延伸变形，分别描述试样拉伸过程中不同阶段的塑性形变能力。在工程中通常采用试样断裂后的伸长率 A，即试样断裂后的长度与试样原始长度之比，一般用百分数表示。其公式为

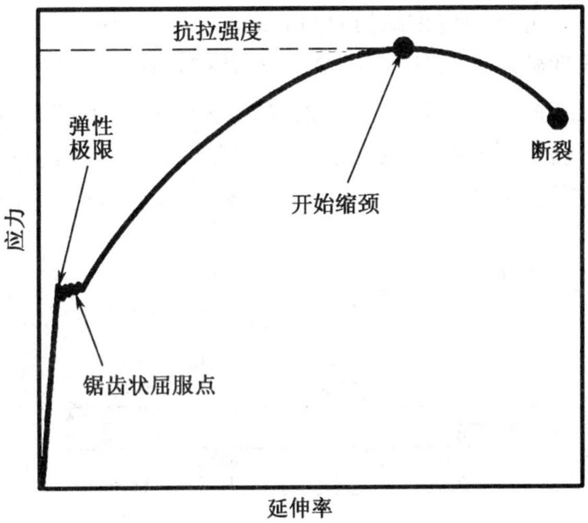

图 4－4　典型的应力－应变曲线

$$A = \frac{L_u - L_0}{L_0} \times 100\%$$

式中　A——试样断裂后伸长率；

L_0——试样原始标距长度，mm；

L_u——试样拉断后的标距长度，mm。

试样拉断后伸长率包括试样的均匀延伸变形 A_{gt} 和缩颈延伸变形两部分。因后者是非

均匀延伸变形，所以 A 值受测量标距长短的影响。通常可以采用两种不同尺寸的拉伸试样，即标距 L_0 为 10 倍试样直径的长试样，以及标距 L_0 为 5 倍试样直径的短试样。显然，在短试样上测得的 A 值大于长试样。因此伸长率 A 值只有在采用相同尺寸的试样测定时才有比较的意义。由于短试样可节省材料，一般均采用短试样，其断后伸长率以 A_5 表示。

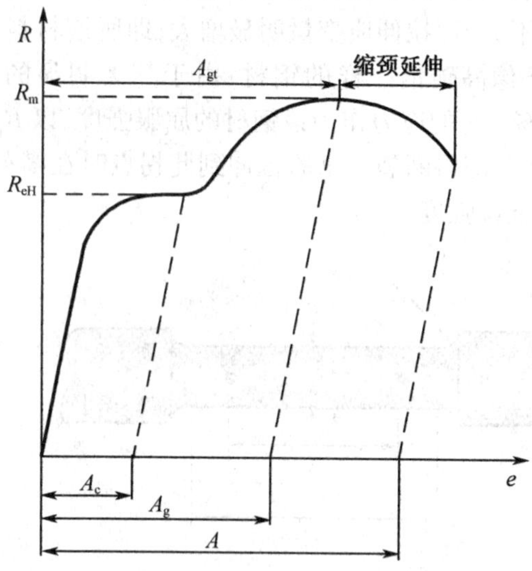

图 4-5　塑性钢材的拉伸试样伸长率示意图

断面收缩率 Z 是试样断裂后断口面积的减少值与试样原始截面积的比值，一般用百分数表示。对于同一材料，伸长率 A 值愈大，断面收缩率 Z 值亦愈大，几乎成正比关系。

根据现行的船级社规范的规定，普通强度热轧钢板断裂后伸长率 A_5 不低于 22%，对于高强钢板和超高强钢板根据不同的强度级别及板厚范围，规范进行了具体规定。

3. 冲击韧性

冲击韧性也称缺口韧性(notch toughness)，是评定带有缺口的钢材在冲击荷载作用下抵抗脆性破坏能力的指标，通常用带有夏比 V 形缺口(Charpy V-notch)的标准试件在专用的摆锤式冲击试验机上测定钢材的冲击韧性，如图 4-6 所示。以击断试件所消耗的冲击功大小来衡量钢材抵抗脆性破坏的能力。试样受冲击弯曲折断时所消耗的功称为冲击吸收功，单位是 J(焦耳)。试样单位截面积所消耗的功称为冲击韧性，单位为 J/cm²。

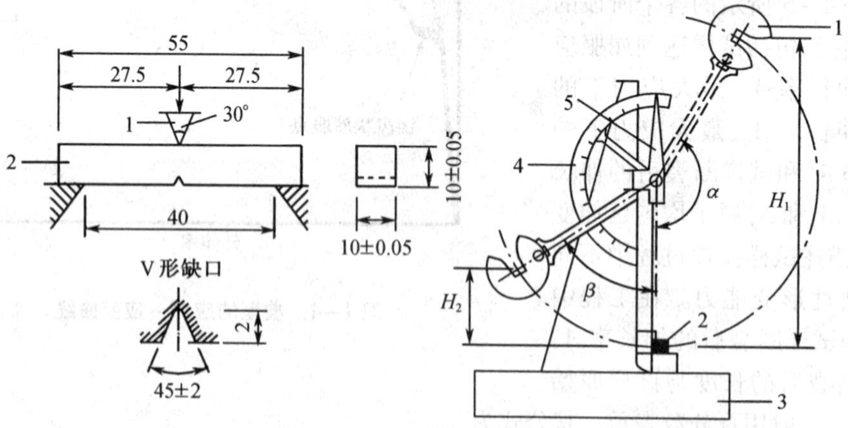

图 4-6　夏比 V 形缺口冲击试验和标准试件

1—摆锤；2—试件；3—试验机台座；4—刻度盘；5—指针

4. 硬度

硬度是衡量金属材料软硬程度的一项重要的性能指标，它既可理解为是材料抵抗弹性变形、塑性变形或破坏的能力，也可表述为材料抵抗残余变形和反破坏的能力。硬度不是一个简单的物理概念，而是材料弹性、塑性、强度和韧性等力学性能的综合指标。一般硬度越高，耐磨性越好。

常用的硬度指标有布氏硬度 HB、洛氏硬度 HR 和维氏硬度 HV。

三、金属材料的工艺性能

金属材料的工艺性能是指金属材料承受各种冷热加工的能力。

1. 切削性能

切削性能是指金属材料承受切削加工的难易程度。切削时，若切削刀具不易磨损，切削力较小且被切削工件的表面质量高，则称此材料的切削性能好。一般灰口铸铁具有良好的切削性能，通常材料的硬度低时切削性能较好，但是对于碳钢来讲，硬度如果太低容易出现“粘刀”现象，光洁度也较差。一般情况下金属硬度在 HB170 ~ 230 范围内时具有较好的切削性能。

2. 铸造性能

金属材料的生产，多数是通过冶炼、铸造而得到的，如各种机械设备的底座，汽轮机、发电机的机壳、阀门、磨煤机的耐磨件等。金属的铸造性能也就是液体金属浇注成形的能力，主要是指金属在液态时的流动性以及液态金属在凝固过程中的收缩和偏析程度，它包括流动性、收缩率和偏析倾向等，是保证铸件质量的重要性能。

3. 锻造性能

重要零部件的毛坯往往要经过锻造工序，如汽轮机、发电机的主轴、轮毂、叶片，大型水泵和磨煤机的主轴、齿轮等。金属的锻造性能可用金属的塑性和变形抗力（强度）来衡量。材料承受锻压成型的能力称为可锻性，通常金属承受锻压时变形程度大而不产生裂纹，则表明其锻造性能好，锻造性能取决于材料的成分、组织及加工条件。

通常低碳钢具有较好的可锻性，低碳钢的可锻性最好。随着含碳量的增加，钢的可锻性降低。合金钢的可锻性略逊于碳钢。一般情况下，合金钢中合金元素含量越多，其可锻性越差。铸铁则不能承受锻造加工。

4. 焊接性能

焊接性是指材料在限定的施工条件下焊接成按规定设计要求的构件，并满足预定服役要求的能力。焊接性受材料、焊接方法、构件类型及使用要求四个因素的影响。

焊接性评定方法有很多，其中广泛使用的方法是碳当量法。这种方法是基于合金元素对钢的焊接性不同程度的影响，而把钢中合金元素（包括碳）的含量按其作用换算成碳的相当含量，可作为评定钢材焊接性的一种参考指标。碳当量法用于对碳钢和低合金钢淬硬及冷裂倾向的估算。

常用碳当量的计算公式为

$$C_E = \omega(C) + \frac{\omega(Mn)}{6} + \frac{\omega(Cr) + \omega(Mo) + \omega(V)}{5} + \frac{\omega(Ni) + \omega(Cu)}{15}$$

式中 $\omega(C)$ 等表示它们在钢中的质量分数，若含量为一范围时，取上限。

经验证明：当 $C_E < 0.4\%$ 时，钢材的淬硬倾向不明显，焊接性优良，焊接时不必预热；当 $C_E = 0.4\% \sim 0.6\%$ 时，钢材的淬硬倾向逐渐明显，需采取适当预热和控制线能量等工艺措施；当 $C_E > 0.6\%$ 时，钢材的淬硬倾向强，属于较难焊的材料，需采取较高的预热温度和严格的工艺措施。

第三节 钢材的分类及船体结构钢

一、钢材的分类

钢和铁是黑色金属的两大类,都是以铁和碳为主要元素的合金。含碳量(碳的质量分数)在2.11%以下的铁碳合金称为钢,含碳量为2.11%~6.67%的铁碳合金称为铸铁。

钢中除了铁、碳以外还含有少量其他元素,如锰、硅、硫、磷等。锰、硅是炼钢时作为脱氧剂而加入的,称为常存元素;硫、磷是由炼钢原料带入的,称为杂质元素。

由于钢的原料丰富,可以廉价地大规模工业化生产,并且性能优异,还可以通过各种加工处理来改变其形状、尺寸和性能,更好地满足国民经济发展和人们的多种需求,是目前生产量和消费量最大,也是最重要的一种工程材料。钢的分类方法很多,最常见和最常用的有以下四种:

1. 按冶炼方法分类

按照冶炼方法和设备的不同,工业上用钢可分为平炉钢、转炉钢和电炉钢三大类,每一大类还可按其炉衬材料的不同,分为酸性和碱性两类。

(1)平炉钢

一般属碱性钢,只有在特殊情况下,才在酸性平炉里炼制。

(2)转炉钢

除可分为酸性和碱性转炉钢外,还可分为底吹、侧吹、顶吹转炉钢。这两种分类,又经常混合起来使用。

(3)电炉钢

其分为电弧炉钢,感应电炉钢、真空感应电炉和钢电渣电炉钢等。工业上大量生产的,主要是碱性电弧炉钢。

按脱氧程度和浇注制度的不同,可分为沸腾钢、镇静钢、半镇静钢三类。

2. 按化学成分分类

按化学成分可以把钢分为碳素钢和合金钢两大类。

(1)碳素钢

根据含碳量不同,大致可分为:

①低碳钢,即含碳量小于0.25%的钢;

②中碳钢,即含碳量在0.25%~0.60%之间的钢;

③高碳钢,即含碳量大于0.60%的钢。

此外,含碳量小于0.04%的钢又称工业纯铁。

(2)合金钢

根据钢中合金元素的总含量(本书中的含量均指质量分数)不同,大致可分为如下三种合金钢:

①低合金钢,即合金元素总含量小于5%的钢;

②中合金钢,即合金元素总含量在5%~10%之间的钢;

③高合金钢,即合金元素总含量大于10%的钢。

根据钢中所含合金元素的种类,又可分为二元合金钢、三元合金钢以及多元合金钢等钢种,如锰钢、铬钢、硅锰钢、铬锰钢、铬钼钢、钒钢等多类。

3. 按品质分类

根据钢中所含有害杂质的多少,工业上用钢通常分为普通钢、优质钢和高级优质钢三大类。

(1)普通钢

一般含硫量不超过0.050%,但对酸性转炉钢的含硫允许适当放宽,属于这类的如普通碳素钢。普通碳素钢按技术条件又可分为:

①甲类钢,只保证机械性能的钢;

②乙类钢,只保证化学成分,但不必保证机械性能的钢;

③特类钢,既保证化学成分,又保证机械性能的钢。

(2)优质钢

在结构钢中,含硫量不超过0.045%,含碳量不超过0.040%,在工具钢中含硫量不超过0.030%,含碳量不超过0.035%。对其他杂质,如铬、镍、铜等的含量都有一定的限制。

(3)高级优质钢

属于这一类的一般都是合金钢。钢中含硫量不超过0.020%,含碳量不超过0.030%,对其他杂质的含量要求更加严格。

除以上三种外,对于具有特殊要求的钢,还可列为特级优质钢,从而形成四大类。

4. 按用途分类

根据用途的不同,工业用钢可分为以下三大类:

(1)结构钢

按照其不同用途又可分为:

①建造用钢,如用来建造格栅钢结构、船舶、厂房结构及其他建筑用的各种型钢以及普通用钢。

②机械制造用钢,主要用于制造机器或其他机械零件用钢。这类钢中,对含碳量0.1%~0.3%的并需经表面渗碳处理后可使用的钢,称渗碳钢。对于含碳量在0.3%~0.6%的并需经淬火及回火处理后使用的钢称为调质钢。

③弹簧钢和轴承钢　主要是制造机械设备零件用钢,所以大家都习惯地将它们列为机械制造用的结构钢一类。不过这两种钢各有专门的用途,含碳量都比较高,因而常常单独地把它们列为一类。

(2)工具钢

工具钢是用以制造各种工具用的高碳钢与中碳优质钢,包括碳素工具钢。合金工具钢和高速工具用钢等。工具钢还可以按其具体的用途分为:刀具用钢、量具用钢、模具用钢等。

(3)特殊性能的钢

其是具有特殊物理和化学性能钢的总称。包括不锈耐酸钢、耐热不起皮钢、电热合金、磁性材料等。

上述四种分类方法,只是最常见和常用的几种。另外还有其他的分类方法。应该说明的是各种分类方法并不存在好不好的问题,主要是由于不同需要或不同场合而采用不同的分类方法。在有些情况下,往往将几种分类方法混合使用。

二、船舶及海洋工程用钢

自从1819年在苏格兰用熟铁建成了第一艘铁壳船——“火山”号以来，至今已有近200年用钢造船的历史。随着世界冶金工业的迅猛发展，船体结构钢也同时进行了不断改进和提高，是由于钢材的持续改进从而在一定程度上保证了船舶及海洋工程的安全运行。现在已经形成了很完善的船舶及海洋工程用钢系列。

由于船舶及海洋工程结构物的特殊工种环境，对构成结构物的钢材提出了特殊的要求，各国船检部门对船舶及海洋工程用钢都十分重视，在其所颁布的有关船舶、海洋工程入级及建造规范中都设有专门的材料篇，对船舶及海洋工程用钢的冶炼方法、力学性能、化学成分、供货状态、检查验收及等级划分等内容都做了详细规定。从20世纪开始，随着国际验船师协会的成立，协会对入会的各船级社船体及海洋工程用钢进行了明确和统一。船体及海洋工程用钢种类很多，按用途可分结构用钢、低温用钢、耐大气及海水腐蚀用钢、船用压力容器用钢等。而应用最多的是结构用钢，将结构钢按强度划分为普通强度钢、高强度钢、高强调质钢(部分船级社也称为超高强钢)三个等级。

船体结构钢每个强度等级按韧性又进行了细分。一般强度钢分为A,B,D,E四个等级；高强度钢及高强调质钢分为A,D,E,F四个等级。具体如表4-1所示。

表4-1 船体结构钢分类

船体结构钢类别	屈服强度/MPa	等级	备注
普通强度钢	235	A,B,D,E	本表按照IACS W11、W16对船体结构钢进行了分类及等级划分
高强度钢	315	A32,D32,E32,F32	
	355	A36,D36,E36,F36	
	390	A40,D40,E40,F40	
高强调质钢	420	A420,D420,E420,F420	
	460	A460,D460,E460,F460	
	500	A500,D500,E500,F500	
	550	A550,D550,E550,F550	
	620	A620,D620,E620,F620	
	690	A690,D690,E690,F690	

下面按照IACS W11及W16对船体结构钢进行简单的介绍。

1. 普通强度钢

(1)普通强度钢的化学成分

普通强度钢的化学成分应符合表4-2的规定。供货状态应符合表4-3的规定。

表 4－2　普通强度钢的化学成分和脱氧方法

级别		A	B	D	E
脱氧方法		对 $t \leqslant 50$ mm 除沸腾钢外,可用任何方法; $t > 50$ mm,全镇静法	对 $t \leqslant 50$ mm 除沸腾钢外,可用任何方法; $t > 50$ mm,全镇静法	对 $t \leqslant 25$ mm 全镇静法; $t > 25$ mm,全镇静法和细化晶粒处理	全镇静法和细化晶粒处理
化学成分	碳	0.21	0.21	0.21	0.18
	锰	2.5×C	0.80	0.60	0.70
	硅	0.50	0.35	0.35	0.35
	磷	0.035	0.035	0.035	0.035
	硫	0.035	0.035	0.035	0.035
	铝(酸溶性)	—	—	0.015	0.015

表 4－3　普通强度钢的供货状态

级别	厚度 t/mm	供货状态
A	≤50	任何
	$50 < t \leqslant 100$	正火,控制轧制或温度－形变控制轧制
B	≤50	任何
	$50 < t \leqslant 100$	正火,控制轧制或温度－形变控制轧制
D	≤50	任何
	$50 < t \leqslant 100$	正火,控制轧制或温度－形变控制轧制
E	≤100	正火或温度－形变控制轧制

(2)普通强度钢的机械性能

普通强度钢的机械性能如表 4－4 所示。

表 4－4　普通强度钢的机械性能

等级	屈服强度/MPa	抗拉强度/MPa	延伸率 $5.65\sqrt{S_0}$ A_5	冲击试验						
				试验温度	最小平均冲击功/J					
					$t \leqslant 50$ mm		50 mm $< t \leqslant 70$ mm		70 mm $< t \leqslant 100$ mm	
					纵向	横向	纵向	横向	纵向	横向
A	≥235	400～520	22%	+20	—	—	34	24	41	27
B				0	27	20	34	24	41	27
D				－20	27	20	34	24	41	27
E				－40	27	20	34	24	41	27

从表中可以看出,就力学性能而言,船舶用普通强度钢四个级别的强度、伸长率、抗弯

能力差别不大,其主要区别在于抗冲击载荷和抗脆性破坏的能力,即低温下摆锤 V 形缺口冲击试验温度和能量,这对于船舶用钢来说是非常重要的性能指标。在 1948 年以前,国际上常用一种软钢作为船体结构钢,它只有极限抗拉强度、伸长率等性能指标,而对于化学性能、抗脆性破坏能力没有限制。在第二次世界大战期间,大量的焊接舰船发生结构破坏现象,有些舰船在发生结构破坏时所承受的应力远远低于材料的极限抗拉强度。这促使人们对钢在多向应力下抗脆性破坏能力进行研究,从而认识到,对于同一种材料,有两个主要因素会影响材料的抗脆性破坏能力:一是温度,二是材料的板厚。钢材在温度较高时,它的缺口延性较好。但当温度下降到一定值时其缺口延性急剧恶化,这时的温度称为脆性转变温度。材料的脆性转变温度越低,其缺口延性越好。板厚的因素也很重要,厚板可能出现脆性,即在同样条件下薄板具有相当大的缺口延性。

2. 高强度钢

高强度钢也称为低合金高强度钢,其合金元素的总含量不超过 5%(质量分数),一般在 3%(质量分数)以下。它的强度显著高于相同含碳量的碳素钢,并具有良好的塑性、韧性、冷热弯曲加工性、焊接性能等综合性能。

早期的船舶用钢全部为碳素钢,提高钢的强度是通过提高碳含量来达到的。后来为了在获得高强度的同时还要有较高的塑性,从 1898 年起人们开始尝试用低合金高强钢造船。采用高强钢代替普通强度钢造船的最直接效果是减少构件的截面尺寸,减轻船体自重,从而增加船舶的载货量、提高航速,改善船舶的总体性能,提高经济效益。

(1)高强度钢的化学成分

高强度钢的化学成分和脱氧方法应符合表 4-5 的规定,同时要求碳当量 C_E 不应超过表 4-6 中的规定值。由于化学成分、力学性能等方面的特点,高强钢的各个级别所使用的细化晶粒的元素及供货状态也不尽相同。表 4-7 列出了各个等级高强度钢所使用的细化晶粒的元素及供货状态。

表 4-5 高强度钢的化学成分和脱氧方法

级别	A32 A36 A40	D32 D36 D40	E32 E36 E40	F32 F36 F40
脱氧方法	全镇静和细化晶粒处理			
化学成分	桶试样(质量分数)/%			
碳	≤0.18			≤0.18
锰	0.90~1.60			0.90~1.60
硅	≤0.50			≤0.50
磷	≤0.035			≤0.025
硫	≤0.035			≤0.025
铝(酸溶性)	≥0.015			≥0.015
铌	0.02~0.05			0.02~0.05
钒	0.05~0.10			0.05~0.10

表 4－5(续)

钛	≤0.02	≤0.02
铜	≤0.35	≤0.35
铬	≤0.20	≤0.20
镍	≤0.40	≤0.80
钼	≤0.08	≤0.08
氮	—	≤0.009 (若有铝可为0.012)

注:铌、钒、钛三种微量元素总和不能超过0.12。

表 4－6　100 mm 及以下温度－机械轧制供货状态高强度钢碳当量规定

等级	碳当量 C_E/%	
	t≤50 mm	50 mm＜t≤100 mm
A32,D32,E32,F32	0.36	0.38
A36,D36,E36,F36	0.38	0.40
A40,D40,E40,F40	0.40	0.42

表 4－7　高强钢的供货状态

级别	使用的晶粒细化元素	厚度 t/mm	供货状态
A32 A36	铌和/或钒	t≤12.5	任何状态
		12.5＜t≤100	正火、控制轧制或温度－形变控制轧制
	只用铝或铝与钛合用	t≤20	任何状态
		20＜t≤35	任何状态,轧制状态需经船级社特别认可
		35＜t≤100	正火、控制轧制或温度－形变控制轧制
A40	任何元素	t≤12.5	任何状态
		12.5＜t≤50	正火、控制轧制或温度－机械轧制
		50＜t≤100	正火、温度－形变控制轧制、调质
D32 D36	铌和/或钒	t≤12.5	任何状态
		12.5＜t≤100	正火、控制轧制或温度－形变控制轧制
	只用铝或铝与钛合用	t≤20	任何状态
		20＜t≤25	任何状态,轧制状态需经船级社特别认可
		25＜t≤100	正火、控制轧制或温度－形变控制轧制
D40	任何元素	t≤50	正火、控制轧制或温度－形变控制轧制
		50＜t≤100	正火、温度－形变控制轧制、调质
E32 E36	任何元素	t≤50	正火、温度－形变控制轧制
		50＜t≤100	正火、温度－形变控制轧制

表 4－7(续)

级别	使用的晶粒细化元素	厚度 t/mm	供货状态
E40	任何元素	$t \leqslant 50$	正火、温度－形变控制轧制、调质
		$50 < t \leqslant 100$	正火、温度－形变控制轧制、调质
F32 F36 F40	任何元素	$t \leqslant 50$	正火、温度－形变控制轧制、调质
		$50 < t \leqslant 100$	正火、温度－形变控制轧制、调质

(2)高强度钢的机械性质

高强度钢的机械性能如表 4－8 所示。

表 4－8　高强钢的机械性能

等级	屈服强度/MPa	抗拉强度/MPa	延伸率 $5.65\sqrt{S_0}$ A_5	冲击试验						
				试验温度	最小平均冲击功/J					
					$t \leqslant 50$ mm		50 mm $< t \leqslant 70$ mm		70 mm $< t \leqslant 100$ mm	
					纵向	横向	纵向	横向	纵向	横向
A32	≥315	400～570	22%	0	31	22	38	26	46	31
D32				－20	31	22	38	26	46	31
E32				－40	31	22	38	26	46	31
F32				－60	31	22	38	26	46	31
A36	≥355	490～630	21%	0	34	24	41	27	50	34
D36				－20	34	24	41	27	50	34
E36				－40	34	24	41	27	50	34
F36				－60	34	24	41	27	50	34
A40	≥390	510～660	20%	0	39	26	46	31	55	37
D40				－20	39	26	46	31	55	37
E40				－40	39	26	46	31	55	37
F40				－60	39	26	46	31	55	37

第五章 质量管理

第一节 质量管理概述

一、气割质量管理的概念

气割质量管理就是指在整个气割过程中要满足产品的使用目的，制造厂家对此负有全部的责任。气割质量不仅仅是气割接头质量满足实用要求，而且还要必须有气割前、气割过程中及气割后的系统质量管理，即质量的全面管理。只有质量的全面管理才能保证高效优质的产品。一个完善的质量管理系统应是计划—实施—检查成一体的质量管理系统。

完善的质量管理就是按照如图 5－1 所示的那样实行计划（Plan）— 实施（Do）—检查（Check）的质量循环，特别是从检查到计划的反馈工作做得充分。另外也要成立经营者对这种质量管理的监督检查系统（即自上而下的管理）。

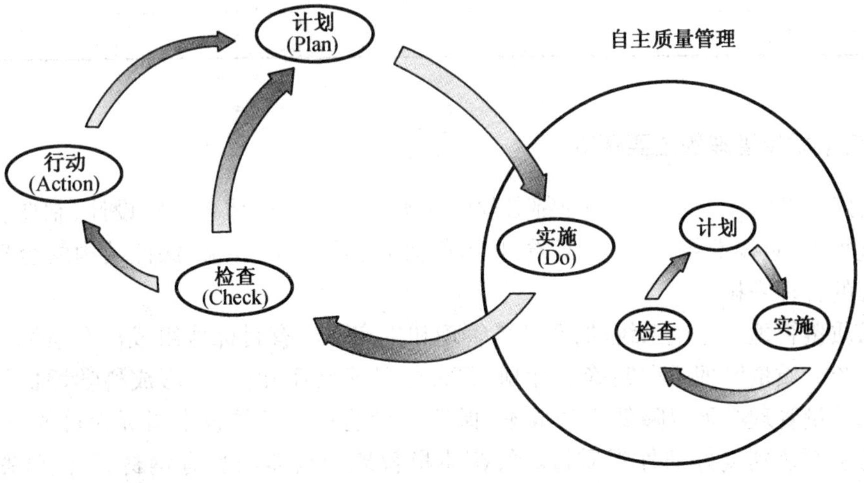

图 5－1 质量管理循环

质量管理的目标可分为以下三种：

（1）以降低生产成本为目的；

（2）以保证最终产品质量和使用性能为目的；

（3）以提高产品价值为主而达到良好外观为目的。

因此全面质量管理标准必须兼顾产品性能、商品价值和生产成本等综合考虑和制定。采用统计学方法的质量管理，主要特点是将产品质量控制在上下限之间。自主质量管理的特点是经常以略高于操作者实际能力水平为目标，并向这一目标前进，也就是说，自主质量管理是一种通过不断改进生产技能努力实现目标的质量管理方式。

为了保证产品质量，制造厂的检查部门要经常对产品质量管理的状况进行监督和检查,并把检查结果记录下来,这对最高经营层定期地判断生产运行情况是有帮助的。质量记录是生产厂家售后服务和一旦发生事故追溯原因所必备的资料。对于应保存的质量检查记录的种类、保管场所和保存期限,应根据规范、法规或其他相关文件制定出相应的公司标准。

英国管理学会曾对工程质量事故进行过统计(表 5 - 1),从统计数据看出,由于管理造成的质量事故占很大的比重。因此,要确保产品质量,不仅需要先进的技术和装备,还必须进行科学管理。

表 5 - 1　造成质量事故的原因分析

<table>
<tr><th>原因</th><th>导致因素</th><th>所占比例</th><th>备注</th></tr>
<tr><td>人为差错</td><td>个人因素</td><td>12%</td><td>由于个人原因占 12%</td></tr>
<tr><td>不恰当的检验方法</td><td>质量管理因素</td><td>10%</td><td rowspan="7">由于管理原因占 88%</td></tr>
<tr><td>技术原因或错误</td><td rowspan="2">技术管理因素</td><td>16%</td></tr>
<tr><td>对新设计、新材料、新工艺缺乏了解、验证和鉴定</td><td>36%</td></tr>
<tr><td>计划与组织工作薄弱</td><td>生产管理因素</td><td>14%</td></tr>
<tr><td>未能预见的因素</td><td>计划管理因素</td><td>8%</td></tr>
<tr><td>其他</td><td></td><td>4%</td></tr>
</table>

二、气割质量管理的主要环节

所有船舶及海洋工程制造企业都必须建立健全质量保证体系。在设计、制造、检验、验收的全过程中,对技术装备、人员素质、技术管理提出严格的要求,保证结构的合理设计与制造流程的合理安排。

全面质量管理应是全系统的,要使各管理和生产部门有目标地组成没有遗漏的全面质量管理系统。质量管理要有明确的计划,并且能迅速反馈和修正,形成科学评价的管理体制。气割质量管理必须以降低生产成本、保证质量达到产品的技术指标为目的,以提高产品价值为主而达到良好的外观质量。气割质量管理的具体项目有钢材管理、气割气体管理、切割设备管理、技术人员和气割工技能管理、切割施工管理、气割工和检验人员的教育和培训管理以及切割质量检验管理等。

第二节　气割质量及检验要求

一、气割质量

气割质量的要求主要是指气割切口的质量要求和工件的尺寸偏差要求,而气割切口的质量和工件的尺寸偏差是受一定因素影响的。

1. 影响气割质量的因素

影响气割质量的因素有很多,但是最常见的有以下几个方面:

(1)工件　工件的材质、厚度、力学性能、平面度、清洁度、气割形状、坡口形式、切口在工件上的分布、套裁方法以及切口四周的余量等。

(2)燃气和氧气　气体的纯度、气体的压力及压力的持久稳定性等。

(3)设备和工装　设备的精度、操作性能、气割平台的平整度、工件加紧装置、排渣的方便程度等。

(4)气割工艺　割炬规格和割嘴号的选择、预热火焰的选择、风线的调节、加热时间的控制、割嘴离工件的高度、割嘴的前后倾角和左右垂直度、气割速度、气割顺序及路线、工人的操作水平等。

2. 气割面的质量要求

气割面总的要求是平整光洁。衡量切割面质量的常用要素如表 5－2 所示。

表 5－2　衡量切割质量的要素

要素名称	符号	含义	图示
平面度	u	所测部位切割面上的最高点和最低点按切割面方向所作的两条平行线的间距。平面度也是切割质量的主要指标之一	
割纹深度	h	沿切割方向 20 mm 长的切割面上，以理论切割线为基准的轮廓波峰与波谷之间的距离。割纹深度是切割质量的主要指标之一	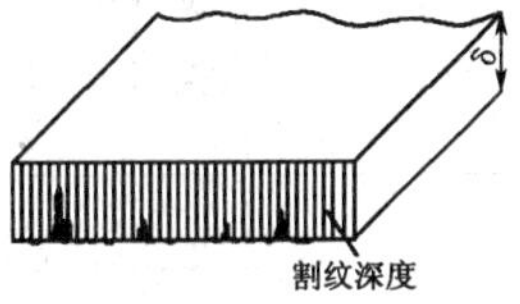
上缘熔化程度	r	切割过程中切口上缘烧塌的现象，简称熔塌。主要表现为是否产生塌角及形成间断或连续性的熔滴及熔化条状物	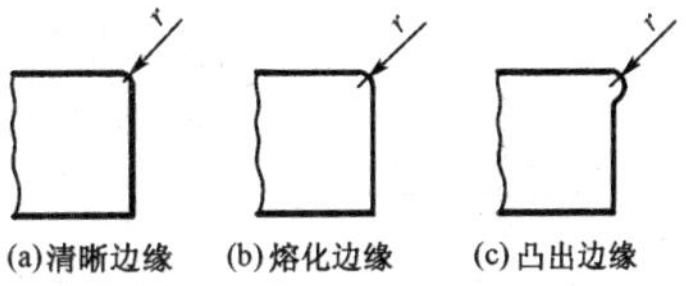
挂渣		切割过程中被氧吹除并黏附于切割面下方的熔融金属及其氧化物	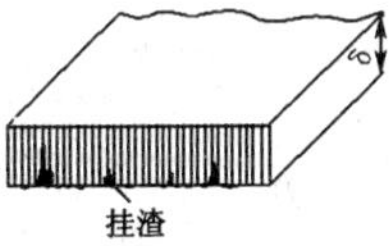
后拖量	n	切割面上切割氧流轨迹的起点和终点在水平方向上的距离	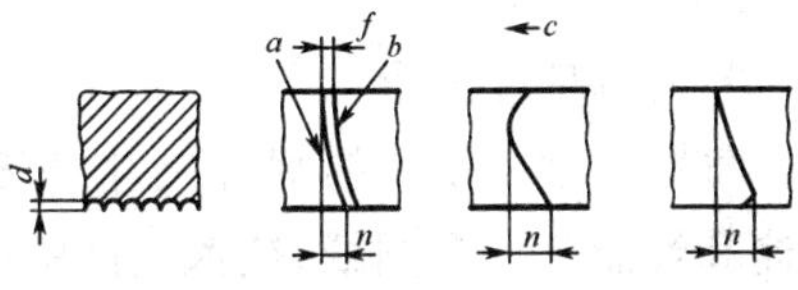

表 5-2(续)

要素名称	符号	含义	图示
垂直度公差	t	垂直于基准平面与切割长度方向的给定截面内的切割表面轮廓线的垂直度公差。其公差带是距离为公差值 t 且垂直于基准平面和切割长度方向的两平行直线之间的区域	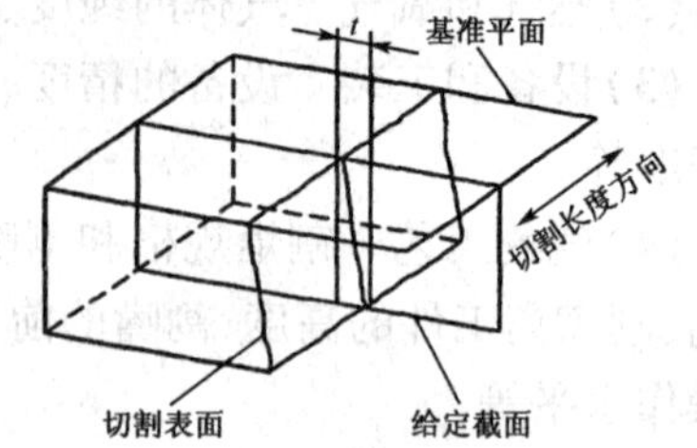
倾斜度公差		垂直于基准平面与切割长度方向的给定截面内的切割表面轮廓线的垂直度公差。其公差带是距离为公差值 t、与基准平面成一定角度并垂直于切割长度方向的两平行直线之间的区域	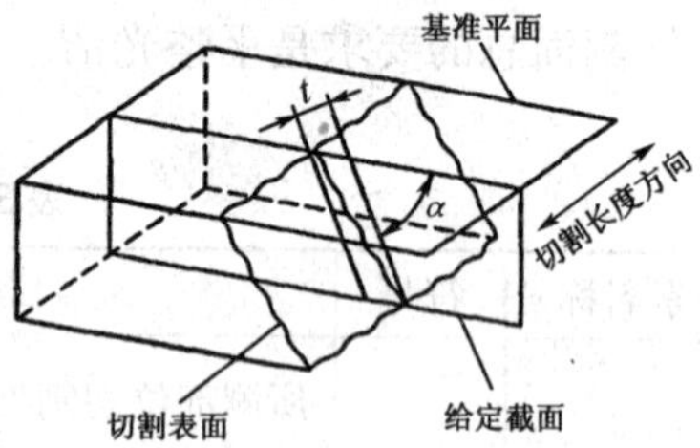
表面粗糙度	R_z	加工表面上具有的较小间距和峰谷所组成的微观几何形状特征	
坡口精度		坡口角度 $\theta(\theta_1, \theta_2)$ 的公差和坡口深度 $H(H_1, H_2)$ 的公差	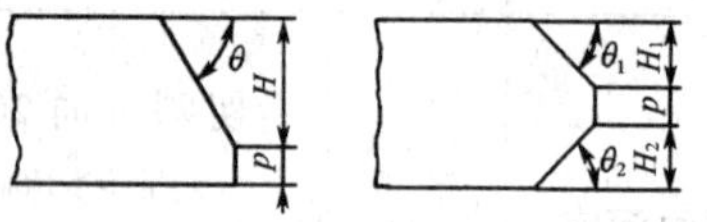
缺口	L	是指在气割面局部区域形成的宽度、深度及形状不规则的缺陷，使均匀的切割面产生中断。缺口也是切割质量的指标之一，常用缺口间的最小间距 L 进行质量评定	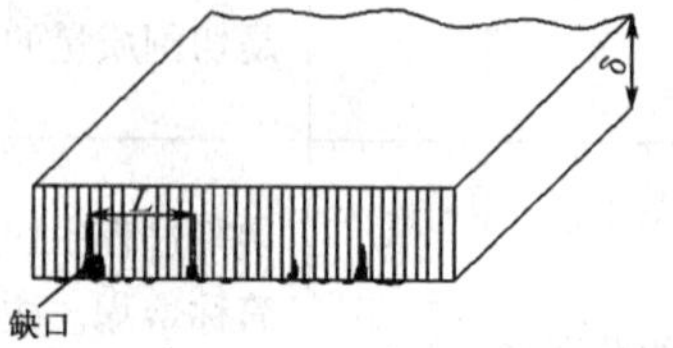
断面单元高度	z_t	每个断面单元最高点与最低点的距离	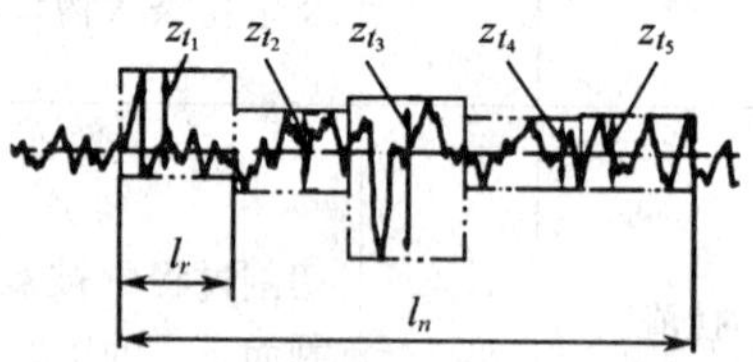
断面平均高度	R_{z5}	5 个相邻的量测区间的单个断面单元的算术平均值	$zt_1 \sim zt_5$ 代表一个断面单元，l_n 评估长度 l_r 单个采样长度

3. 气割精度要求

气割精度主要包括割件尺寸和坡口尺寸的偏差及板边直线度等。通常是根据割件的用途和性能要求在图纸、技术文件中做出明确规定。

二、气割质量检验标准

现行气割质量检验标准有 JB/T 10045.3—1999《热切割　切割质量和尺寸偏差》、CB/T

4000—2005《中国造船质量标准》、JB/T 5000.2—2007《重型机械通用技术条件 - 第 2 部分：火焰切割件》及 ISO 9013—2002《热切割—热切割分类产品几何产品规程及质量公差》。

1. JB/T 10045.3—1999《热切割　切割质量和尺寸偏差》

JB/T 10045—1999 是按平面度 u、割纹深度 h 和缺口间最小间距 L 三个参数评定气割面的质量，共分两级，然后再按 u 和 h 值分成三等，详见表 5 - 3 至表 5 - 5。

表 5 - 3　气割面质量等级

切割面质量	气割面平面度 u	割纹深度 h	缺口的最小间距 L/mm
Ⅰ级	1 等、2 等	1 等、2 等	≥2 000
Ⅱ级	1 等、2 等、3 等	1 等、2 等、3 等	≥1 000

表 5 - 4　平面度 u 的分等取值范围　　单位：mm

切口厚度范围 δ	质量分等		
	1 等	2 等	3 等
$3\leqslant\delta\leqslant20$	$u\leqslant0.2$	$0.2<u\leqslant0.5$	$0.5<u\leqslant1.0$
$20<\delta\leqslant40$	$u\leqslant0.3$	$0.3<u\leqslant0.6$	$0.6<u\leqslant1.4$
$40<\delta\leqslant63$	$u\leqslant0.4$	$0.4<u\leqslant0.7$	$0.7<u\leqslant1.8$
$\delta>63$	$u\leqslant0.5$	$0.5<u\leqslant0.8$	$0.8<u\leqslant2.2$

表 5 - 5　割纹深度 h 的分等取值范围　　单位：mm

切口厚度范围 δ	质量分等		
	1 等	2 等	3 等
$3\leqslant\delta\leqslant20$	$h\leqslant50$	$50<h\leqslant80$	$80<h\leqslant130$
$20<\delta\leqslant40$	$h\leqslant60$	$60<h\leqslant95$	$95<h\leqslant155$
$40<\delta\leqslant63$	$h\leqslant70$	$70<h\leqslant115$	$115<h\leqslant185$
$\delta>63$	$h\leqslant85$	$85<h\leqslant140$	$140<h\leqslant250$

JB/T 10045—1999 对气割件的尺寸偏差的规定见表 5 - 6。

表 5 - 6　工件尺寸偏差的允许值　　单位：mm

精度	切割厚度	基本尺寸范围			
		35 ~ <315	315 ~ <1 000	1 000 ~ <2 000	2 000 ~ <4 000
A	3 ~ 50	±0.5	±1.0	±1.5	±2.0
	50 ~ 100	±1.0	±2.0	±2.5	±3.0
B	3 ~ 50	±1.5	±2.5	±3.0	±3.5
	50 ~ 100	±2.5	±3.5	±4.0	±4.5

注：上列尺寸偏差适用于图纸未注明公差尺寸的；长宽比≤4:1 的工件；切割周长≥350 mm 的工件

2. CB/T 4000—2005《中国造船质量标准》

CB/T 4000—2005 主要针对船舶建造过程中气割精度、气割质量,从表面粗糙度、缺口、尺寸偏差三方面进行了明确,具体参见表 5－7 至表 5－9。

表 5－7　气割表面粗糙度　　单位:mm

<table>
<tr><th colspan="3">项目</th><th>标准范围</th><th>允许极限</th><th>备注</th></tr>
<tr><td rowspan="4">构件自由边</td><td rowspan="2">重要部分</td><td>自动气割</td><td>0.10</td><td>0.20</td><td rowspan="8">(1) 型钢的机械切割按手工气割要求
(2) 应除去自由边毛刺</td></tr>
<tr><td>手工、半自动气割</td><td>0.15</td><td>0.30</td></tr>
<tr><td rowspan="2">非重要部分</td><td>自动气割</td><td>0.10</td><td>0.20</td></tr>
<tr><td>手工、半自动气割</td><td>0.50</td><td>1.00</td></tr>
<tr><td rowspan="4">焊接接缝边</td><td rowspan="2">重要部分</td><td>自动气割</td><td>0.10</td><td>0.20</td></tr>
<tr><td>手工、半自动气割</td><td>0.40</td><td>0.80</td></tr>
<tr><td rowspan="2">非重要部分</td><td>自动气割</td><td>0.10</td><td>0.20</td></tr>
<tr><td>手工、半自动气割</td><td>0.80</td><td>1.50</td></tr>
</table>

表 5－8　气割缺口(大于该表面粗糙度三倍的凹口)的允许极限　　单位:mm

<table>
<tr><th colspan="3">项目</th><th>标准范围</th><th>允许极限</th><th>备注</th></tr>
<tr><td rowspan="3">构件自由边</td><td colspan="2">在船中 0.6L 区域内舷顶列板的上缘,强力甲板以及外板上所有开口的边缘,特别重要的纵材及悬臂梁</td><td>—</td><td>无缺口</td><td rowspan="3">(1)L 为船长
(2)特别重要的纵材是指安装在外板上的纵横桁构件,如护板、舭龙骨等
(3)重要的纵、横强力构件是指在 0.6L 范围内的纵向强力构件,横向肋板,横撑材,以及桁梁的减轻孔的四周、舱口围板的四周边缘、艉尖舱内的肋板、主机基座和推力轴承座的四周边缘,支撑上下各种肘板边缘等应力高的部位的构件
(4)修补方法
(a)用砂轮磨平
(b)必要时可采用堆焊法修补,但应避免短焊缝</td></tr>
<tr><td colspan="2">重要的纵、横强力构件</td><td>—</td><td><1.0</td></tr>
<tr><td colspan="2">其他</td><td>—</td><td><3.0</td></tr>
<tr><td rowspan="3">焊接接缝边</td><td rowspan="2">对接焊缝</td><td>船中 0.6L 区域外板、强力甲板</td><td>—</td><td><2.0</td><td rowspan="3">用砂轮或焊补修整缺口</td></tr>
<tr><td>其他</td><td>—</td><td><3.0</td></tr>
<tr><td colspan="2">角焊缝</td><td>—</td><td><3.0</td></tr>
</table>

表 5-9　气割尺寸偏差　单位：mm

<table>
<tr><th colspan="3">项目</th><th>标准范围</th><th>允许极限</th><th>备注</th></tr>
<tr><td rowspan="2">板边缘直线度</td><td colspan="2">自动焊缝</td><td>≤0.4</td><td>≤0.5</td><td rowspan="4">—</td></tr>
<tr><td colspan="2">半自动焊缝及手工焊缝</td><td>≤1.5</td><td>≤2.5</td></tr>
<tr><td rowspan="3">坡口面尺寸</td><td>坡口面角度 θ_0</td><td>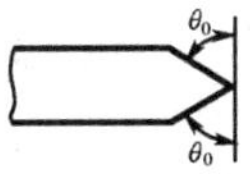</td><td>±2°</td><td>±4°</td></tr>
<tr><td>坡口深度 d_1</td><td>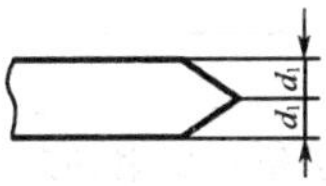</td><td>±1.5</td><td>±2.0</td></tr>
<tr><td>过渡段长度 l_1</td><td>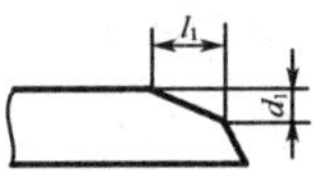</td><td>±0.5d_1</td><td>±1.0d_1</td><td>按相应船级社规范要求，可取 $3d_1$，$4d_1$ 或 $5d_1$</td></tr>
<tr><td rowspan="3">构件尺寸</td><td colspan="2">主要构件</td><td>±2.5</td><td>±4.0</td><td rowspan="3">—</td></tr>
<tr><td colspan="2">次要构件</td><td>±3.5</td><td>±5.0</td></tr>
<tr><td colspan="2">面板宽度</td><td>±2.0</td><td>+4.0
-3.0</td></tr>
</table>

3. JB/T 5000.2—2007《重型机械通用技术条件 - 第 2 部分：火焰切割件》

JB/T 5000.2—2007 规定了重型机械火焰切割件的切割表面质量、检测要求及质量等级等内容。

（1）切割表面质量

火焰切割表面质量分垂直度公差和倾斜度公差、表面粗糙度、长度尺寸偏差、坡口角度和深度偏差、表面缺陷（缺口）、上缘熔化程度、挂渣 7 个方面进行检测，具体细节参加表 5-10 ~ 表 5-16。

表 5-10　切割面的垂直度公差和倾斜度公差　单位：mm

切割厚度		6 ~ 10	>10 ~ 20	>20 ~ 40	>40 ~ 60	>60 ~ 80	>80 ~ 100
公差	1 级	0.5	0.6	0.8	1.0	1.2	1.4
	2 级	1.2	1.3	1.6	1.9	2.2	2.5
切割厚度		>100 ~ 130	>130 ~ 160	>160 ~ 200	>200 ~ 250	>250 ~ 300	—
公差	1 级	1.7	2.0	2.4	2.9	3.4	—
	2 级	3.0	3.4	4.0	4.8	5.5	—

注 1：当切割厚度 δ 大于 300 mm 时，推荐按下式计算公差值：1 级：$0.4+0.01\delta$；2 级：$1+0.015\delta$。

注 2：当图样上标注出切割件长度尺寸极限偏差时，垂直度公差和倾斜度公差应满足包容要求，即当切割件实际长度尺寸（指尺寸线垂直于切割长度方向的尺寸）达到最大实体尺寸时，垂直度和倾斜度实际误差只能发生在最大实体边界内，不能超出边界外（即只能向实体内偏斜）。

注 3：采用手持割炬切割时，欲实现本表数值要求有一定困难，下料时应尽量避免采用（非等级要求的切割面除外）。

表 5-11　切割面的表面粗糙度　　单位:mm

切割厚度		6~25	>25~50	>50~100	>100~150	>150~200	>200~250	>250~300
粗糙度/μm	1 级	100	100	200	240	280	350	420
	2 级	160	200	250	300	400	500	600

注:采用手持割炬切割时,欲实现本表数值要求有一定困难,下料时应尽量避免采用手持割炬切割。受条件限制不得不采用时,应尽量使用靠板等辅助工装,否则应进行割后打磨,以满足本表粗糙度要求(非等级要求的切割面除外)。

表 5-12　切割面的长度尺寸极限偏差　　单位:mm

级别	公称尺寸	切割厚度						
		6~10	>10~50	>50~100	>100~150	>150~200	>200~250	>250~300
		长度尺寸极限偏差						
A 级	≤315	±0.5	±0.7	±1.0	±2.0	±2.5	—	—
	>315~1 000	±0.7	±1.0	±2.0	±2.5	±3.0	±3.5	±4.0
	>1 000~2 000	±1.0	±1.5	±2.5	±3.0	±3.5	±4.0	±5.0
	>2 000~4 000	±1.5	±2.0	±3.0	±4.0	±4.5	±5.0	±6.0
	>4 000~6 000	±2.0	±2.5	±3.5	±4.5	±5.0	±6.0	±7.0
	>6 000	±2.5	±3.0	±4.0	±5.0	±6.0	±7.0	±8.0
B 级	≤315	±1.0	±1.5	±2.5	±3.0	±3.0	—	—
	>315~1 000	±2.0	±2.5	±3.5	±4.0	±4.5	±4.5	±5.0
	>1 000~2 000	±2.5	±3.0	±4.0	±5.0	±6.0	±6.0	±7.0
	>2 000~4 000	±3.0	±3.5	±4.5	±6.0	±7.0	±7.0	±8.0
	>4 000~6 000	±4.0	±4.5	±5.5	±7.0	±8.0	±9.0	±10.0
	>6 000	±5.0	±5.5	±6.5	±8.0	±9.0	±10.0	±12.0

注:表中极限偏差数值适用于图样上未注公差的尺寸。

表 5-13　坡口面的角度及深度极限偏差

级别	坡口角度 $\theta(\theta_1、\theta_2)$ 极限偏差/(°)	钝边高度 $p \leq 4$ mm	钝边高度 $p > 4$ mm	图示
		坡口深度 $H(H_1、H_2)$ 极限偏差/mm		
1 级	±2.5	±0.5	±1.0	
2 级	±5	±1.0	±2.0	

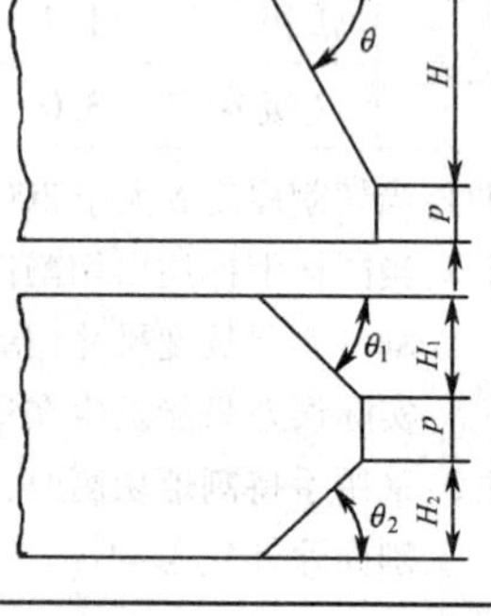

注:

坡口角度和坡口深度极限偏差用于图样上标注坡口角度及钝边高度的场合;当图样上未标注坡口角度及钝边高度而工艺要求制作坡口时,应按照 GB/T 985—1999、GB/T 986—1988 规定的角度范围和钝边高度范围进行制作和检查

表 5－14　切割面的表面缺陷要求

级别	缺陷宽度/mm	缺陷深度/mm	缺陷间距/mm
1 级	≤3	≤1	≥3
2 级	≤5	≤1.5	≥2

注 1：宽度、深度或间距超过本表要求的缺陷，应采用焊补方法将其填满磨平（非等级切割除外）。
注 2：暴露于产品外观表面的缺陷，未超过本表要求时亦应打磨光顺。

表 5－15　切割面的上缘熔化程度要求

级别	上缘熔塌圆角半径 r	目视熔化状态
1 级	$r \leqslant 0.5\Delta a$	仅有细微的圆弧连续纹迹，无明显的熔融金属颗粒飞溅
2 级	$r \leqslant \Delta a$	上缘有明显且连续的珠状纹迹，并伴有熔融金属颗粒飞溅

注 1：r 及 Δa 见图 5－2 及表 5－17。
注 2：熔塌圆角半径超过本表要求、熔珠飞溅严重且连成条状时，应作等级外处理。

表 5－16　切割面的挂渣要求

级别	挂渣清除难易程度
1 级	挂渣较少，可轻易剥离和清除；清理后无明显痕迹
2 级	挂渣较多，经敲击可清理干净；清理后有一定痕迹

注：挂渣与母材融成一体、非铲削不能清除、铲后其分离部位有明显金属撕裂痕迹时，为不合格，应打磨消除残余挂渣。

（2）切割检测要求

JB/T 5000.2—2007 对检测要求及检测方法进行了规定。

①检测垂直度和倾斜度误差时，按照图 5－2 和表 5－17 的规定确定检测范围 a（扣除 Δa 后的剩余部分）

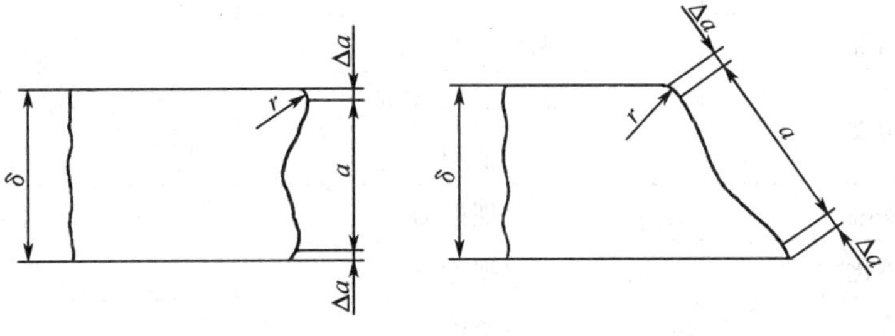

图 5－2　垂直度和倾斜度误差检测示意图

表 5－17　垂直度和倾斜度的检测范围　单位：mm

切割厚度 δ	6～10	＞10～20	＞20～40	＞40～100	＞100～150	＞150～200	＞200～250	＞250～300
Δa	0.6	1.0	1.5	2.0	3.0	5.0	8.0	10.0

②检测切割面垂直度、倾斜度、表面粗糙度时，按下列要求确定检测部位：

a. 检测部位不应存在表面缺陷。

b. 检测部位不应紧靠切割面长度方向的端部，至少应相距一个切割厚度尺寸。

c. 检测部位的测量基准面(工件的上表面)应平整、洁净。

d. 评定表面粗糙度的基准线应选在切割面上距工件基准面三分之二处，且与基准面平行。

③检测部位的数量按表5-18规定选取。

表5-18 检测部位的数量要求

切割表面质量		切割面长度/mm			测量部位分布
		≤500	>500~1 000	>1 000	
项目	级别	测量部位数量			
垂直度、倾斜度	1	2	3	5	沿切割面长度方向均布
	2	1	2	3	
表面粗糙度 R_z	1	2	3	5	
	2	1	2	3	
坡口精度	1	2	3	5	
	2	1	2	3	

注：测量部位应尽量选择在误差较大处。

④按照表5-19的要求对切割质量进行检测。

表5-19 切割质量检测方法

项目	检测方法	量具
垂直度、倾斜度	以工件上表面为基准面进行检测	角尺、塞尺、测量钢丝
表面粗糙度 R_z	与样板比较	切割表面质量样板
尺寸精度	端头对齐拉直	钢直尺、钢卷尺
坡口精度	深度、高度测量	钢直尺、深度卡尺、焊口检测器
	角度测量	焊口检测器、角度规、专用样板
表面缺陷	目视检测	钢直尺、钢卷尺、放大镜
上缘熔化	目视检测	放大镜
挂渣	清渣检测	—

(3)切割质量等级

按照JB/T 5000.2—2007，切割质量等级要求见表5-20所示。

表 5－20 切割质量等级要求

项目	切割质量等级	
	Ⅰ级	Ⅱ级
垂直度、倾斜度	1 级	2 级
表面粗糙度 R_z	1 级	2 级
尺寸精度	A 级	B 级
坡口精度	1 级	2 级
表面缺陷	1 级	2 级
上缘熔化	1 级	2 级
挂渣	1 级	1 级或 2 级

注 1:坡口表面粗糙度均为 2 级

注 2:无特殊要求时,产品零件的切割质量等级通常选用Ⅱ级

注 3:关键件、重要件的主要表面,其切割质量等级应选用Ⅰ级

4. ISO 9013—2002《热切割—热切割分类产品几何产品规程及质量公差》

ISO 9013—2002 规定了厚度在 3～300 mm 范围内,火焰切割的几何形产品规程和质量公差。切割质量主要通过垂直度或角度公差、断面平均高度进行评价,也可加入后拖量、上缘熔化度、切割面下缘可能出现的残渣或熔瘤等补充要素进行综合评价。测量时按表 5－21 和表 5－22 的要求进行仪器选择。

表 5－21 精度测量仪器要求

项目	误差极限	精度测量仪器范例
垂直度或角度公差	0.02 mm	沿切割厚度方向和公称角度放置带有指示表的导向装置; 探针接触点角度≤90°; 探针接触点半径≤0.1 mm
断面平均高度	0.002 mm	精密测量仪器,如:沿切割方向连续扫描的电接触探针仪
后拖量	0.05 mm	带有十字线和可调横向滑板的测量显微镜
上缘熔化度	0.05 mm	扫描切口上缘断面的带读数表的特种设备
直线度	0.2 mm	测隙规钢线最大直径 0.5 mm

表 5－22 粗糙度测量仪器要求

项目	误差极限	粗糙度测量仪器范例
垂直度或角度公差	0.1 mm	角尺(车间用尺,精度为 1 度或 2 度);坡面切割测量用测角规或三角尺,置于公称坡面角度或固定角度处;测量用带带探测点的深度计、尺度索、测隙规
断面平均高度	—	—

表 5－22(续)

项目	误差极限	粗糙度测量仪器范例
后拖量	0. 2 mm	角尺(车间用尺);坡面切割测量用滑动角尺或三角板;带游标的测径规或带游标的刻度尺。从拖线角至线长处带有换算表的测角规
上缘熔化度	0. 1 mm	凸面规(半径规)
直线度	0. 2 mm	测隙规钢线最大直径 0. 5 mm

测量应在无氧化物、无杂质的切割面进行,测量点的数量及位置取决于工件的形状和尺寸,有时还取决于工件的用途。通常情况下制造商应规定测量点的数量和位置,如果制造商未做要求,应按照下列默认要求进行:

(1)垂直度或角度公差按照每米切割面间隔 20 mm 处应对 3 个测量点进行 2 次测量;

(2)断面平均粗糙度按照每米切割面对一个测量点进行一次测量;

(3)垂直度或角度公差仅在切割表面限定区域内进行测量,该区域为切割面除去上、下缘 Δa 以外的整个区域,具体参见表 5－23 及图 5－2,但当切割厚度低于 2 mm 时,测定垂直度或角度公差的方法需另做确定。

表 5－23 Δa 尺寸

单位:mm

切割厚度 a	≤3	>3～6	>6～10	>10～20	>20～40
Δa	0. 1a	0. 3	0. 6	1. 0	1. 5
切割厚度 a	>40～100	>100～150	>150～200	>200～250	>250～300
Δa	2. 0	3. 0	5. 0	8. 0	10. 0

断面平均粗糙度取决于切割表面的有限区域。按照 ISO 4288 的规定,应在切割厚度表面粗糙度最高处进行测量工作。氧气火焰切割以及等离子切割通常在切口上缘至切割厚度 2/3 处测量。当切割厚度低于 2 mm 时,应在切口上缘至切割厚度 1/2 处进行测量。

垂直度或角度公差范围参照图 5－3 和表 5－24 所示。

表 5－24 垂直度或角度公差

范围	1	2	3	4	5
垂直度或角度公差 u/mm	0. 05＋0. 003a	0. 15＋0. 007a	0. 4＋0. 01a	0. 8＋0. 02a	1. 2＋0. 035a

断面平均高度范围参照图 5－4 和表 5－25 所示。

表 5－25 断面平均高度

范围	1	2	3	4
断面平均高度,R_{z5}/μm	10＋(0. 6a mm)	40＋(0. 8a mm)	70＋(1. 2a mm)	110＋(1. 8a mm)

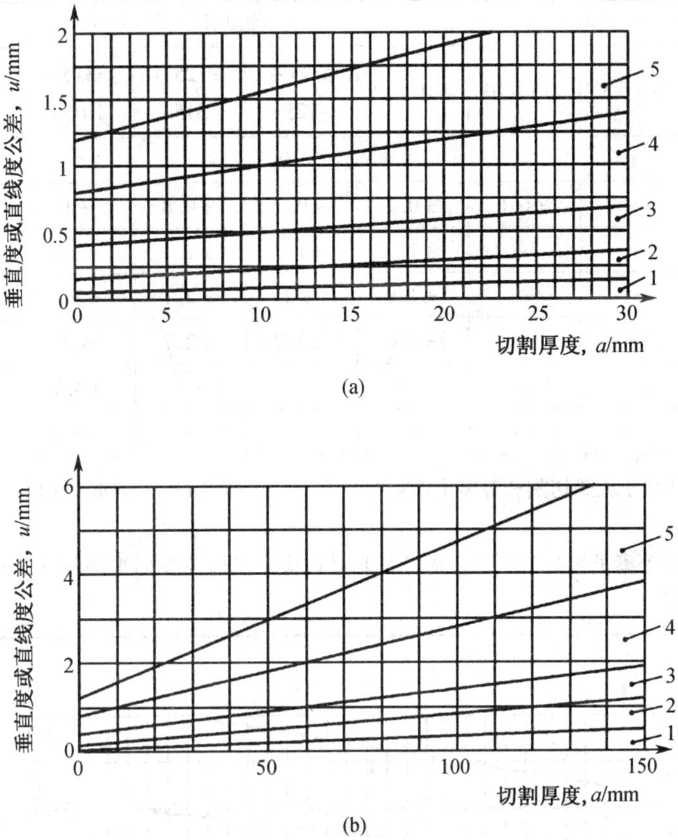

图 5 - 3 垂直度或角度公差

(a)垂直度或角度公差，u—工件厚度 30 mm 以内；

(b)垂直度或角度公差，u—工件厚度 150 mm 以内

一般情况下，图样上的尺寸为公称尺寸，实际尺寸则在清理过的切割面上测取。图样或其他文件(如供货条件)通常以 ISO 9013—2002 为基准，未注公差的尺寸应采用表 5 - 26 和表 5 - 27 规定的极限值。

表 5 - 26 公称尺寸的极限偏差——1 级公差 单位：mm

工件厚度	公称尺寸							
	>0 ~ 3	≥3 ~ 10	≥10 ~ 35	≥35 ~ 125	≥125 ~ 315	≥315 ~ 1 000	≥1 000 ~ 2 000	≥2 000 ~ 4 000
	极限偏差							
>0 ~ 1	±0.04	±0.1	±0.1	±0.2	±0.2	±0.3	±0.3	±0.3
>1 ~ 3.15	±0.1	±0.2	±0.2	±0.3	±0.3	±0.4	±0.4	±0.4
>3.15 ~ 6.3	±0.3	±0.3	±0.4	±0.4	±0.5	±0.5	±0.5	±0.6
>6.3 ~ 10	—	±0.5	±0.6	±0.6	±0.7	±0.7	±0.7	±0.8

表 5-26(续) 单位:mm

工件厚度	公称尺寸							
	>0~3	≥3~10	≥10~35	≥35~125	≥125~315	≥315~1 000	≥1 000~2 000	≥2 000~4 000
	极限偏差							
>10~50	—	±0.6	±0.7	±0.7	±0.8	±1	±1.6	±2.5
>50~100	—	—	±1.3	±1.3	±1.4	±1.7	±2.2	±3.1
>100~150	—	—	±1.9	±2	±2.1	±2.3	±2.9	±3.8
>150~200	—	—	±2.6	±2.7	±2.7	±3	±3.6	±4.5
>200~250	—	—	—	—	—	±3.7	±4.2	±5.2
>250~300	—	—	—	—	—	±4.4	±4.9	±5.9

注 1:上述偏差只适用于火焰切割和等离子切割长宽比(长度:宽度)不大于 4:1、切割长度不小于 350 mm 的工件。

注 2:当火焰切割或等离子切割工件的长宽比大于 4:1,应由制造商按照本国际标准规定的原则对极限偏差做出规定。

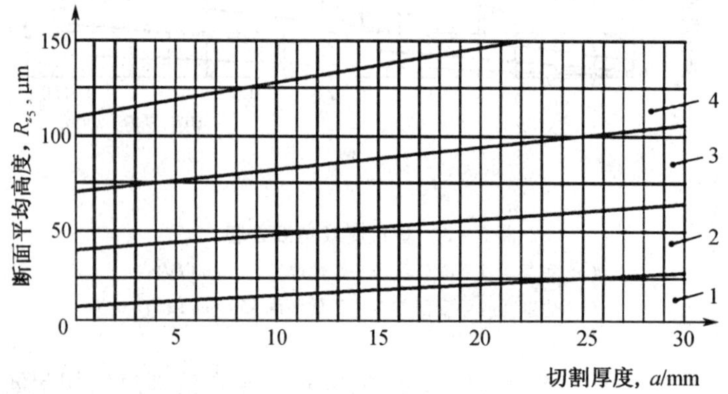

(a)

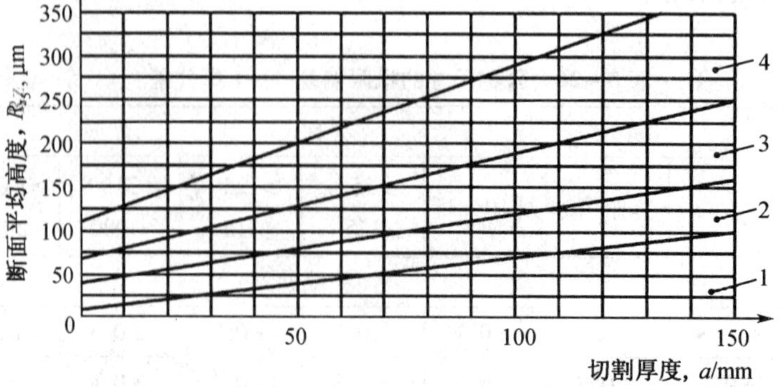

(b)

图 5-4 断面平均高度

(a)断面平均高度,R_{z5}—工件厚度 30 mm 以内;(b)断面平均高度,R_{z5}—工件厚度 150 mm 以内

表 5－27　公称尺寸的极限偏差——2 级公差　单位：mm

工件厚度	公称尺寸							
	>0～3	≥3～10	≥10～35	≥35～125	≥125～315	≥315～1 000	≥1 000～2 000	≥2 000～4 000
	极限偏差							
>0～1	±0.1	±0.3	±0.4	±0.5	±0.7	±0.8	±0.9	±0.9
>1～3.15	±0.2	±0.4	±0.5	±0.7	±0.8	±0.9	±1.0	±1.1
>3.15～6.3	±0.5	±0.7	±0.8	±0.9	±1.1	±1.2	±1.3	±1.3
>6.3～10	—	±1	±1.1	±1.3	±1.4	±1.5	±1.6	±1.7
>10～50	—	±1.8	±1.8	±1.8	±1.9	±2.3	±3	±4.2
>50～100	—	—	±2.5	±2.5	±2.6	±3	±3.7	±4.9
>100～150	—	—	±3.2	±3.3	±3.4	±3.7	±4.4	±5.7
>150～200	—	—	±4	±4	±4.1	±4.5	±5.2	±6.4
>200～250	—	—	—	—	—	±5.2	±5.9	±7.2
>250～300	—	—	—	—	—	±6	±6.7	±7.9

注 1：上述偏差只适用于火焰切割和等离子切割长宽比（长度：宽度）不大于 4：1、切割长度不小于 350 mm 的工件。

注 2：当火焰切割或等离子切割工件的长宽比大于 4：1，应由制造商按照本国际标准规定的原则对极限偏差做出规定。

第六章　气割安全

第一节　安全生产概述

安全生产是指在社会生产活动中，通过人、机、物料、环境、方法的和谐运作，使生产过程中潜在的各种事故风险和伤害因素始终处于有效控制状态，切实保护劳动者的生命安全和身体健康。也就是说，为了使劳动过程在符合安全要求的物质条件和工作秩序下进行，防止人身伤亡和财产损失等生产事故，消除或控制危险有害因素，保障劳动者的安全健康和设备设施免受损坏、环境免受破坏的一切行为。

安全生产是安全与生产的统一，其宗旨是安全促进生产，生产必须安全。搞好安全工作，改善劳动条件，可以调动职工的生产积极性；减少职工伤亡，可以减少劳动力的损失；减少财产损失，可以增加企业效益，无疑会促进生产的发展；而生产必须安全，则是因为安全是生产的前提条件，没有安全就无法生产。

一、安全生产的本质

1. 保护劳动者的生命安全和职业健康

保护劳动者的生命安全和职业健康是安全生产最根本、最深刻的内涵，是安全生产本质的核心。

它充分揭示了安全生产以人为本的导向性和目的性，它是我们党和政府以人为本的执政本质、以人为本的科学发展观的本质、以人为本构建和谐社会的本质在安全生产领域的鲜明体现。

2. 突出强调了最大限度的保护

所谓最大限度的保护，是指在现实经济社会所能提供的客观条件的基础上，尽最大的努力，采取加强安全生产的一切措施，保护劳动者的生命安全和职业健康。根据目前我国安全生产的现状，需要从三个层面上对劳动者的生命安全和职业健康实施最大限度的保护：一是在安全生产监管主体，即政府层面，把加强安全生产，实现安全发展，保护劳动者的生命安全和职业健康，纳入经济社会管理的重要内容，纳入社会主义现代化建设的总体战略，最大限度地给予法律保障、体制保障和政策支持；二是在安全生产责任主体，即企业层面，把安全生产，保护劳动者的生命安全和职业健康作为企业生存和发展的根本，最大限度地做到责任到位、培训到位、管理到位、技术到位、投入到位；三是在劳动者自身层面，把安全生产和保护自身的生命安全和职业健康，作为自我发展、价值实现的根本基础，最大限度地实现自主保护。

3. 突出了在生产过程中的保护

生产过程是劳动者进行劳动生产的主要时空，因而也是保护其生命安全和职业健康的主要时空，安全生产的以人为本，具体体现在生产过程中的以人为本。同时，它还从深层次揭示了安全与生产的关系。在劳动者的生命和职业健康面前，生产过程应该是安全地进行生产的过程，安全是生产的前提，安全又贯穿于生产过程的始终。二者发生矛盾，是生产服从于安全，当然是安全第一。这种服从，是一种铁律，是对劳动者生命和健康的尊重，是对生产力最主要最活跃因素的尊重。如果不服从、不尊重，生产也将被迫中断，这就是人们不愿见到的事故发生的强迫性力量。

4.突出了一定历史条件下的保护

这个一定的历史条件，主要是指特定历史时期的社会生产力发展水平和社会文明程度。强调一定历史条件的现实意义在于：一是有助于明确加强安全生产工作的现实紧迫性；二是有助于明确安全生产的重点行业取向。如煤矿、建筑、造船等行业的劳动者是现阶段的高危行业的劳动者，其生命安全和职业健康更应受到重点保护，更应加大这些行业安全生产工作的力度，遏制重特大事故的发生。因此，立足现实条件，充分利用和发挥现实条件，加强安全生产工作，是我们的当务之急。同时我们要不断推动现实条件向更高层次、更为先进的历史条件形态转化，从而为不断满足保护劳动者的生命安全和职业健康这一根本需求提供新的条件、新的手段、新的动力。

二、安全生产的基本内容

安全生产的基本内容是采取组织措施和技术措施，保证从业人员在生产过程中的人身安全免遭伤害，使国家财产免遭损失，促进经济可持续发展。其主要有以下几个方面：

(1)建立和健全各级安全生产责任制；

(2)组织制定单位的安全生产规章制度和操作规程；

(3)保证安全生产投入的有效实施，积极改善劳动条件；

(4)开展安全生产培训和宣传教育，提高从业人员的安全意识和安全操作水平；

(5)加强安全检查，消除事故隐患；

(6)依靠科技进步，采取先进装备和先进的管理模式。

三、《安全生产法》

“法者，天下之程式也，万事之仪表也。”我国《安全生产法》由1981年原国家劳动总局牵头起草《劳动保护法(草案)》开始，历时21年，于2002年6月29日正式颁布施行，2014年12月1日新修订的《安全生产法》开始实施。

1.《安全生产法》的三大目标

安全生产法的三大目标：保障人民生命安全，保护国家财产安全，促进社会经济发展。由此确立了安全(生产)所具有的保护生命安全的意义、保障财产安全的价值和促进经济发展的生产力功能。

2.《安全生产法》的七项基本法律制度

(1)安全生产监督管理制度

这项制度主要包括安全生产监督管理体制、各级人民政府和安全生产监督管理部门，以及其他有关部门各自的安全监督管理职责、安全监督检查人员职责、社会基层组织和新闻媒体进行安全生产监督的权利和义务等。

(2)生产经营单位安全保障制度

这项制度主要包括生产经营单位的安全生产条件、安全管理机构及其人员配置、安全投入、从业人员安全资质、安全条件论证和安全评价、建设工程“三同时”、安全设施的设计审查和竣工验收、安全技术装备管理、生产经营场所安全管理、社会工伤保险等。

(3)生产经营单位负责人安全责任制度

这项制度主要包括生产经营单位主要负责人和其他负责人、安全生产管理人员的资质及其在安全生产工作中的主要职责。

(4)从业人员安全生产权利义务制度

其主要包括生产经营单位的从业人员在生产经营活动中的基本权利和义务,以及应当承担的法律责任。

(5)安全中介服务制度

这项制度主要包括从事安全评价、评估、检测、检验、咨询服务等工作的安全中介机构和安全专业技术人员的法律地位、任务和责任。

(6)安全生产责任追究制度

这项制度主要包括安全生产的责任主体、安全生产责任的确定和责任形式、追究安全责任的机关、依据、程序和安全生产法律责任。

(7)事故应急和处理制度

这项制度主要包括事故应急预案的制定、事故应急体系的建立、事故报告、调查处理的原则和程序、事故责任的追究、事故信息发布等。

3.《安全生产法》四种监督方式

《安全生产法》是明确规定了我国安全生产的四种监督方式:

(1)工会民主监督;

(2)社会舆论监督;

(3)公众举报监督;

(4)社区报告监督。

4.《安全生产法》的四个责任对象

《安全生产法》明确了对我国安全生产负有责任的各方,包括以下四个方面:

(1)政府责任方,即各级政府和对安全生产有监管职责的有关部门;

(2)生产经营单位责任方;

(3)从业人员责任方;

(4)中介机构责任方。

5.《安全生产法》的十三种处罚方式

《安全生产法》明确了对相应违法行为的处罚方式:对政府监督管理人员有降级、撤职的行政处罚;对政府监督管理部门有责令改正、责令退还违法收取的费用的处罚;对中介机构有罚款、第三方损失连带赔偿、撤销机构资格的处罚;对生产经营单位有责令限期改正、停产停业整顿、经济罚款、责令停止建设、关闭企业、吊销其有关证照、连带赔偿等处罚;对生产经营单位负责人有行政处分、个人经济罚款、限期不得担任生产经营单位的主要负责人、降职、撤职、处15日以下拘留等处罚;对从业人员有批评教育、依照有关规章制度给予处分的处罚。无论任何人,造成严重后果,构成犯罪的,依照刑法有关规定追究刑事责任。

6.从业人员八项权利和四项义务

(1)从业人员的权利

《安全生产法》明确了从业人员的八项权利是:

①知情权,即有权了解其作业场所和工作岗位存在的危险因素、防范措施和事故应急

措施;

②建议权,即有权对本单位的安全生产工作提出建议;

③批评权和检举、控告权,即有权对本单位安全生产管理工作中存在的问题提出批评、检举、控告;

④拒绝权,即有权拒绝违章作业指挥和强令冒险作业;

⑤紧急避险权,即发现直接危及人身紧急情况时,有权停止作业或者在采取可能的应急措施后撤离作业场所;

⑥依法向本单位要求赔偿的权利;

⑦获得符合国家标准或者行业标准劳动防护用品的权利;

⑧获得安全生产教育和培训的权利。

(2)从业人员的义务

《安全生产法》明确了从业人员的四项义务是:

①遵章守规,服从管理的义务;

②佩戴和使用劳动防护用品的义务;

③接受培训,掌握安全生产技能的义务;

④发现事故隐患及时报告的义务。

7. 企业负责人六项责任

《安全生产法》对生产经营单位负责人的安全生产责任作了专门的规定:

(1)建立健全安全生产责任制;

(2)组织制定安全生产规章制度和操作规程;

(3)保证安全生产投入;

(4)督促检查安全生产工作,及时消除生产安全事故隐患;

(5)组织制定并实施生产安全事故应急救援预案;

(6)及时如实报告生产事故。

第二节　气割安全技术

气割作业是明火操作,又使用易燃易爆气体,因为气体泄漏或操作不当,各类事故时有发生。因此有关人员必须重视安全生产,制定并严格执行安全操作规程,遵守各项安全法规和安全生产规章制度。

一、气割作业安全技术要点

(1)气割作业场所必须配备消防装置,如消防栓、灭火器、沙箱及盛满水的水桶等。

(2)从事气割的操作人员必须经三级安全教育,学习并掌握安全操作知识,经考核合格者方能上岗工作。

(3)必须严格执行电石、乙炔发生器、乙炔瓶、液化石油气瓶(或储罐)、氧气瓶等及各种减压器的使用规则和安全注意事项。

(4)进入生产现场必须戴好安全帽和必要的防护用品。在 3 m 以上高空作业时应系好安全带。

(5)气割场所附近不得堆放易燃易爆物品,更不可在储有易燃易爆物品的场所进行气割作业。必须在可燃物附近作业时,需离开5 m以外,并设置遮挡屏等防止火星和气割熔渣飞向可燃物。

(6)储存过原油、汽油或其他易燃易爆液体和气体的容器或舱室,事先应对容器进行清洗,经测爆合格后再在孔盖完全打开的情况下进行切割。

(7)在容器或狭小舱室内气割时,严禁使用漏气的皮管和割炬等,因泄漏的燃气在容器内不易扩散,遇火会爆炸。工作告一段落应将割炬和皮管携出。容器的容积较小时,割炬应在外面点火。

(8)必须在敷有易燃物或新油漆过的舱室进行气割作业时,事先应取得消防部门的同意,并有消防人员在现场才能切割。

(9)高空操作时,应看清周围环境和风向,并注意下面是否有人员和易燃物品,以免伤人或引起火灾。同时,割下的废余料不可以让其随意坠落。

(10)切割现场必须照明时,手持照明灯的电压不得超过36 V。

二、电石的储存、运输与使用安全事项

(1)存放电石的仓库应干燥、通风好、不漏雨。严禁采暖管线和水管等通过库房。库内照明设备应采用防爆式,电灯开关必须采用封闭式,或者采用室外投射照明。不得在低洼、易进水的房屋内储存电石。不准用地下室储存电石。

(2)装运电石桶应使用专车并加以信号标志。搬运电石桶时应先松开桶盖上的螺钉放气。搬运桶时要轻搬轻放,不可用钢丝绳直接吊运电石桶,不得滚动或扔摔,以免桶内电石受剧烈震动相互撞击引起火花而爆炸。在雨雪天装运电石时,要有避雨水和防潮措施。

(3)开启电石桶时,不得使用可能产生火花的工具,特别是铁器,最好采用铍铜合金制的专用工具。不可在有明火的场所开通。开桶时操作人员不可面对桶盖。

(4)取用电石后应随即关闭桶盖。取用或砸碎大块电石时,操作者应戴眼镜、手套和口罩。

(5)剩余的细小电石粉末,应送到电石坑集中由专人处理,不可混在一般的垃圾中。

(6)扑灭电石引发的火灾应使用干沙或二氧化碳灭火。严禁使用四氯化碳灭火器、水或化学反应时会产生水分的灭火器,如泡沫灭火器。

三、乙炔发生器的安全管理和安全操作

乙炔发生器是易爆装置,特别是移动式乙炔发生器因结构上和操作上不当而造成的事故较多,要特别重视其安全管理和安全操作。

一定要使用安全性能和技术性能符合有关标准的乙炔发生器,并应有产品合格证和使用说明书。不得使用不符合标准的产品,更不允许使用自制的浮通式乙炔发生器。

固定式乙炔发生器应安装在符合规定的乙炔站内。室内及周围禁止一切明火。

1. 使用乙炔发生器的注意事项

(1)使用乙炔发生器的操作人员必须经过培训并掌握发生器的构造、工作原理、维护规则及安全技术规程,经考试合格,取得安全操作合格证。

(2)移动式乙炔发生器应放在空气流通和不发生震动的地方,离高温源或明火10 m以外,且不得放在高压线下方。置于室外时,夏季应防曝晒,冬季要防止冻结。发生冻结时严禁用火烘烤,要用热水或蒸汽进行解冻。

(3)发生器不能有漏气现象,对此应采用涂肥皂水进行检查,绝对不可用火焰来做试验。

(4)不能将已点燃的割炬或焊炬靠近发生器,也不可在发生器旁吸烟。

(5)发生器工作或更换电石后,应先把其中的空气排除,然后才能接上割炬和焊炬输气。

(6)发生器必须装上回火防止器。

(7)各种乙炔发生器工作时,水温不得超过 60 ℃,发气室温度不得超过 90 ℃。当超过以上温度时应用冷水喷射降温或添加冷水。

(8)禁止在气割或气焊操作时移动发生器或增加冷却水。

(9)使用的电石粒度应符合发生器说明书规定,粒度小于 4 mm 的电石不可使用。电石的装入量也要符合说明书规定,不可过量。

2. 乙炔发生器安全操作规程

(1)移动式中压乙炔发生器安全操作方法

①加电石操作

其操作要点如下:

a. 旋松开盖手柄,放下压板环,启开盖板,然后灌入清水并旋开溢水阀,见水溢出即关闭。

b. 将水封式回火防止器水位阀、储气室水位阀旋开,灌入清水,直至水溢出水位阀为止。

c. 移动调节杆,使电石篮脱离水面,将电石放入篮中,装完后立即把盖关闭并旋紧开盖手柄。移动调节杆使之复位,电石与水接触就产生乙炔。当需调节发气量时再移动调节杆。

②排污操作

拉开排污开关杆,推动橡皮塞,使电石污从出渣口排出。然后用清水冲洗出渣口,以防止橡皮塞损伤。一般经过三次装料后就要排一次污。

③日常运行操作

发生器工作结束后应把未用完的电石取出,并进行放污、清洗,在严冬季节应注意将发生器内的水排干;回火防止器的水位必须每天检查,必要时需调换清水。

(2)固定式中压乙炔发生器安全操作方法

①日常操作要点

a. 把规定数量的电石放入电石篮,推入发气室,关紧发气室盖。

b. 将加水桶灌满水,然后向发室注水,使电石发气。

c. 乙炔压力下降时,打开顺泄阀,看是否有水喷出,并检查发气室情况。

d. 有 2 个发气室的发生器,第二个发气室工作后,让已不工作的第一个发气室发尽余气(需 5 ~ 10 min),随后即对其进行冲洗,同时打开排污阀排污。

e. 排污完毕,打开发气室盖,冲洗后加装电石。

f. 向水封式回火防止器加水至水位阀。使用干式防止器时检查一下是否处于工作状态。

g. 发生器停止工作后,即关闭乙炔管主阀。

h. 检查一下发生器水位。

②发生器启用、清洗和大修后的操作要点

a. 向回火防止器内注水至水位阀为止。

b. 关闭进水阀。

c. 向发生器放水至水位阀,清除发生器内的混合气体。

d. 把规定数量的电石放入电石篮内,推入发气室,关紧发气室盖。

e. 向发气室注水使之发气。

f. 清除回火防止器中的混合气体。

3. 回火防止器的安全使用

回火防止器的使用和维护要点如下:

(1)尽可能采用干式回火防止器。

(2)干式回火防止器的阻火元件应经常清洗以保持气路畅通。多次回火后,应更换阻火元件。

(3)水封式回火防止器必须垂直放置并要经常换水,注意保持必要的水位。

(4)一个回火防止器只能供一把割炬或焊炬使用,不得合用。当一个乙炔发生器向多个割炬或焊炬供气时,除应装总的回火防止器外,每个工作岗位都须安装岗位式回火防止器。

(5)禁止使用无水封的、漏气的、逆止阀失灵的回火防止器。

4. 减压器的安全使用

使用减压器应按下述规则执行:

(1)氧气瓶放气或开启减压器时动作必须缓慢。如果阀门开启速度过快,减压器工作部分的气体因受绝热压缩而温度大大提高,这样有可能使有机材料制成的零件如橡胶填料、橡胶薄膜纤维质衬垫着火烧坏,并可使减压器完全烧坏。另外,由于放气过快产生的静电火花以及减压器有油污等,也会引起着火燃烧烧坏减压器零件。

(2)减压器安装前及开启气瓶阀时的注意事项:安装减压器之前,要略打开氧气瓶阀门,吹除污物,以防灰尘和水分带入减压器。在开启气瓶阀时,瓶阀出气口不得对准操作者或他人,以防高压气体突然冲出伤人。减压器出气口与气体橡胶管接头处必须用退过火的铁丝或卡箍拧紧,防止送气后脱开发生危险。

(3)减压器装卸及工作时的注意事项:装卸减压器时必须注意防止管接头丝扣滑牙,以免旋装不牢而射出。在工作过程中必须注意观察工作压力表的压力数值。停止工作时应先松开减压器的调压螺钉,再关闭氧气瓶阀,并把减压器内的气体慢慢放尽,这样,可以保护弹簧和减压活门免受损坏。工作结束后,应从气瓶上取下减压器,加以妥善保存。

(4)减压器必须定期校修,压力表必须定期检验。这样做是为了确保调压的可靠性和压力表读数的准确性。在使用中如发现减压器有漏气现象、压力表针动作不灵等,应及时维修。

(5)减压器冻结的处理。减压器在使用过程中如发现冻结,应用热水或蒸汽解冻,绝不能用火焰或红铁烘烤。减压器加热后,必须吹掉其中残留的水分。

(6)减压器必须保持清洁。减压器上不得沾染油脂、污物,如有油脂,必须在擦拭干净后才能使用。

(7)各种气体的减压器及压力表不得调换使用,如用于氧气的减压器不能用于乙炔、石油气等系统中。

四、各种气瓶搬运和使用安全事项

1. 氧气瓶搬运和使用安全注意事项

(1)氧气瓶用的阀门要彻底除去油类,油脂可用四氯化碳清洗。

(2)禁止把氧气瓶和溶解乙炔瓶或其他可燃气体瓶放在一起或同车运输。

(3)运送时应将气瓶沿同一方向卧放码齐,并加以固定,避免瓶体相互碰撞和受到剧烈震动。

(4)禁止从车上或从高处直接滚下气瓶和在地面上滚动搬运气瓶。

(5)禁止带压拧动瓶阀螺杆,或猛击减压器的调节螺丝等方法来处理泄漏的气瓶。

(6)使用时应尽可能把气瓶垂直放置并用支架固定,防止倾倒。

(7)夏天应防止气瓶受阳光曝晒,露天使用时应设临时棚、罩遮蔽。另外,还应防止直接受高温热源辐射,以免瓶内气体膨胀而发生爆炸。

(8)氧气瓶与乙炔发生器、易燃物品或其他明火点的距离一般不小于10 m,当环境条件不允许时,应保证不小于5 m,并须加强防护。

(9)气瓶中的氧气不允许全部用完,至少应留0.1 ~0.2 MPa表压的剩余气体。

(10)气瓶必须装上瓶帽和防震橡胶圈。集中储存氧气瓶的地方不允许存在明火作业和吸烟的现象。

(11)氧气瓶在使用过程中应按国家质检总局颁发的《气瓶安全监察规程》定期进行各项检验。过期未检验的气瓶不允许继续使用。

2. 乙炔瓶搬运、储存和使用安全事项

(1)乙炔瓶运输安全注意事项

①应轻装、轻卸,严禁抛、滑、滚、碰。

②车、船运输时应妥善固定。汽车装运时,如卧放,不得超过车厢挡板高度,且头部应朝向同一方向;直立排放时,车厢挡板高度不得低于瓶高的三分之二。

③夏季运输要有遮阳设施,防止曝晒,炎热地区应避免白昼运输。

④车上禁止烟火,并应配备干粉或二氧化碳灭火器(严禁用四氯化碳灭火器)。

⑤严禁与氯气瓶、氧气瓶和易燃物品同车运输。

⑥严格遵守交通和公安部门颁布的危险品运输条例及有关规定。

(2)乙炔瓶储存安全注意事项

①储存乙炔瓶超过5瓶,但不超过20瓶时,应在现场或车间内用非燃烧体或难燃烧体墙隔成单独的储存间;超过20瓶时应设置乙炔瓶库。乙炔瓶库的设计和建造应符合《建筑设计防火规范》和《乙炔站设计规范》的有关规定。

②储存间与明火或散发火花点的距离不得小于15 m,且要有良好的通风降温措施,并避免阳光直射,在其附近应设有消防栓和干粉或二氧化碳灭火器(严禁使用四氯化碳灭火器)。

③乙炔瓶储存时,一般要保持直立状态,并应有防倾倒措施。

④严禁与氯气瓶、氧气瓶及其他易燃品同间储存。

⑤储存间应设专人管理,并在醒目的部位设置“乙炔危险”“严禁烟火”标志。

(3)乙炔瓶使用安全注意事项

①必须配装专用减压器和回火防止器。开启时操作者应站在阀口侧后方。放气压力

不得超过0.15 MPa,每瓶的输气流量不应超过1.5 m^3/h。

②气瓶应直立放置,防止其倾倒。严禁卧放使用。卧放的气瓶竖起后需待20 min后才可输气。

③气瓶要放置在通风良好的场所,不得靠近热源和电气设备。与明火的距离一般不小于10 m,与氧气瓶不要太靠近。

④夏季要防止曝晒。冬季瓶阀冻结时严禁用火烘烤,应使用40 ℃以下温水解冻。

⑤现场吊装搬运时应使用专用夹具和防振的运输车,不得用链绳或钢丝绳吊装搬运。

⑥瓶内气体不得用尽,应根据气温保持一定的余压。

3.液化石油气瓶使用安全事项

(1)气瓶不可全部充满液体,应留有10%~15%的汽化空间。

(2)气瓶必须安装专用减压器,禁止直接与瓶阀(角阀)连接使用。

(3)气瓶应放置在通风阴凉处,不得靠近火源,离明火的距离应不小于5 m。夏季应防止受曝晒。冬季使用时如汽化量不足,禁止把气瓶移至加热炉旁烘烤,可使用蛇管式或列管式热水汽化器。

(4)使用时气瓶应直立放置。

(5)瓶内残液严禁自行倒出,以防急速汽化造成火灾。

4.减压器的安全使用

(1)减压器应选用符合国家标准的合格产品。凡表针指示失灵、阀门漏泄不严、表体含有油污未清理的禁止使用。

(2)当发现减压器发生自流现象和漏气时,应迅速关闭气瓶阀门,卸下减压器送至专业修理点检修。

(3)安装氧气减压器前应检查连接头和外套螺帽的螺纹是否完好和沾有油脂,螺帽内应用纤维质(抗氧阻燃)垫圈,不得用气垫或橡胶垫代替。

(4)安装氧气减压器后应检查接头是否漏气。开启氧气瓶时操作者不要面对减压器。

五、割炬的安全使用

(1)使用射吸式割炬时,在装上乙炔胶管之前,要先检查割炬的射吸力。方法是:只接上氧气胶管,打开割炬上的乙炔阀和氧气阀,将手指放在割炬的乙炔进口处,如感到有吸力,则表明射吸力良好。然后检查乙炔胶管中有无乙炔气正常流出。再把乙炔胶管装到割炬上。

(2)割炬点火前,应检查连接处和各气阀是否漏气。

(3)在氧气和乙炔阀都开启后禁止用手或其他物件堵住割嘴,以免氧气倒流入乙炔供气系统而造成回火。

(4)点火时先开乙炔,点着后再打开氧气阀调节火焰,这样,一发现回火迹象,可立即关闭氧气阀,将火熄灭。缺点是开始时火焰产生炭黑烟。如先略微打开氧气阀,再打开乙炔阀然后点火,可避免黑烟。但在射吸式割炬的场合,如割炬有泄漏或割嘴端部受堵时,很易发生回火。

(5)点火时应把割嘴朝外偏下,以免点火后火焰伤及身体。点火应使用专用点火枪或引火绳,不可用烟蒂点火。使用射吸式割炬时,手应握在胶木把手上,不可握在混合管上,以免一旦回火烫伤手。

(6)不准将点燃的割炬随意放在工件上或地上。

(7)一旦发生回火,应立即关闭燃气阀,再关上氧气阀。待回火制止后,松开减压器,查明回火原因后方可重新点火。点火前要把胶管和割炬混合室内烟灰吹除,并把割嘴放入水中冷却。

(8)切割终了熄火时,射吸式割炬应先关切割氧,再关闭燃阀,最后关闭预热氧阀。等压式割炬可先关切割氧后,再关闭预热氧阀。

(9)割炬暂不使用时,不可将其放在坑道、地沟内或者工件下面,或锁在工具箱内,以免因气阀不严漏出乙炔,在这些空间集聚燃气－空气混合气,遇火星而发生爆炸。

(10)每天工作结束后,应把减压器和割炬拆下,并将气瓶、气路等阀门关闭。

六、橡胶软管的安全使用

(1)燃气、氧气软管必须选用按国标生产的橡胶管。氧气胶管的颜色是红色,乙炔胶管的颜色是黑色,注意不要错用。禁止两种胶管换用或替用。

(2)移动式乙炔发生器使用的胶管长度应不小于 15 m。胶管接长用接管禁止使用纯铜。连接处要扎牢,避免漏气和脱落。

(3)胶管局部损坏,应切除破损部分或更换新胶管,以防止破损处泄出乙炔而发生事故。

(4)胶管在工作中应防止沾上油脂或触及红热金属。

第七章　气割实操

第一节　大厚度钢板的手工气割

一般厚度的碳钢及低合金钢板气割通常没有什么特殊困难，也不必采用什么特殊措施，按照第二章工艺及要求就能比较容易顺利地进行切割。割炬可选用 G01－100 型或 G02－100 型。为了提高切割效率，在气割厚度 25 mm 以上的钢板时，割嘴可向后（即切割前进的反方向）倾斜 20°～30°。

对于超过 100 mm 的厚板，为了获得满意的气割效果必须采取特殊的措施。通常把厚度超过 100 mm 的工件切割称为大厚度切割。大厚度钢板切割时由于工件较厚，切割有一定难度。气割大厚度钢板的主要难点是：

（1）预热处钢材上、下部受热不均匀，如果操作不当，起割时往往不能沿厚度方向顺利穿透而造成切割失败；

（2）因为钢材比较厚，燃烧反应沿厚度方向传播需要一定时间，导致下部金属燃烧比上部金属慢，同时越到切口下部，切割氧流动量越小，纯度越低，使后拖量增加。

（3）熔渣多，切割氧流排渣能力减弱，容易在切口底部形成熔渣堵塞，使正常气割过程遭到破坏。

切割大厚度钢板时，由于氧气压力增高，不但使氧气流变成圆锥形，而且氧气流的冷却作用也增大，因而影响切割质量及切割速度。如果切割更厚的钢件（600 mm 以上），由于预热火焰加热钢件的下层金属困难，使钢件受热不均匀，结果下层金属的传热就比上层金属来得慢。这样，切割厚钢板时，上部金属与下部金属燃烧是不均匀的，总是上部快下部慢，使切割氧射流在前进方向呈现一弧形，相应地在工件上产生一向后拖延的弧形割缝，这弧形割缝始末端之间的距离称为后拖量（见图 7－1）。如果割缝产生很大的后拖量，容易使熔渣堵塞割口底部造成切割困难。厚大板切割的后拖量，可以从割缝上观察到并且也能测量出来。切割过程中，后拖量是不可避免的。当后拖量较小时，割缝宽度均匀、表面光滑，也没有大梳齿凸出和横向的线槽。

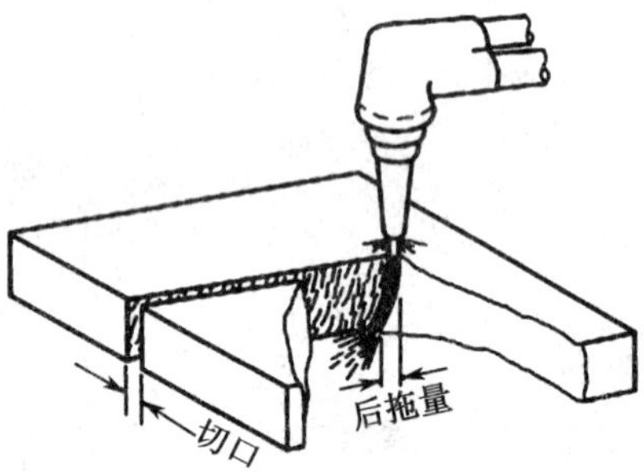

图 7－1　气割的切口及后拖量

大厚度气割容易产生后拖，切割将要结束时由于后拖原因，工件底部有切不透现象，使工件不能分离。为了解决这个问题，可在切割将要结束、割炬将要移出工件时，将割炬后倾约 10°左右，并放慢切割速度，这样可减少后拖。

实现大厚度钢板气割的最重要条件是向气割区提供足够的氧气流量，所需的切割氧流量 Q 可按下式估算，即

$$Q = 0.09 \sim 0.14\delta$$

式中　Q——大厚度钢板气割时所需的切割氧流量，m^3/h；

δ——钢板厚度，mm。

大厚度钢板切割时，整个供氧系统包括减压器、各种接头和阀件、割炬进气管、割嘴孔径等都要满足相应的供氧能力，避免产生节流现象。要根据钢板厚度和切割长度，准备足够的气源，以免中途因氧气用尽而中断切割（大厚度钢材要重新起割是很困难的）。

割厚度300 mm以上的大厚度钢板时，要选用大型号的割炬和割嘴，而且气割时氧气要供应充足。开始气割时，预热火焰要大，首先由工件的边缘棱角处开始预热，将工件预热到切割温度时，逐渐开大切割氧气并将嘴头后倾（为了使气割过程顺利进行，往往在起割时使割炬倾斜一角度，等火焰穿透工件后，割炬一边移动一边逐渐将割炬恢复到垂直位置）；待工件边缘全部割透时，加大切割氧气流，并使嘴头垂直于工件，同时割嘴沿割线向前移动。切割更大厚度钢板时前进速度更慢，割嘴要做横向月牙形摆动，如图7－2所示。

图7－2　大厚度钢板气割过程示意图

第二节　角钢的气割

在气割角钢的操作中，可以根据实际情况来选择水平位置直线手工切割操作的抱腿蹲式或靠腿蹲式的蹲姿。按切割线的走向可分为垂直气割、倾斜气割、割除和挖榫等四种操作技法。

一、垂直气割

垂直气割角钢就是沿着两条同时垂直于角钢的棱，且相交于棱上一点的切割线进行气割操作。可采用双向气割和单向切割两种方式。

1. 双向气割

在垂直气割角钢前，将角钢棱角向上平扣在切割平台上，面对着放置呈双边爬坡，且垂直于角钢棱边的两条角钢切割线，如图7－3所示。

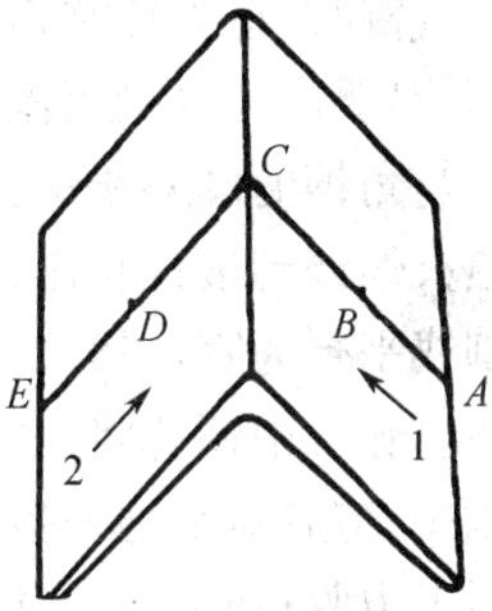

图7－3　角钢的双向切割示意图

按靠腿蹲式的姿势操持好割炬，垂直气割角钢，操作者面对的是两条对称的且与水平面各呈45°的爬坡角钢切割线。操作者在心中将角钢切割线分成两等份，即AB，BC两条线段。切割角钢垂直切割线时应注意割嘴与角钢面的爬坡切割角度，同时，还要注意角钢切割线AC的走弧趋势。

气割中,在气割线段 AB 时,使割嘴自右下向左上做倾斜运动,同时还要轻微地、由多渐少地向左后收割炬,B 点的回收量为 0。在气割线段 BC 时,使割嘴自右中向左上倾斜运动,同时要轻微地、由少渐多地向左前送割炬,C 点的送尽量最大。在气割线短 ED 时,要使割嘴自左下向右上倾斜运动,同时要轻微地、由多渐少地向后做收割炬的动作,D 点的回收量为 0。气割线段 DC 时,使割嘴自左中向右上倾斜运动,同时还要轻微地、由少渐多地向右前做送割炬的动作,C 点送割炬的量应尽量最大。

2. 单向气割

角钢单向气割时对角钢的放置方式没有严格的要求,可以将角钢棱向上扣在气割平台上,也可以将角钢棱向左下,使角钢侧立在切割平台上。棱向上放置的角钢单向气割如图 7-4 所示,一般采用由右向左的气割方向。同样在心中将角钢气割线分成两等份,即 AB,BC 两条线段。在气割角钢垂直切割线时应注意割嘴与角钢面的爬坡气割角度。

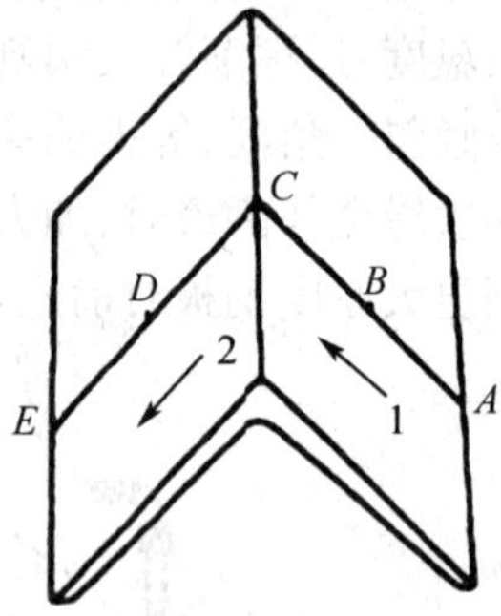

图 7-4 角钢的单向切割示意图

线段 AC 的气割与双向气割相似,气割到 C 点后,要迅速关闭气割阀,将割嘴向逆时针方向旋转 90°后,将割嘴继续对着 C 点,进行线段 CE 的气割。

在气割线段 CD 时,在使割嘴做自右上向左下倾斜运动的同时,还要轻微地、由多渐少地做向左后收割炬的动作。切割线段 DE 时,在使割嘴自右中向左下倾斜运动的同时,要轻微地、由少渐多地向左前送进割炬,D 点送进量应尽量为 0。

二、倾斜气割

倾斜气割角钢就是气割线至少有一条倾斜于角钢棱的气割操作。

一般在气割前,应将角钢放好。最好采用专有支架放置角钢。一般将角钢的垂直气割线垂直于水平面放置,而角钢的倾斜气割线平行于水平面放置,如图 7-5 所示。

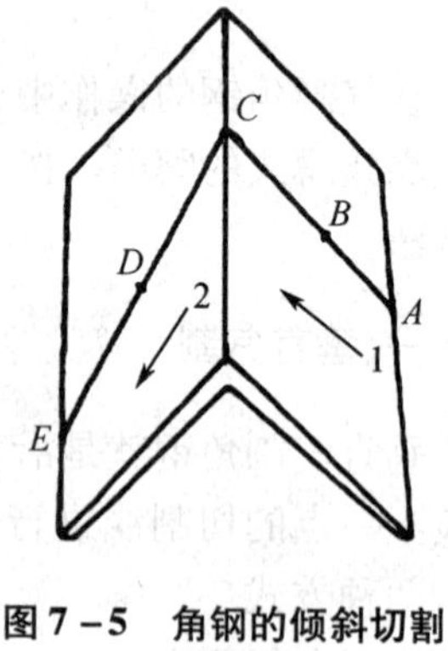

图 7-5 角钢的倾斜切割示意图

气割时,首先切割角钢垂直切割线,其气割同垂直气割相似,只是要注意气割氧流的倾斜方向。为了使气割氧流的倾斜方向与角钢的倾斜线保持一致,可以在气割之前,将点燃后的预热火焰调到最佳状态,并开启气割氧流,调整其与角钢倾斜切割线平行为宜。然后以此角度从下到上立割角钢的垂直切割线。在心中还要将角钢垂直切割线分成上下两段,在下段的气割中,应有意识地操持着割炬,在自下向上的运动中,边走边向后上方收;在上段的气割操作中,操持的割炬在继续向上的运动中,边走边向前上方送。

在将要气割完角钢垂直切割线时,要及时关小气割氧流,减弱气割氧流的穿透力,防止气割氧流穿入角钢水平面过深而引起飞溅,同时防止气割氧流与水平切割线存在角度偏差。适当地减弱气割氧流的穿透力,使其既能割透角钢棱、不出飞溅,又不过长地切割两线交点处。割透角钢棱的长度,一般以 2 ~ 5 mm 为宜。

三、角钢的割除

在船舶建造及修理改装过程中，经常会遇到角钢的割除操作，根据割除的部件不同分为钢板割除和角钢割除两种方法。

1. 需割除钢板时

(1)当钢板较厚时，可采用先沿一侧角钢边缘进行切割，确保将焊脚割断，然后再割除另一侧的焊脚，具体操作如图 7-6 所示。

(2)若钢板较薄，可沿角钢两侧将钢板割断，如图 7-7 所示，然后再用砂轮将角钢根部磨光。

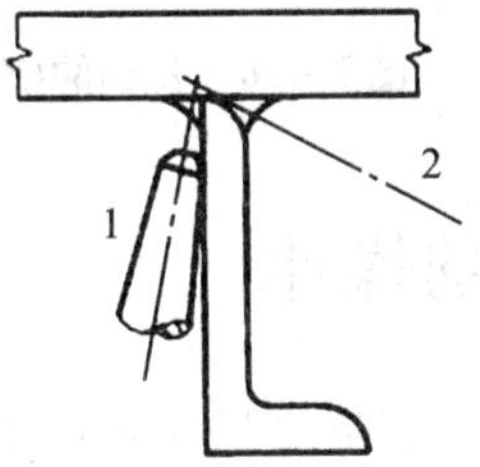

图 7-6　切除较厚钢板的示意图

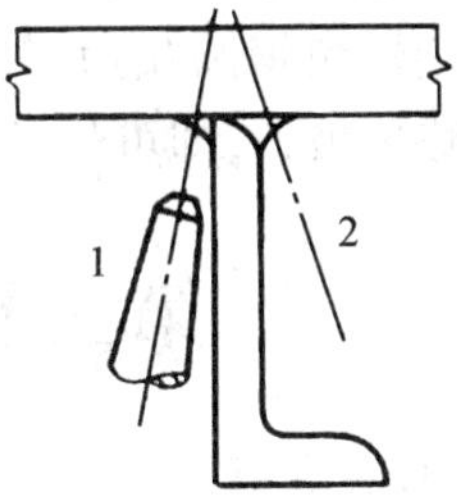

图 7-7　切除较薄钢板的示意图

(3)当钢板厚度小于 6 mm 时，可在钢板的背面沿角钢位置线进行气割。气割时可不断地向两侧摆动，如图 7-8 所示。

为了减少角钢的变形，气割时应采用跳割的方法，即每割一段长焊缝，就留下一小段焊缝不割，待角钢冷却后再将所有未割的小段焊缝割除。

2. 需割除角钢时

当在保证钢板不被损伤的情况下割除角钢时，应将割嘴放在靠近且平行于钢板的位置，然后开大气割氧流，将角钢及其周边的焊脚割除，如图 7-9 所示。为了避免割伤母材，通常应至少留 5 mm 的根，待角钢割除后再用砂轮将根部打磨至与钢板平齐。

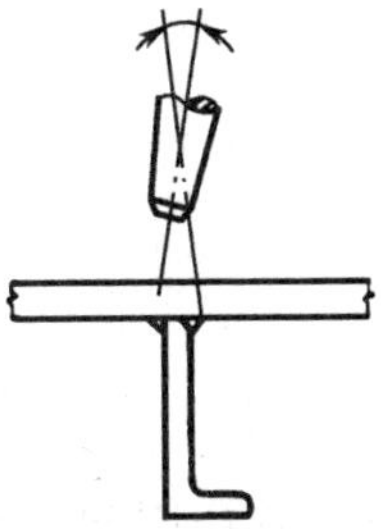

图 7-8　切除厚度小于 6 mm 薄钢板的示意图

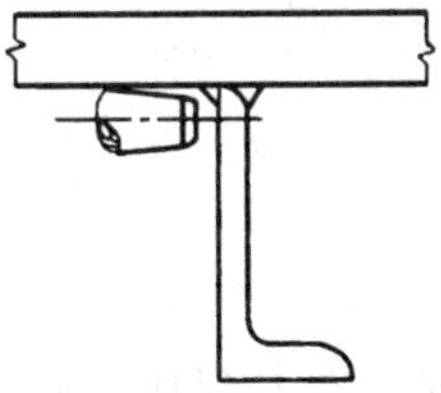

图 7-9　割除角钢的示意图

四、挖榫

在角钢气割中,气割工有时还会遇到挖榫操作,如图7-10所示。操作技法如下,首先,气割工将两条垂直角钢切割线AB和CD切割开,而且使割嘴分别割透角钢棱至BG和DH。然后,换位置蹲在AB,CD一侧,调整好割嘴到折线GF,FH的距离及割嘴与角钢切割剖面的角度、高度。接着割嘴从G点向左气割折线GF,FH,割嘴基本垂直于折线所在的角钢气割面。最后,从E点开始,反方向向右上方气割完EF。在气割折线时,为了气割掉角钢圆弧边,气割工可以将割嘴略向上抬,使切口略成坡口,即可气割掉角钢圆弧边。

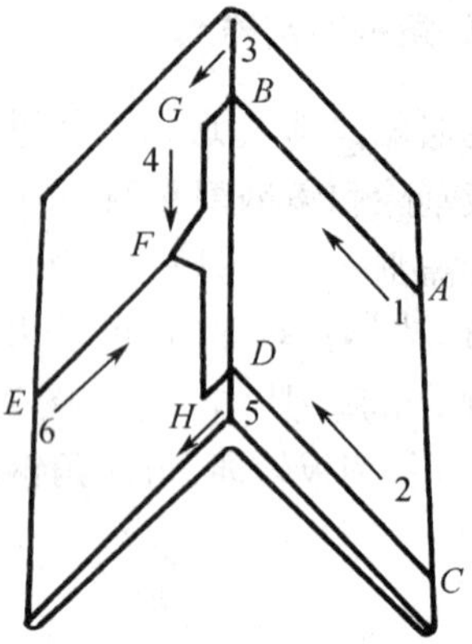

图7-10 角钢的挖榫气割示意图

第三节 圆孔的气割操作

切割起点选择在无缝工件表面的非边缘部位,用切割氧流穿透工件的手段去开辟引割点的切割操作技法称为割孔。

在一般情况下,引割点应当选择在工件表面的边缘部位,如图7-11(a)所示。但在特殊情况下,引割点只能选择在工件表面的非边缘部位,如图7-11(b)所示,凡属此类型的切割工件,在切割之前都要在切割起点附近的引割点进行割孔。

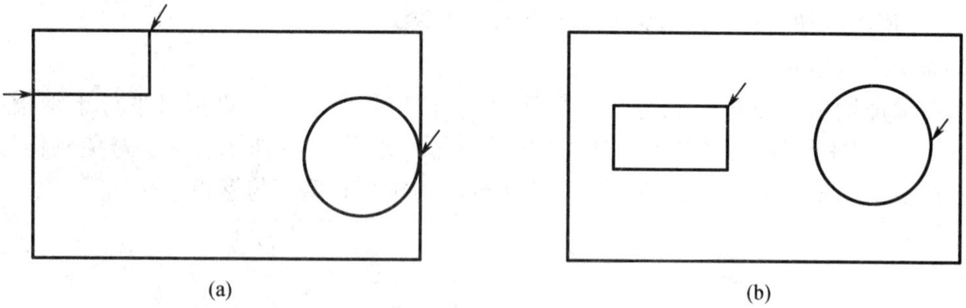

图7-11 切割起点位置

一、操作技巧

在水平放置的工件上割孔,为了使割炬在割孔中获得比较稳固的基础,采用抱腿式或靠腿式两种割炬操持的姿势均可。不过在割孔操作时,操持割炬手的姿势略有变化。操作者的左手操持割炬不要太紧。小指插到切割氧管的下端,并且稍微弯曲,轻松地钩住此管,作为承担割炬重要的辅助力量。左手无名指紧贴在切割氧管的上面,与小指相互配合,其作用是防止切割氧管脱落。左手拇指、食指和中指的操作技法没有变化,还是操持在切割氧阀两侧,控制切割氧阀启闭,从而达到控制切割氧流流量的作用。

在进行割孔操作之前,应当对割孔部位进行必要的预热。割孔部位的预热区域和预热程度的合理选择是确保割孔操作顺利进行的重要环节。

割孔部位预热区域的选择是随着工件厚度的变化而变化。一般情况下，工件厚度越大，需进行预热的区域就越大；反之则小。割孔预热区域的选择要适当，预热区域选择过长，会使切割效率降低，造成燃气和氧气的浪费；预热区域过短，则使本应该在预热区域的部分金属，由于没有得到充分预热而达不到燃点。割孔开始时，切割氧流运动到这里，容易因为切割不透工件而中断割孔操作。

割孔预热区域的长度可用工件厚度加 10 mm，所得的数值就是该厚度钢板在割孔预热区域所应选择的长度。割孔预热区域的宽度可以这样估计，对于厚度在 50 mm 以下的，可以选用割炬预热火焰本身所覆盖的宽度，约 10 mm；对于厚度在 50 mm 以上的，割孔工件的预热区域宽度可以加倍，约 20 mm。

在割孔操作前期，应将工件割孔部位的预热区域预热到橘黄色，然后立即开启切割氧进行割孔操作。预热时应选择合适的预热温度，这样既能保证切割氧流穿透工件，提高切割效率，又不浪费燃气、氧气。

割孔时，最常采用向左割孔法，在割孔中割嘴做自右向左的运动。相反为右割孔法，割嘴在割孔中做自左向右的运动。在割孔时，有时也采用向后割孔法，在割孔中割嘴做自前向后的运动。在特殊情况下，对薄板进行垂直割孔，割孔时割嘴在工件上做定向垂直割孔。

1. 向左割孔法

在采用向左割孔法中，当垂直的割嘴把割孔位置部位的预热区域预热到橘黄色时，立即将割嘴移到预热区域的右侧，距离预热区域右端头约 10 mm 处，使割嘴倾斜于工件，约成 30°夹角，如图 7－12(a)所示。

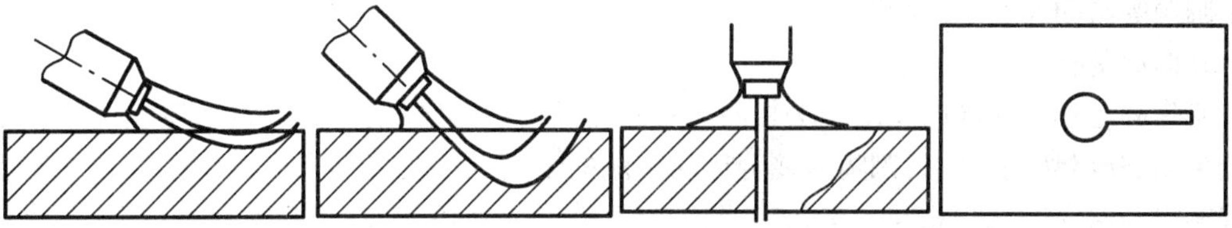

图 7－12　向左割孔法操作示意图

(a)预热开启切割氧流；(b)气割氧流冲刷工件；(c)气割氧流割透工件；(d)在切割线边缘割洞

开启切割氧阀后，割嘴的运动是一个复合运动。割嘴既有向左的转动，又有向左的平行移动。换句话说，割嘴边向左转圆弧，边向左运动，二者要配合好。当割嘴即将运动到垂直于工件平面时，切割氧流能迅速地切割透工件。切割透工件以后，割嘴继续垂直于工件，并沿着引割段运动，一直运动到工件的切割线边缘，然后割嘴在此处稍微转动一下，即可形成一个小圆洞，如图 7－12(d)所示。这个小圆洞的直径随工件厚度的增大而增大，一般在 5～10 mm。

采用向左割孔法进行割孔操作时，预热区域适度预热后，将割嘴移到该区域的右侧，并且与工件形成约 30°夹角。当所有割孔前的准备工作就绪后，即可开启切割氧阀。开启切割氧阀时，应由小到大，均匀地转动阀轮，这是割孔操作的关键。随着割嘴边向左转动，边向左平动的复合运动均匀、适度地进行，切割氧阀也同时均匀、适度地、逐渐开大，切割氧流的穿透力也在均匀、适度地、逐渐增强。被切割氧流吹出的氧化铁水逐渐在割嘴的右侧，靠液体表面张力汇聚在一起,形成一个氧化铁水团。随着氧化铁水被不断吹出,氧化铁水团也在增大。它能包住氧化铁水,减少或避免飞溅。当割嘴即将运动到垂直工件平面时,随着切割氧流不断地把氧化铁水排出,切口端头未焊透的工件厚度已很薄了。此时将切割氧流开到最大,未透的部分被切割氧流穿透。切割氧流不关闭,切割完引割段后在切割线的边缘切割一个小圆洞,这时割孔操作结束,如图 7 - 12(d)所示。

2. 向右割孔法

与向左割孔法相似。对割孔部位预热区域的预热程度、割嘴与工件之间的夹角、开启切割氧阀后割嘴做复合运动手法的运用及切割透工件以后在切割线边缘割个小圆洞等与向左割孔法相同。割孔前,割嘴与工件形成夹角的方向、割嘴起始的位置、割嘴运动方向的变化等与向左割孔法相反,如图 7 - 13 所示。

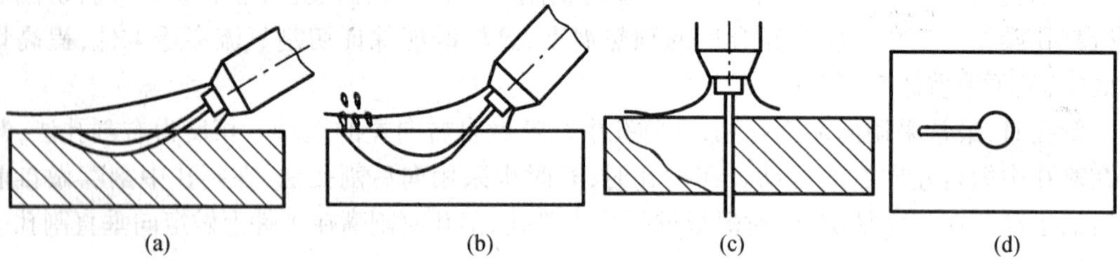

图 7 - 13 向右割孔法操作示意图

(a)预热开启切割氧流;(b)气割氧流冲刷工件;(c)气割氧流割透工件;(d)在切割线边缘割洞

在切割过程中,对切割氧流穿透力强弱恰到好处的控制、割透后在切割线边缘切割一个小圆洞等与向左割孔法相同。

3. 向后割孔法

割嘴的运动规律与向左割孔法相同。对割孔部位预热区域预热的程度、割嘴与工件之间的夹角、开启切割氧阀后割嘴做复合运动手法的运用及切透工件以后在切割线边缘割个小圆洞等与向左割孔法相同。割孔前,割嘴与工件形成夹角的方向、割嘴起始位置、割嘴运动方向的变化等与向左割孔法不同,按逆时针方向旋转了。

在切割过程中,对切割氧流穿透力强弱恰到好处的控制、割透后在切割线边缘切割一个小圆洞与向左割孔法相同。

在割孔中常见有割孔处未切割透而使操作中断和氧化铁水飞溅过多这两种情况。这两种情况有时单独出现,有时同时出现。如果是切割倾角没有选择好造成的,应在重新割孔中调整好切割倾角,以免再次发生。如果是切割氧流的穿透力选择不适当造成的,应在重新割孔时选择适当的切割氧流穿透力。如果是割孔工件下部有附着物造成的,应在重新割孔时选择适当位置,尽量避开附着物,无法避开时,应设法清除附着物再重新割孔。如果是氧气压力突然下降造成的故障,应立即停止割孔,检查造成氧气压力下降的原因,并采取相应的排除措施,待氧气压力恢复正常后,再重新割孔。如果是割嘴型号选择过小造成的,应立即停止割孔,更换成与板厚相适应的割嘴后,再重新割孔。

重新割孔时,应沉着、冷静,做好必要的安全防护措施,不能在原割孔位置上进行。应将重新割孔的位置选择在以离原割孔位置约 5 mm 处为宜。这样既可以避免氧化渣飞溅过多,又可以节约燃气、氧气及预热时间。同时,也应尽量避免割孔中出现的故障重新出现。

二、水平气割开孔

气割开孔时，起割点应选择在不影响工件使用的部位。在板厚大于 30 mm 的钢板上开孔时，为减少预热时间，可用扁铲将起割点铲毛，如图 7－14(a)所示，或在起割点用手工焊焊出一凸台，如图 7－14(b)所示。

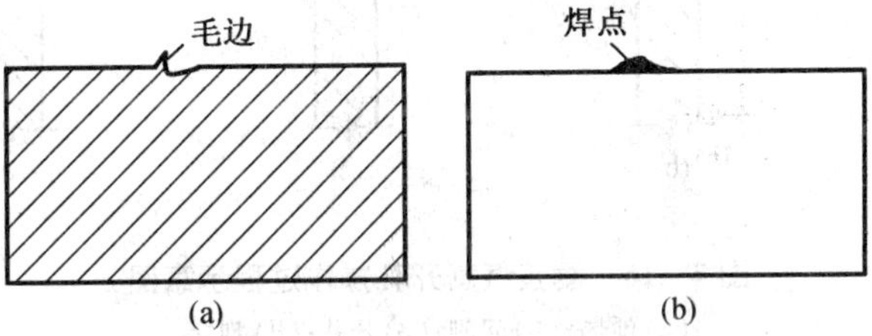

图 7－14 厚板气割开孔起割点的处理示意图

起割前，将割嘴垂直于钢板表面，并采用较大能率的预热火焰加热起割点。先用轻微的氧化焰对起割点进行预热，待钢板表面发蓝时，可将预热火焰调成中性焰，继续预热起割点。待起割点被加热到呈亮红色时，可将割嘴向切割方向后倾 20°左右，然后慢慢开启切割氧调节阀。随着开孔深度的不断增加，割嘴的倾角应不断减小，直至与钢板表面垂直为止。当起割孔被割穿后，即可慢慢移动割炬沿切割线割出所需要的零件，具体细节如图 7－15 所示。

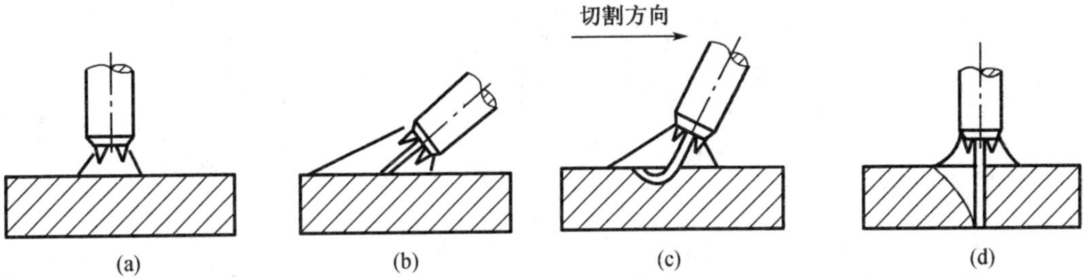

图 7－15 水平气割开孔操作过程示意图

若一次未能将工件割穿，可将工件翻转，在对着正面起割孔的位置继续进行气割。气割开孔时，应选用比气割相同厚度钢板大一号的割嘴，并适当增大预热火焰能率和切割氧压力。厚板气割开孔时，应采用挡板防护，以防止飞溅的熔渣伤人。

三、垂直气割开孔

垂直气割开孔的操作方法如图 7－16 所示，基本上与水平气割开孔相同。只不过操作时，割嘴应向上倾斜，并向上运动，以使熔渣向下喷射。

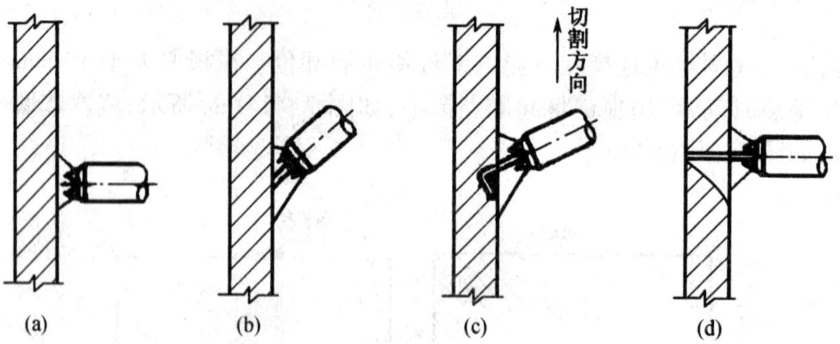

图 7－16　垂直气割开孔操作过程示意图

(a)预热;(b)起割;(c)开孔;(d)割穿

附录 A　船舶气割工国家职业技能标准(初级)

1. 职业概况

1.1　职业名称

船舶气割工。

1.2　职业定义

使用自动化设备及手工设备对船用金属材料进行热切割作业的人员。

1.3　职业等级

本职业共设五个等级,分别为:初级(国家职业资格五级)、中级(国家职业资格四级)、高级(国家职业资格三级)、技师(国家职业资格二级)、高级技师(国家职业资格一级)。

1.4　职业环境条件

室内、外,高空,高温,噪声,烟尘,光辐射,有毒,有害。

1.5　职业能力特征

手指、手臂灵活,动作协调,色觉和空间感强;具有一定的学习和理解能力。

1.6　基本文化程度

初中毕业。

1.7　培训要求

1.7.1　培训期限

全日制职业学校教育,根据其培养目标和教学计划确定。初级晋级培训期限不少于240 标准学时。

1.7.2　培训教师

培训初级的教师应具有本职业技师及以上职业资格证书或相关专业中级及以上专业技术职务任职资格。

1.7.3　培训场地设备

理论培训场地应具备可容纳 20 名以上学员的标准教室;实际操作培训场所应具备相应的设备、工具,通风条件良好,光线充足,安全设施完善。

1.8　鉴定要求

1.8.1　适用对象

从事或准备从事本职业的人员。

1.8.2　初级申报条件(具备以下条件之一者)

(1)经本职业初级正规培训达规定标准学时数,并取得结业证书。

(2)在本职业连续见习工作 2 年以上。

(3)本职业学徒期满。

1.8.3 鉴定方式

分为理论知识考试和技能操作考核。理论知识考试采用闭卷笔试方式,技能操作考核采用现场实际操作、模拟操作等方式。理论知识考试和技能操作考核均实行百分制,成绩皆达60分及以上者为合格。

1.8.4 考评人员与考生配比

理论知识考试考评人员与考生配比为1:20,每个标准教室不少于2名考评人员;技能操作考核考评员与考生配比为1:5,且不少于3名考评员;综合评审委员不少于5人。

1.8.5 鉴定时间

理论知识考试时间不少于90 min;技能操作考核时间:初级不少于60 min。

1.8.6 鉴定场所设备

理论知识考试在标准教室进行;技能操作考核在具备必要的设备、工具且通风条件良好、光线充足、安全措施完善的场所进行。

2. 基本要求

2.1 职业道德

2.1.1 职业道德基本知识

2.1.2 职业守则

(1)遵守法律、法规和有关规定。

(2)爱岗敬业,忠于职守,认真履行各项职责。

(3)工作认真负责,严于律己。

(4)刻苦学习,研究业务,努力提高思想和科学文化素质。

(5)主动配合,具有团队合作精神。

(6)严格执行工艺纪律,保证质量。

(7)重视健康、安全、环保,坚持文明生产。

2.2 基础知识

2.2.1 气割基本知识

(1)气割原理和过程。

(2)气割用气体及器具。

(3)割炬和割嘴。

(4)气割质量。

(5)气割安全技术。

2.2.2 等离子弧切割基本知识

(1)等离子弧切割基本原理。

(2)等离子弧切割安全技术。

2.2.3 船体建造工艺知识

(1)船体结构常识。

(2)船体建造主要工艺流程。

(3)船体分段划分和零部件编码方式。

(4)船体构件理论线。

2.2.4　金属材料及热处理知识

(1)常用金属材料的机械、工艺性能和种类。

(2)船用结构钢的牌号和用途。

2.2.5　质量管理知识

(1)质量管理性质和特点。

(2)质量管理基本方法。

(3)《中国造船质量标准》相关知识。

2.2.6　职业健康与环境保护知识

(1)《中华人民共和国安全生产条例》相关知识。

(2)《中华人民共和国安全生产违法行为行政处罚办法》相关知识。

(3)《中华人民共和国特种设备安全监察条例》相关知识。

2.2.7　相关法律、法规知识

(1)《中华人民共和国劳动法》相关知识。

(2)《中华人民共和国劳动合同法》相关知识。

(3)《中华人民共和国消费者权益保护法》相关知识。

(4)《中华人民共和国产品质量法》相关知识。

3. 工作要求(见表 A-1)

表 A-1　工作要求

职业功能	工作内容	技能要求	相关知识
一、内场气割	(一)切割准备	1. 能安装、使用割炬、减压器和半自动切割机 2. 能进行平、立位置切割准备 3. 能识读船舶构件切割图 4. 能进行切割设备和工具的一般维护和保养	1. 气割安全操作规程 2. 平、立位置切割准备及工艺要求 3. 船舶构件切割图识读知识 4. 常用切割割炬的型号、结构和工作原理
	(二)手工切割	1. 能在平放状态下直线切割 8 ~ 16 mm 厚钢板并接好起割接头 2. 能切割 20 ~ 26 mm 厚钢板并使其自然分开 3. 能切割船用 L 型钢材	1. 手工切割工艺 2. 中厚板材手工切割操作要领 3. L 型钢材切割操作要领
	(三)机械切割	1. 能按放样型线直线切割 20 ~ 26 mm厚钢板 2. 能进行 20 ~ 26 mm 厚钢板封闭曲线仿形切割	1. 半自动切割机操作要领 2. 仿形切割工艺要求

表 A－1(续)

职业功能	工作内容	技能要求	相关知识
二、平台气割	(一)手工切割	1. 能在 8 ~ 16 mm 厚钢板上进行横线、竖线切割 2. 能切割 4 mm 厚钢板并使其自然分开 3. 能拆除平面位置的马板且不损伤母材	1. 直线切割操作要领 2. 切割工艺参数 3. 割炬、切割气源的运用
	(二)半自动切割机	1. 能切割 20 ~ 26 mm 厚钢板的零件 2. 能切割 45°的坡口 3. 能使用半径杆切割圆	1. 割炬旋转角度调节方法 2. 气割机行走位置的控制方法 3. 半径杆切割操作要领
三、船台(坞)气割	(一)切割准备	1. 选用常用的氧气压力 2. 能选用常用切割机	1. 常用切割机型号规格和性能 2. 常用切割机结构 3. 常用切割机使用方法
	(二)切割	1. 能使用辅助工具切割 20 ~ 26 mm 钢板圆孔 2. 能进行 $\phi \leqslant 80$ mm、壁厚 3 ~ 6 mm 钢管的水平滚动切割	1. 圆孔切割操作要领 2. 钢管切割操作要领

附录 B　船舶气割工习题及答案

一、填空题

1. 乙炔，俗称电石气，是用碳化钙（CaC_2，俗称电石）跟________反应产生的。

2. 气割就是利用氧炔焰加热时使用过量的________，吹到熔化的金属和氧化物，在工作物上形成一条割缝，从而把金属割断。

3. 氧气橡胶软管应为________色，工作压力应为________ MPa；乙炔橡胶软管应为________色，工作压力应为________ MPa。

4. 气割临近终点时，割嘴应略向________方向倾斜，以利于钢板的下部提前割透，使收尾时割缝整齐。

5. 进行气割作业时，金属材料的燃点必须________于其熔点。燃烧生成金属氧化物的熔点，应________于金属本身的熔点。

6. 气割速度必须与切口整个厚度上金属的________速度相一致。

7. 切割要在钢板中间开始的，如割圆，应在钢板上先________，如钢板较厚则需要先________，再由孔开始切割。

8. 气割工件采用________焰，火焰的大小应根据工件的________适当调整。

9. 乙炔瓶表面温度不得超过________，瓶阀冬季解冻加温时，应使用________。

10. 室外使用的电焊机应设防水、防潮、防晒的机棚，并备有________。

11. 焊割现场必须配备灭火器材，危险性较大的应有专人________。

12. 遇到五级以上大风天气时，施工现场的高空露天焊割应________作业。

13. 金属的气割过程包括________、________、________三个阶段。

14. 氧气瓶的安全是由________控制的。

15. 气割的工艺参数主要包括________、________、________、________等。

16. 预热火焰能率主要取决于________和________的大小。

17. 切割氧气的压力主要根据________确定。

18. 氧气瓶内氧气压力为________，乙炔瓶的工作压力是________。

19. 割炬按预热火焰中氧气和乙炔的混合方式，分为________和________两种，其中以________的使用最为普遍。按割炬用途又分为________、________以及________等。

20. 我国的安全生产方针是________、________、综合治理。

21. 登高焊接切割作业，电焊机及其他焊割设备与高处焊割作业点的下部地面应保持________ m 以上的距离，并应设________。

22. 发生燃烧必须具备的三个条件：即________、助燃物质和________。

23. 氧－乙炔火焰根据氧和乙炔体积混合比的不同，可分为________焰、碳化焰和________焰。

24. 根据切割厚度来选择割炬割嘴的大小，割嘴号越________，切割厚度越厚。

25. 焊割现场必须配备________以免造成火灾，危险性较大的应有专人现场监护。

26. 乙炔、氧气管________互用,胶管穿过道路要加保护。

27. 气割开始前应清除工作地点附近的________、________物,以防起火造成人身伤害。

28. 焊接切割作业的地点应距易燃易爆物品________ m 以外。

二、判断题

1. 切割终了时,先关闭切割氧气阀,再关闭预热焰的氧气阀。(　　)

2. 冬季使用气割时,若氧乙炔气带出现冻结现象,可以用明火解冻。(　　)

3. 氧气瓶必须做定期检查(1 年一次),合格后才能继续使用。(　　)

4. 装氧气调压器前,应先吹扫氧气瓶嘴,人应该站在氧气出口的侧面。(　　)

5. 由于氧气瓶的壁厚较厚,即使夏季使用氧气瓶时,将氧气瓶置于阳光直射下,也不会发生安全事故。(　　)

6. 气割能够切割碳钢、铸铁、铜等金属材料。(　　)

7. 氧气瓶应直立应用,若卧放时应将减压器处于最高位置。(　　)

8. 氧气是气割的助燃气体,故其纯度对气割质量和效率影响不大。(　　)

9. 合理的焊接规范和焊工操作熟练程序是满足焊缝质量必要条件。(　　)

10. 氧气是无色无味,本身不能燃烧,但是一种比较活泼的助燃气体。(　　)

11. 接受安全生产教育培训是从业人员的义务。(　　)

12. 遇险停、撤是从业人员的权利。(　　)

13. 安全生产方针突出强调了“以人为本”的思想。(　　)

14. 可燃物质的自燃点越低,火险越小。(　　)

15. 爆炸性混合物的压力、温度、含氧量及火源的能量都会影响爆炸极限范围。(　　)

16. 使用氧气瓶前,应稍打开瓶阀,吹出瓶阀上黏附的细屑或脏污后立即关闭,然后接上减压表再使用。(　　)

17. 在禁火区内动火作业以及在容器与管道内进行焊补作业时,必须设监护人。(　　)

18. 开启乙炔瓶瓶阀时应缓慢,不要超过一转半,一般情况只开启四分之三转。(　　)

19. 供乙炔使用的器材都不能用银和含铜量 70% 以上的合金制造。(　　)

20. 氧气瓶运送时必须带瓶帽,不能与装可燃气体的气瓶同车运输。(　　)

21. 可以用氧气对局部焊接部位通风换气。(　　)

22. 引起气焊回火的原因是混合气体的流动速度低于燃烧速度。(　　)

23. 严禁气瓶阀、减压器、焊炬、割炬、输气胶管等沾上易燃的物质和油脂等物,以免引起火灾和爆炸。(　　)

24. 使用氧气瓶前,应稍打开瓶阀,吹出瓶阀上黏附的细屑或脏污后立即关闭,然后接上减压表再使用。(　　)

25. 氧气瓶运送时可以放倒后用叉车进行批量运送。(　　)

26. 切割时为了提高生产率,应尽量选用较大的火焰能率。(　　)

27. 割嘴离割件的距离:根据预热火焰的长度及割件的厚度而定,一般为 3 ~ 5 mm。(　　)

28. 严禁气瓶阀、减压器、焊炬、割炬、输气胶管等沾上易燃的物质和油脂等物,以免引起火灾和爆炸。(　　)

29. 发生燃烧必须具备的三个条件,即可燃物质、助燃物质和着火源。(　　)

30. 钢的力学性能指标有强度、塑性、硬度和冲击韧度等。( )

31. 钢的强度指标有屈服强度和抗拉强度等。( )

32. 钢的屈服强度是指钢在拉伸试验时,所能承受的最大拉应力。( )

33. 钢的冲击韧度值越小,在受到冲击时越不容易断裂。( )

34. 在生产过程中,凡是超出有效范围的燃烧称为火灾。( )

35. 气瓶立放时,应采取防止倾倒的措施。( )

36. 乙炔瓶最高工作压力禁止超过1.47 MPa表压。( )

37. 乙炔瓶使用时,瓶阀出口处必须配置专用的减压器和回火防止器。( )

38. 乙炔胶管可以直接从乙炔瓶出气口连接使用。( )

39. 乙炔瓶内气体可以用尽。( )

40. 未配有手轮的乙炔瓶使用过程中,开闭乙炔瓶瓶阀的专用扳手,应始终装在阀上。( )

41. 液化石油气比空气轻。( )

42. 氧液化石油气切割现场的厂房内,必须设有通风换气孔,使室内下部不滞留液化石油气。( )

43. 液化石油气瓶禁止使用沸水加热和烧烤。( )

44. 气瓶泄漏导致的起火,可通过关闭瓶阀,采用水、湿布、灭火器等手段予以熄灭。( )

45. 各种气瓶用的减压器可以换用或替用。( )

46. 用于液化石油气瓶及溶解乙炔瓶的减压器,使用时应保证减压器位于瓶体的最高位置,以防瓶中液体流入减压器。( )

47. 减压器及压力表应定期检验,以确保调压的可靠性和压力表读数的正确性。( )

48. 焊炬或割炬在使用过程中,嘴头堵塞物可以用嘴头与平面摩擦来消除。( )

49. 气焊气割用胶管在开始工作前应吹净胶管内残存的气体。( )

50. 氧气胶管可以用于乙炔,乙炔胶管不得用于氧气。( )

51. 气焊火焰能率的大小取决于焊炬型号和焊嘴号码的大小。( )

52. 氧液化石油气切割质量可比氧乙炔好,但生产率较低。( )

53. 切割氧压力是根据割件厚度选择的。( )

54. 气割作业可以直接在水泥地面上进行。( )

55. 氧乙炔切割型钢或因工作位置不能向下气割时,在气割喷射方向应有有效防护措施,以防火花大量飞溅伤人或引起火灾爆炸事故。( )

56. 安全区(指定动火区)内严禁放置及使用各种易燃易爆物料。( )

57. 氧－乙炔气割是金属在切割氧射流中剧烈燃烧(氧化),同时生成氧化物熔渣和产生大量的反应热,并利用切割氧的动能吹除熔渣,使割件形成切口的过程。( )

58. 乙炔在常温常压下是无色气体。工业用的乙炔混有磷化氢、硫化氢等杂质,因而具有刺鼻的臭味。( )

59. 乙炔能溶解在浸满丙酮的多孔填料中,故乙炔才能储存于瓶内。( )

60. 乙炔的爆炸极限范围极大,在空气中有大量的乙炔才能引起爆炸。( )

61. 乙炔发生器的指示装置只有压力表、温度计。( )

62. 乙炔发生器的防爆泄压装置有安全阀、泄压膜。( )

63. 被切割金属材料的燃点高于熔点是保证切割过程顺利进行的基本条件。(　　)

64. 回火就是在气焊或气割过程中,由于某些原因,使气体火焰进入喷嘴内逆向燃烧的现象。(　　)

65. 在气割作业中发生回火倒燃进入氧气胶管时,只要清洁一下,便可继续使用。(　　)

66. 氧气无色无味,本身不能燃烧。(　　)

67. 割炬熄火时,应先关闭乙炔调节手轮,然后再关闭氧气手轮。(　　)

68. 气割工必须穿戴规定的工作服、手套和护目镜。(　　)

69. 存放、运输和使用氧气瓶时,应防止阳光直接曝晒以及其他高温热源的辐射加热,以免引起气体膨胀而爆炸。(　　)

70. 溶解乙炔瓶只能直立,不能卧放,这主要是为了防止丙酮流出。(　　)

71. 气割护目镜的作用是保护气割工的眼睛不受火焰亮光的刺激,以及清楚地观察气割线及气割状态。(　　)

72. 金属气割过程的实质是金属在纯氧中燃烧的过程,而不是金属的熔化过程。(　　)

73. 氧气瓶在运输时必须戴上瓶帽,不能与装有可燃气体的气瓶、油料及其他可燃物同车运输。(　　)

74. 溶解乙炔与由乙炔发生器直接得到的气态乙炔相比,前者压力高,能保证割炬的工作稳定。(　　)

75. 乙炔瓶严禁与氯气瓶、氧气瓶及易燃物品同室存放。(　　)

76. 防爆膜(片)可以用铜片或铁片代替。(　　)

77. 乙炔软管着火时,可用弯折前面一段胶管的办法将火熄灭。(　　)

78. 没有减压器的氧气瓶也可以使用。(　　)

79. 开启氧气阀门时,要用专业工具,动作要缓慢。(　　)

80. 进入容器内气割时,点火和熄火可以在容器内进行。(　　)

三、选择题

1. 钢是指含碳量(质量分数)小于(　　)的铁碳合金。

A. 0.25　　B. 0.8%　　C. 2.11%　　D. 0.020%

2. 要使用已卧放的乙炔瓶,必须先直立后静置(　　)分钟再用。

A. 2　　B. 5　　C. 10　　D. 20

3. 金属材料的力学性能中没有(　　)。

A. 强度　　B. 韧性　　C. 塑性　　D. 磁性

4. 乙炔和氩气、水蒸气等混合,会使爆炸危险性(　　)。

A. 增加　　B. 降低　　C. 不变　　D. 无规则变化

5. 气瓶凝结时应采用(　　)方法解冻。

A. 火烤　　B. 蒸汽　　C. 40 ℃以下温水　　D. 敲击

6. 乙炔瓶着火时不应该采取(　　)来灭火。

A. 水　　B. CO_2灭火器　　C. 泡沫灭火器　　D. 四氯化碳灭火器

7. 氧-乙炔火焰中,(　　)部分温度最高。

A. 焰心　　B. 内焰　　C. 外焰

8. 氧气瓶的连接形式采用(　　)。

A. 顺旋螺纹　B. 倒旋螺纹　C. 夹紧

9. 氧气瓶阀门及附件严禁沾有(　　)。

A. 水　B. 灰尘　C. 油脂

10. 在使用氧－乙炔火焰切割时,被割金属的燃点应(　　)其熔点。

A. 高于　B. 低于　C. 不高于　D. 不低于

11. 氧气瓶是一种存储和运输氧气的专用(　　)容器。

A. 低压　B. 中压　C. 高压　D. 超高压

12. 氧气瓶阀门或附件检修时沾有油脂可用(　　)进行清洗。

A. 汽油　B. 柴油　C. 四氯化碳

13. 随着钢含碳量的增加,用氧－乙炔火焰切割越不易,这主要是(　　)。

A. 熔点降低燃点升高　B. 熔点及燃点都没变化　C. 熔点增高燃点降低

14. 氧气软管着火时应迅速关闭(　　)阀门。

A. 乙炔瓶　B. 氧气瓶　C. 气割炬

15. 气割低碳钢时被切割氧所吹走的是(　　)。

A. 熔化的金属　B. 熔化的金属氧化物　C. 熔化的脏物

16. 为防备由焊、割作业而引起的火灾、爆炸事故在作业现场应放置(　　)。

A. 消防器材　B. 通风设备　C. 除尘设备

17. 凡是(　　),焊工有权拒绝焊、割。

A. 不了解焊、割现场周围情况　B. 已经泄压的压力容器和管道　C. 登高作业

18. 割炬 G01—100,G 表示割炬,0 表示手工,1 表示射吸式,100 表示最大切割(　　)。

A. 厚度　B. 长度　C. 宽度　D. 角度

19. 切割材料越厚,气割速度(　　)。

A. 越慢　B. 越快　C. 不变

20. 不可采用气割加工的材料有(　　)。

A. 木材　B. 水泥　C. 塑料　D. 钢材

21. 以下(　　)为正确的气割胶管使用方法。

A. 乙炔胶管与氧气胶管不能相互使用　B. 应经常检查胶管有无磨损、烧坏、泄漏、老化

C. 经常用水或汽油对管体进行清洗　D. 给管体内加注少量润滑油保证安装方便

22. 气割时都会出现(　　)安全事故。

A. 火灾　B. 爆炸　C. 烧伤　D. 塌方

23. 在外力作用下,钢抵抗永久变形和断裂的能力称为(　　)。

A. 强度　B. 塑性　C. 冲击韧度　D. 硬度

24. 钢的塑性越好,塑性变形能力(　　)。

A. 越大　B. 越小　C. 不变　D. 无规则变化

25. 凡是超出有效范围的燃烧称为(　　)。

A. 火灾　B. 闪燃　C. 着火　D. 爆炸

26. 可燃物的爆炸极限越宽,则爆炸的危险性(　　)。

A. 越小　B. 越大　C. 不变　D. 无规则变化

27. 对于比较干燥而触电危险性较大的环境,安全电压为(　　)。

A. 3 V　B. 12 V　C. 36 V　D. 2.5 V

28. 燃料容器及管道焊补时,应在安全区内进行,安全区与易燃易爆物距离(　　)以上。

A. 5 m　　B. 10 m　　C. 15 m　　D. 20 m

29. 登高焊割作业时,一般认为在地面周围(　　)范围内为危险区。

A. 3 m　　B. 5 m　　C. 10 m　　D. 20 m

30. 下列金属材料中,(　　)不能采用氧气切割。

A. 低碳钢　　B. 中碳钢　　C. 不锈钢　　D. 低合金钢

31. 下列金属材料中,(　　)材料能采用氧气切割。

A. 中碳钢　　B. 不锈钢　　C. 铜　　D. 铸铁

32. 随着温度升高,丙酮溶解乙炔的能力(　　)。

A. 增大　　B. 降低　　C. 不变　　D. 略大

33. 乙炔溶解在液体里会使爆炸危险性(　　)。

A. 降低　　B. 增大　　C. 不变　　D. 无规律变化

34. 乙炔与氮气、水蒸气等混合,会使爆炸危险性(　　)。

A. 增加　　B. 降低　　C. 不变　　D. 无规律变化

35. 氧气瓶的工作压力是(　　)MPa。

A. 10　　B. 15　　C. 100　　D. 150

36. 燃烧是强烈的(　　)反应,并伴随由光和热的同时发生的化学现象。

A. 氧化　　B. 分解　　C. 复合　　D. 分裂

37. 回火原因是:在气割过程中由于堵塞等各种原因,使混合气体的喷射速度(　　)混合气体的燃烧速度,混合气体产生的火焰自割炬向乙炔胶管内逆燃。

A. 大于　　B. 小于　　C. 等于　　D. 远大于

38. 乙炔瓶的工作压力是(　　)MPa。

A. 0.147　　B. 1.47　　C. 5　　D. 15

39. 液化石油气瓶瓶体表面是(　　)。

A. 白色　　B. 天蓝色　　C. 银灰色　　D. 黑色

40. 割炬型号 G01－30 中,“1”表示(　　)。

A. 手工　　B. 射吸式　　C. 等压式　　D. 序号

41. 气割设备、附件及管道的漏气,只准用(　　)检验。

A. 煤油　　B. 明火　　C. 肥皂水　　D. 汽油

42. (　　)是切割过程正常进行的基本条件。

A. 金属的燃点低于熔点　　B. 金属的熔点与燃点相等

C. 金属的燃点高于熔点　　D. 以上都不是

43. 气割时,预热火焰应该应用(　　)。

A. 中性焰　　B. 氧化焰　　C. 碳化焰　　D. 无所谓

44. 乙炔发生器的回火装置是发生回火时防止火焰进入储气罐、主罐或进入乙炔管道内,主要有(　　)。

A. 水封式回火防止器　　B. 干式回火防止器

C. A 和 B　　D. 以上都不是

45. 乙炔既是(　　)气体,又是易爆性气体。

A. 可燃性　B. 助燃性　C. 自燃性　D. 难燃性

46. 下面乙炔站在厂区的布置是不符合安全要求的有(　　)。

A. 易靠近主要用户处

B. 严禁布置在易被水淹没的地方

C. 应布置在人员密集区和主要交通要道处

D. 乙炔站房的墙上不允许穿过任何管线

47. 下面不正确使用割炬的情况有(　　)。

A. 使用前检查其射吸能力　B. 检查其气体通道是否正常

C. 使用后放在地上　D. 检查各气体通路、阀门是否沾有油脂

48. 在水泥地面上切割时应(　　)工件,以防止锈皮和水泥地面爆溅伤人。

A. 垫高　B. 放平　C. 检查　D. 无所谓

49. 为了检验和辨别瓶内气体,氧气瓶要保有(　　)MPa 的压力。

A. 0. 1　B. 0. 3　C. 0. 1 ~0. 3　D. 1

50. 使用乙炔瓶的现场,其储存量不得超过(　　)瓶。

A. 2　B. 3　C. 5　D. 10

51. 乙炔瓶与明火或散发火花的地点距离不得小于(　　)m,且不能设在地下室或半地下室。

A. 5　B. 8　C. 10　D. 15

52. 氧气瓶属于压力容器,应(　　)年监测一次。

A. 1　B. 2　C. 3　D. 0. 5

53. 在进行氧 - 乙炔切割时,预热火焰能率与割件厚度(　　),同时应与气割速度相适应。

A. 成正比　B. 成反比　C. 关系不大　D. 无比例关系

54. 气割作业过程中出现回火时,应立即关闭割炬的(　　)阀门,然后关闭其他阀门。

A. 氧气、切割氧　B. 减压阀　C. 乙炔　D. A + B

55. 检查割炬的射吸情况时,可在接通氧气后,将手指按在乙炔的接头上,若手指感到(　　),则表示射吸能力正常。

A. 有吸力　B. 有压力　C. 无吸力　D. 无压力

四、问答题

1. 氧 - 乙炔气割有哪三个基本过程? 简单阐述每个过程。

2. 气焊气割用胶管安全使用规程有哪些?

3. 简述回火产生的原因,以及发生回火时需采取的措施。(回答正确两个及以上给满分)

4. 进行气割作业时,操作工所需劳保用品有哪些?(回答正确三个及以上给满分)

5. 气焊气割作业容易发生哪些安全事故?

6. 车间内如何运输气瓶?

7. 气瓶、容器、管道,仪表连接部位用何种方法检漏,为什么?

8. 装好减压器后,开瓶阀时发现连接螺扣漏气,应如何处理?

答案

一、填空题

1. H_2O 2. 氧气 3. 红色,2,黑色,0.3 4. 后 5. 低,低 6. 熔化 7. 割出孔,钻孔 8. 氧化,厚度 9. 40 ℃,40 ℃以内的温水加热 10. 消防用品 11. 现场监护 12. 停止 13. 预热,燃烧,吹渣 14. 瓶阀中的金属安全膜 15. 预热火焰能率,切割氧气压力,切割速度,割嘴倾角及其与工件表面的距离 16. 割炬,割嘴 17. 切割厚度 18. 15 MPa,1.5 MPa 19. 射吸式,等压式,射吸式割炬,普通割炬,重型割炬,焊、割两用炬 20. 安全第一,预防为主 21. 10,监护人 22. 可燃物质,着火源 23. 中性,氧化 24. 大 25. 灭火器 26. 不可 27. 易燃,易爆 28. 10

二、判断题

1～5√××√×　6～10 ×√×√√　11～15 √√√×√

16～20 √√√√√　21～25 ×√√√×　26～30 ×√√√√

31～35√××√√　36～40 √√××√　41～45 ×√√√×

46～50 √√×√×　51～55 √×√×√　56～60 √√√√×

61～65 ×√×√×　66～70 √√√√√　71～75 √√√√√

76～80 ×√×√×

三、选择题

1. C　2. D　3. D　4. B　5. C　6. D　7. B　8. A　9. C　10. B　11. C　12. C　13. A

14. B　15. B　16. A　17. A　18. A　19. A　20. ABC　21. AB　22. ABD　23. A　24. A

25. A　26. B　27. C　28. B　29. C　30. C　31. A　32. B　33. A　34. B　35. B　36. A

37. B　38. B　39. C　40. B　41. C　42. A　43. A　44. C　45. A　46. C　47. C　48. A

49. C　50. C　51. D　52. B　53. A　54. C　55. A

四、问答题

1. 答:(1)预热:起割点处的金属表面用预热火焰加热到其燃点,使预热处金属在切割氧中开始燃烧,产生熔渣。(2)燃烧:利用熔渣和预热火焰的热量将切口前缘的金属上层加热到燃点,使之继续与氧产生燃烧反应,以维持整个切割过程。(3)吹渣:高速氧流排除燃烧反应生成的熔渣,不断移动割炬,在工件上形成割缝。

2. 答:(1)乙炔胶管与氧气胶管不能相互使用,也不能用其他胶管代替。(2)乙炔胶管管段的连接,应使用含铜70%(质量分数)以上的铜管、低合金钢管或不锈钢管。(3)工作前应吹净管内残存的气体,再开始工作。(4)氧气胶管严禁沾染油脂。(5)应经常检查胶管有无磨损、烧坏、泄漏、老化或其他缺陷等,发现情况应及时修理或更换。

3. 答:(1)由于熔化金属的飞溅物,碳质颗粒及乙炔的杂质等堵塞焊嘴或气体通道。(2)割嘴过热。(3)焊嘴过分接近熔融金属,混合气体流动不畅通。(4)胶管受压、阻塞或打折等,致使气体压力降低。(5)使用的气瓶压力不足。

4. 答:(1)防护服;(2)防护手套;(3)防护鞋;(4)安全帽;(5)口罩。

5. 答:爆炸、火灾、烧伤、烫伤和有毒气体中毒等。

6. 答:车间内运输气瓶应使用专用的带胶轮的小推车,胶轮的作用主要是绝缘、减震,并且和地面摩擦时不产生火花,防止火灾和爆炸。

7. 答:用肥皂水检漏,其他方法容易发生火灾或爆炸。

8. 答:减压器螺扣漏气时,首先应关闭瓶阀,再检查螺扣漏气原因,采取措施排除。严禁在有压力的情况下拧紧减压器连接螺扣。

附录 C　初级气割工技能自测题

考核要求：

(1)正确操作使用切割设备；

(2)清理试件切割处的油、锈等污物；

(3)切割前阅读图纸并按图纸给定的尺寸画出实际割缝中心线；

(4)固定试件要留有一定的切割空间；

(5)割缝表面清理干净，并保持焊缝原始状态；

(6)做到工完、料净、场地清。

考核内容：

(1)操作前准备；

(2)切割操作；

(3)割透状态；

(4)下料尺寸精度；

(5)切割面质量；

(6)安全文明生产。

测试要点：

(1)工具及劳保用品准备齐全，切割用气体压力选择正确，割嘴的选择及清理，并符合质量要求；

(2)试件一次割透；

(3)试件下料尺寸精度符合图样要求；

(4)切割面质量符合技术要求，主要包括平面度、垂直度、粗糙度、上边缘塌边宽度和下边缘挂渣状况；

(5)安全生产满足国家颁布或企业制定的有关规定；

(6)文明生产满足企业有关规定，包括场地清理和工具复位等。

配分及评分标准如表 C-1 所示。

表 C-1　配分及评分标准

序号	考核内容	配分	评分标准	检测结果	扣分	得分
1	割前准备	5	工具及劳保着装不符合要求，参数设置，设备调试等每缺一项或一处不符合标准，一项扣1分			
2	切割操作	5	操作顺序不正确，扣5分			

表 C-1(续)

序号	考核内容		配分	评分标准	检测结果	扣分	得分
3	割透状况		15	切割次数每增加一次扣5分			
4	试件下料尺寸精度		20	宽度与长度误差为±2 mm,坡口角度允许范围为±2°,坡口深度允许范围为±1.5 mm,超标扣20分			
5	切割面质量	表面粗糙度 Rz 值/mm	5	粗糙度大于0.4 mm时,扣5分			
		平面度 u 值/mm	10	$\delta \leq 20$, $u \leq 4\%\delta$ $\delta = 20 \sim 100$, $u \leq 2.5\%\delta$ 平面度超标扣10分			
		上边缘熔化程度 r 值/mm	5	塌边宽度>1.5 mm,扣5分			
		挂渣有条状挂渣,用铲可铲除	5	挂渣较难清除,留有残迹扣5分			
		直线度/mm	10	>1.5 mm,扣5分; >2.5 mm,扣15分			
		垂直度/mm	10	$>3\%\delta$,扣10分			
6		根据安全及文明生产的规定进行操作	10	未按安全条例执行扣5分;未按文明条例执行扣5分			
7	定额	切割时间		每超过5分钟扣5分			
合计	100						

否定项:

(1)回火烧毁割嘴;

(2)割缝原始表面破坏;

(3)切割操作时间超过定额的50%。

C.1 初级气割工技能自测题(一)

1. 操作内容

薄钢板手工切割(视生产余料而定)。

2. 考试所用切割机及辅助设备

G01－100 型射吸式割炬、1 号割嘴、钢丝钳、活扳手、手锤、敲渣锤、通针、石笔、钢板尺、点火枪等。

3. 切割后钢板规格

钢板规格如图 C－1 所示。

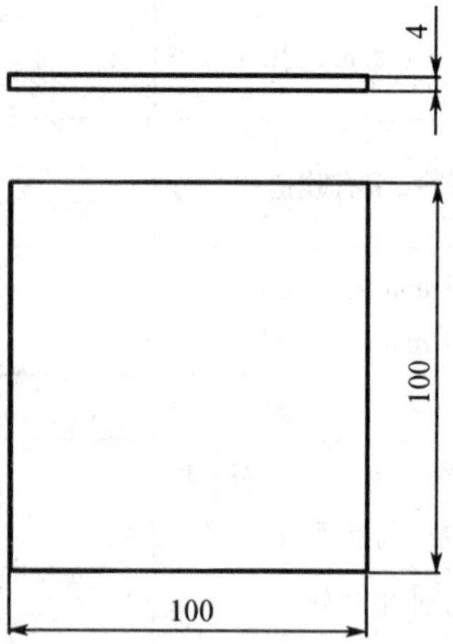

技术要求:
割口平整光滑、割纹均匀;
割口表面无挂渣、塌角;
宽度与长度误差: ±2 mm;
板边缘直线度:标准范围≤1.5 mm。

图 C－1 钢板规格(一)

4. 考核要求

(1)切割前将割件缝处附件的氧化皮和污垢清理干净;

(2)不允许从多割件中挑选;

(3)割件表面清理干净,保持割件原始表面;

(4)采用中性焰切割;

(5)严格安全操作规程执行操作;

(6)切割时间 20 min。

C.2 初级气割工技能自测题(二)

1. 操作内容

中等厚度板手工切割(视生产余料而定)。

2. 考试所用切割机及辅助设备

G01 - 100 型射吸式割炬、2 号割嘴、钢丝钳、活扳手、手锤、敲渣锤、通针、石笔、钢板尺、点火枪等。

3. 切割后钢板规格

钢板规格如图 C - 2 所示。

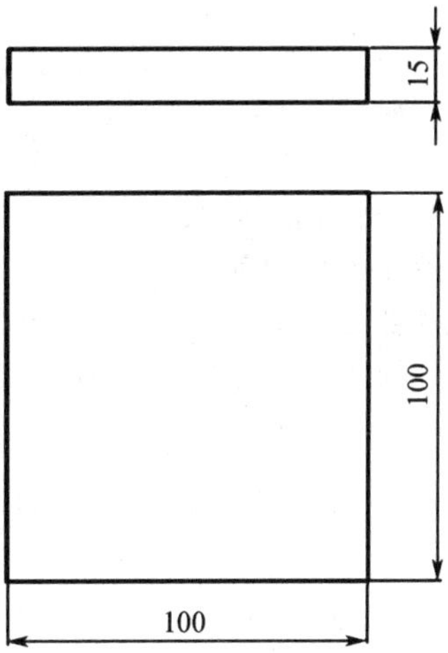

技术要求:
割口平整光滑、割纹均匀;
割口表面无挂渣、塌角;
宽度与长度误差: ±2 mm;
板边缘直线度:标准范围≤1.5 mm。

图 C - 2 钢板规格(二)

4. 考核要求

(1)切割前将割件缝处附件的氧化皮和污垢清理干净;

(2)不允许从多割件中挑选;

(3)割件表面清理干净,保持割件原始表面;

(4)采用中性焰切割;

(5)严格安全操作规程执行操作;

(6)切割时间 20 min。

C.3 初级气割工技能自测题(三)

1. 操作内容

厚板手工切割(视生产余料而定)。

2. 考试所用切割机及辅助设备

G01 -100 型射吸式割炬、3 号割嘴、钢丝钳、活扳手、手锤、敲渣锤、通针、石笔、钢板尺、点火枪等。

3. 切割后钢板规格

钢板规格如图 C -3 所示。

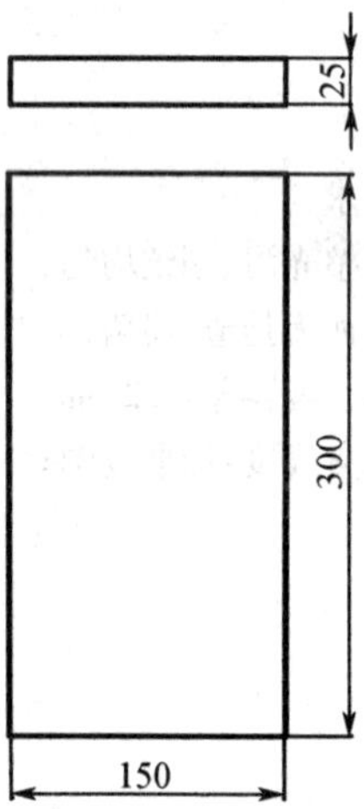

技术要求:
割口平整光滑、割纹均匀;
割口表面无挂渣、塌角;
宽度与长度误差: ±2 mm;
板边缘直线度:标准范围≤1.5 mm。

图 C -3 钢板规格(三)

4. 考核要求

(1)切割前将割件缝处附件的氧化皮和污垢清理干净;

(2)不允许从多割件中挑选;

(3)割件表面清理干净,保持割件原始表面;

(4)采用中性焰切割;

(5)严格安全操作规程执行操作;

(6)切割时间 20 min。

C.4　初级气割工技能自测题（四）

1. 操作内容

钢管水平转动手动切割（视生产余料而定）。

2. 考试所用切割机及辅助设备

G01－100 型射吸式割炬、2 号割嘴、钢丝钳、活扳手、手锤、敲渣锤、通针、石笔、钢板尺、点火枪等。

3. 切割后钢板规格

钢管规格为（D×S×L）80 mm×6 mm×100 mm，如图 C－4 所示。

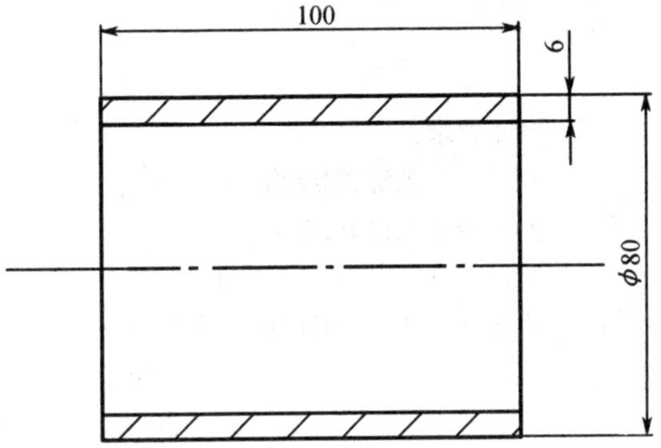

技术要求：
割口平整光滑、割纹均匀；
割口表面无挂渣、塌角；
宽度与长度误差：±2 mm；
板边缘直线度：标准范围≤1.5 mm。

图 C－4　钢板规格（四）

4. 考核要求

（1）切割前将割件缝处附件的氧化皮和污垢清理干净；

（2）不允许从多割件中挑选；

（3）割件表面清理干净，保持割件原始表面；

（4）采用中性焰切割；

（5）严格安全操作规程执行操作；

（6）切割时间 20 min。

C.5 初级气割工技能自测题（五）

1. 操作内容

厚板圆形曲线手动切割（视生产余料而定）。

2. 考试所用切割机及辅助设备

G01－100 型射吸式割炬、3 号割嘴、钢丝钳、活扳手、手锤、敲渣锤、通针、石笔、钢板尺、点火枪等。

3. 切割后钢板规格

钢板规格如图 C－5 所示。

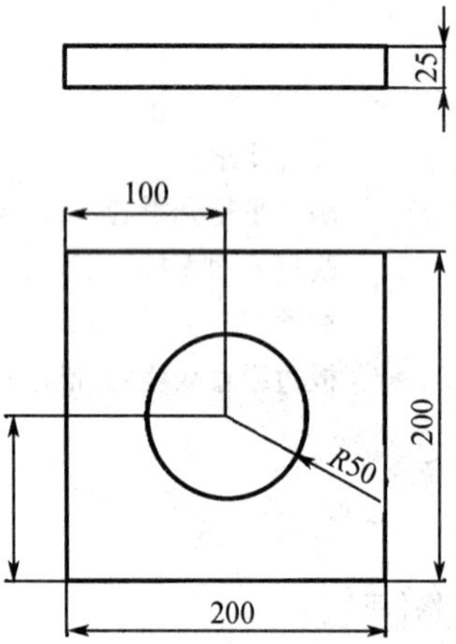

技术要求：
割口平整光滑、割纹均匀；
割口表面无挂渣、塌角；
宽度与长度误差：±2 mm；
板边缘直线度：标准范围≤1.5 mm。

图 C－5 钢板规格（五）

4. 考核要求

（1）切割前将割件缝处附件的氧化和活污垢清理干净；

（2）不允许从多割件中挑选；

（3）割件表面清理干净，保持割件原始表面；

（4）采用中性焰切割；

（5）严格安全操作规程执行操作；

（6）切割时间 20 min。

C.6　初级气割工技能自测题(六)

1. 操作内容

厚板圆形曲线半自动切割(视生产余料而定)。

2. 考试所用切割机及辅助设备

半自动切割设备、半径杆、钢丝钳、活扳手、手锤、敲渣锤、通针、石笔、钢板尺、点火枪等。

3. 切割后钢板规格

钢板规格如图C-6所示。

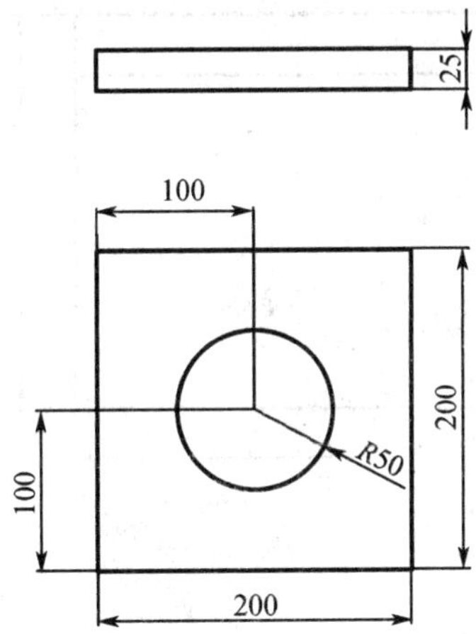

技术要求:

割口平整光滑、割纹均匀;

割口表面无挂渣、塌角;

宽度与长度误差: ±2 mm;

板边缘直线度:标准范围≤1.5 mm。

图C-6　钢板规格(六)

4. 考核要求

(1)切割前将割件缝处附件的氧化皮和污垢清理干净;

(2)不允许从多割件中挑选;

(3)割件表面清理干净,保持割件原始表面;

(4)采用中性焰切割;

(5)严格安全操作规程执行操作;

(6)切割时间30 min。

C.7 初级气割工技能自测题(七)

1. 操作内容

钢板坡口半自动切割(视生产余料而定)。

2. 考试所用切割机及辅助设备

半自动切割设备、钢丝钳、活扳手、手锤、敲渣锤、通针、石笔、钢板尺、点火枪等。

3. 切割后钢板规格

钢板规格为 25 mm×350 mm×150 mm,如图 C-7 所示。

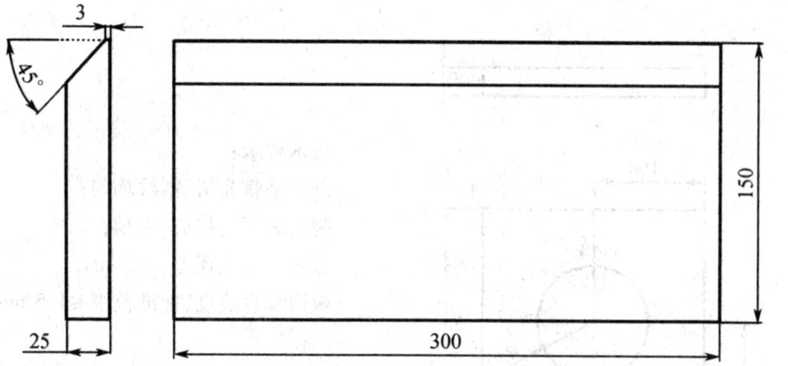

技术要求:

割口平整光滑、割纹均匀;

割口表面无挂渣、塌角;

宽度与长度误差:±2 mm;

板边缘直线度:标准范围≤1.5 mm。

坡口角度允许标准范围为±2°;

坡口深度允许标准范围为±1.5 mm。

图 C-7 钢板规格(七)

4. 考核要求

(1)切割前将割件缝处附件的氧化皮和污垢清理干净;

(2)不允许从多割件中挑选;

(3)割件表面清理干净,保持割件原始表面;

(4)采用中性焰切割;

(5)严格安全操作规程执行操作;

(6)切割时间 30 min。

参考文献

[1] 任桂芬.新型工业燃气替代产品特利Ⅱ气分析[J].内蒙古石油化工, 2001,27(2):148-149.

[2] 叶韶轩,郭增振,梅利.天然气替代乙炔技术的研究[J].能源工程,2004(3):12-13.

[3] 梁桂芳.切割技术手册[M]. 北京:机械工业出版社,1999.

[4] 李风波.船舶与海洋工程焊接[M]. 哈尔滨:哈尔滨工程大学出版社,2015.

[5] 张应立,罗建祥,张梅.金属切割实用技术[M].北京:化学工业出版社,2005.

[6] 曹先海,韩云枢.初级船舶气割工工艺学[M].哈尔滨:哈尔滨工程大学出版社,2007.

[7] 徐继达,徐晓航,孙志新.金属焊接与切割作业[M].北京:气象出版社,2002.

[8] 张应立,张莉.焊接安全与卫生技术[M].北京:中国电力出版社,2003.

[9] 李亚江.切割技术及应用[M].北京:化学工业出版社,2004.

[10] 王怀宝.实用气割技术[M].郑州:河南科学技术出版社,2000.

[11] 高进强,宋思利.切割[M].北京:化学工业出版社,2007.

[12] 何汉武.船舶切割工[M].北京:国防工业出版社,2008.

[13] 刘云龙.焊工技师手册[M].北京:机械工业出版社,2002.

[14] 应长春.船舶工艺技术[M].上海:上海交通大学出版社,2013.